国家社会科学基金重大项目资助成果

教师课程观研究

苏 强 著

中国社会科学出版社

图书在版编目（CIP）数据

教师课程观研究/苏强著 . —北京：中国社会科学出
版社，2016. 12
ISBN 978 - 7 - 5161 - 9731 - 8

Ⅰ. ①教… Ⅱ. ①苏… Ⅲ. ①中小学—课程—研究
Ⅳ. ①G632. 3

中国版本图书馆 CIP 数据核字（2016）第 322266 号

出 版 人	赵剑英	
责任编辑	王　曦	
责任校对	周晓东	
责任印制	戴　宽	

出　　版	中国社会科学出版社	
社　　址	北京鼓楼西大街甲 158 号	
邮　　编	100720	
网　　址	http：//www. csspw. cn	
发 行 部	010 - 84083685	
门 市 部	010 - 84029450	
经　　销	新华书店及其他书店	

印刷装订	北京君升印刷有限公司
版　　次	2016 年 12 月第 1 版
印　　次	2016 年 12 月第 1 次印刷

开　　本	710 × 1000　1/16
印　　张	19. 75
插　　页	2
字　　数	301 千字
定　　价	88. 00 元

凡购买中国社会科学出版社图书，如有质量问题请与本社营销中心联系调换
电话：010 - 84083683

序　一

　　教育改革的核心是课程。因为任何新的教育理念总是要落实到课程上，进而影响到学生。纵观 20 世纪的几次教育改革，都是以课程为核心展开的。进入 21 世纪，人类面对各种新问题，再一次提出教育改革的必要性。改革的核心依然是课程。我国为了推进素质教育，培养具有高尚品德、创新精神和实践经验的新世纪人才，在 20 世纪末就酝酿课程改革，至今已有十七年的时间。课程改革之路之所以漫长，因为它不仅仅是课程设置和内容的变化，而是对培养人的认识的变化，是课程观念的变化。这次课程改革与以往不同，从指导思想上就有一个根本的变化：提出了以学生的发展为本的思想，强调要培养学生的创新精神和实践能力，发展学生的个性；要求在课程内容上要体现课程结构的均衡性、综合性和选择性；教学方法上强调发挥学生主体性，培养学生探究的科学精神和能力。课程改革的成败，关键是教师，更在于教师的课程观。近年来，国外对教师的课程观的研究广受关注，国内还少有研究著作问世。

　　苏强的这部《教师课程观研究》，就是研究教师课程观的专著。作者在前期实证调查、借鉴国外研究的基础上，结合我国社会文化特征，首次把课程观划分为学术理性主义、学习过程、折中主义、生态整合、人文主义、社会责任六种课程价值取向，从教龄、教材、学生、制度、环境五个主要影响教师课程观形成的因素，通过量表在全国范围内进行大样本调查和深度访谈。发现教师课程观的形成历程，进而建立了我国中小学教师课程观的理论架构。

　　我经常讲课程有三个层次：第一层是理想课程，即国家制定的课标；第二层是开发课程，即课程的设置和教材的开发；第三层是实施课程，是教师在课堂上的教学。本书作者则将其称作理论形态课程观、制度形态课程观、个体形态课程观。意思似乎是一样的。任何课程观只有转化为实践行动并改进课程教学、提高教学质量才具有实质意义。因此，按照作者的说法，教师作为教育第一线的实践者，他们对理想形态课程观的理解认同，将直接影响到自身课程观形态及其实践转化效果。而教师对制度形态课程观的价值认同，是课程观实践转化的基本前提和重要环节。因此，作者提出了正确定位课程观、辨识矛盾冲突、充分观照实践，是课程观向实践转化的内在逻辑与实现保障。

教师课程观作为一种意识形态，涉及教师的价值取向、课程理念、思维方式等要素，通过单一的量化方法很难全面呈现其结构与特点。因此，作者采用理论与实践相结合、量化与质化相结合的方法进行探讨，更具理论说服力和实践可行性，也是本书的一大亮点。这些实证研究既为理论分析提供了翔实理据，也使得所提出的解决策略因建立在严密的实证分析基础之上而更具合理性与操作性，提高了研究的学术价值与实践意义。

我曾经说过，教育既是科学，又是艺术。说它是科学是因为教育要遵循学生成长的规律，要充分了解学生的个性特点，按照教育规律进行。说它是艺术，因为每个学生都不一样，教育的环境时时变化，教师本身也有个性特点，因此不能用一种模式或千篇一律的方法对学生进行教育。教育具有很大的灵活性，需要教师不断地创新，教师对教育要有点悟性，同时根据自身的特点，创造自己的教育风格。

本书不仅揭示和明确了国内中小学教师课程观的结构特点、现实问题与转型主题，也拓宽了课程观的研究视域并提供了方法论支持。我相信，在广大中小学教师课程观转型的长期过程中，本书能够帮助他们防止或克服认识上的误区和行动上的偏颇，持续地发挥理论引领和实践指导作用，为进一步深化和推进课程改革贡献力量。

（中国教育学会名誉会长）

2017 年 3 月 24 日

序　二

  课程改革成功与否，教师是关键。教师在课程改革中的理念、态度、行为和表现，无不取决于他们的课程观。教师的课程观，直接关系到课程改革以及一系列教育教学改革能否达到预期目标，或者能在多大程度上达到预期目标。近年来，教师课程观研究，与以往相比逐渐得到重视。然而教师课程观究竟包括哪些含义；我国中小学教师课程观的整体形态与结构特点究竟如何；教师课程观与学校课程建设（包括课程设计、课程实施、课程管理、课程评价等方面）之间有什么关系；它对教师个体和团队的意义，对学校发展的作用，乃至对整个教育改革的影响，并非每个教师和教育工作者都已经深刻认识和确切理解。本书以课程观为核心，以提高教师专业能力、深化课程改革为目标，用自行设计的量表，对我国 17 个省（直辖市、自治区）1700 位中小学教师的课程观进行了广泛调查和深入研究，探讨了中小学教师课程观的总体状况、构成特点及形成历程等相关问题，形成了我国中小学教师课程观的理论架构，并在实证调查基础上针对课程观实践转化中的异化问题提出了解决策略，进而勾勒出未来课程观的发展愿景。本书紧紧围绕教师这个关键，在对课程观研究进行梳理与反思的同时，致力于对课程观理论的深化和拓展，充分体现出作者的理论透析力度和实践观照情怀。从这个意义上说，本书在我国的课程观研究领域具有承前启后、引领未来的重要价值。

  课程观研究在国外已经成为一个独立课题，对它的意义、分类，以及它与学校课程建设各方面的关系做了大量研究。需要指出的是，在不同的社会文化背景下，人们对课程的认识也不尽相同，我们不能机械地照搬国外已有的课程观分类架构等相关研究成果，来分析我国的中小学教师课程观问题。教师课程观是其课程理念、价值取向和思维方式的体现。如果仅采用单一的研究方法来探究教师课程观，则很难发现教师课程观的整体形态。

有鉴于上述认识，本书作者在研究思路和研究方法上独辟蹊径，因而使本书具有以下三个主要特点：其一，作者根据我国特定的社会历史背景和文化特征，在理论分析和实证调查的基础上，首次界定了我国中小学教师课程观的六种取向及其内涵，形成了我国中小学教师课程观的整体架构。"六种取向"的首创性、独创性值得重视。其二，作者采用覆盖大范围的量化研究，针对我国不同地区经济社会的不平衡性，对我国东部地区、中部地区和西部地区进行分层抽样，进而对三类区域教师的课程观形态进行比较分析，揭示了不同区域中小学教师课程观的构成及特点。同时，将我国中小学教师的课程观置于国际环境中进行中外教师课程观的比较研究，探究二者之间的异同及其原因。这对于我国教育面向现代化、面向世界、面向未来具有深远意义。其三，在深度访谈的基础上，作者利用扎根理论透过繁杂的现象揭示了影响中小学教师课程观形成的因素：教龄、教材、学生、制度、环境，这些因素最终催生了教师个体独特的课程观。总之，中小学教师课程观，既有共同性，又有差异性；既有历史的继承性，又有现实的时代性；既有相对的稳定性，又有动态的发展性。

新课程改革要求广大教师建构同改革理念相适应的课程观，而任何课程观只有转化为实践行动并改进课程教学、提高教学质量才具有意义。因此，教师除了明白课程观的内涵与特点之外，具备将其转化为实践的能力是至关重要、必不可少的。本书在理论分析和实证调查的基础上指出：从某种程度上说，教师课程观必然受到官方课程观的制约和影响，但是二者构建于不同的场域，因此二者不可能完全等同，有时对课程认识的歧义不可避免地会产生矛盾与冲突，由此在课程观实践转化过程中甚至会产生异化现象与行为。作者进一步指出，教师课程观要真正有效地落实到异彩纷呈的教育活动中，落实到课程实施中尤其是课堂中，落实到课程与教学实践中，落实到同中有异、异中有同的全体学生身上，就必须培养和树立发展性课程观，这是本书的一个纲。

纲举目张。发展性课程观含义非常丰富，既可以从时间的维度阐述，也可以从空间的维度阐述。所谓时间的维度，就是要处理好过去、现在和未来的关系。教育从根本上说是培养什么样的人、怎么样培养人的事业。它有一个重要特点，如果用通俗的话作粗略的勾勒就是，今天的人（教师），用"昨天"的事（精心选择和组织人类已有的文明成果，亦即课程、教材、教学，进行传承，进而加以创生），培养明天的人或者说培养开创明天的人（学生）。进而言之，作为学校教育的核心，今天的课程，就是明天的人才，就是明天的社会。在这里，教师的关键作用是显而易见的。教师必须用发展性课程观来解决好滞后性与前瞻性的矛盾，时间的有限性与知识的无限性的矛盾，处理好传统与现代、继承借鉴与开拓创新的关系，处理好教书与育人的关系。所谓空间的维度，就是要处理好理想课程（或曰专家的课程）、官方课程（或曰政府的课程、文件的课程）、领悟课程（或曰教师的课程，以及教材为载体的课程）、运作课程（或曰课堂的课程，教学所体现的课程）、体验课程（或曰学生的课程）之间的关系。它们既是上层对下层起制约作用的关系，又是下层对上层可能起反作用的关系。下位课程对上位课程而言，不可能完全等同，有时会超越，有时会衰减，超越不见得都好，衰减也不见得都不好，端看是否符合自身实际。在这个维度上，教师承上启下创造性劳动的关键作用同样是显而易见的。教师对课程改革精神能否真正领悟，或者说领悟得正确与否，深刻与否（真正理解为什么要课程改革），能否既出新又守本（既明白应当改革什么、怎么改革，又懂得必须坚持什么、怎么坚持），实在是课程改革能否避免和克服激烈摇摆、大起大落、过于偏颇的关键，甚至是课程改革成败的关键。教师若能拥有发展性课程观，就无异于掌握了处理好上述层层关系的法宝，"不管风吹浪打，胜似闲庭信步"，课程改革稳步健康地不断深化和升华就有了重要保证。

本书作者以问题为导向，锲而不舍，锐意进取，近年来科研成果十分丰硕，受到各方面的关注，令人欣喜。我乐意向广大教育工作者特别是中小学教师推荐本书。相信本书对于广大中小学教师树立发展性课程观，解决课程观与课程实践"两张皮"的问题，进而防止或克服认识上的误区和行动上的偏颇，具有理论说服力和实践可行性，并在深化课程改革的进程中，能够持续地发挥理论引领和实践指导作用。

吕达（教育部课程教材研究所原常务副所长、
全国课程学术委员会原理事长）

2016 年 12 月

目　录

导　论

一　问题的提出

课程改革是教育改革的核心问题，而课程改革能否成功，关键是教师。教师在课程改革中的态度、行为和表现，无不取决于他们的课程观。在课程领域，探讨课程观或课程价值取向，就是一种教师信念的研究。课程观的核心是信念、态度和价值，影响着教师的课程决定和教学实践，是理解教师的课程事件和实践行动的重要途径。然而，长期以来，倚重单一价值与标准、占据主导地位的科学主义课程范式，以追求目标与结果的效率化、控制化与技术化的线性程式为旨趣，人们将兴趣集中在对计划制订、实施结果与具体成效等课程问题的确证与论争上，而教师却处于边缘化的地位。于是，也就少有课程学者、教育行政管理者就教师课程观对学校课程产生的显在、潜隐的影响进行考察，并在此基础上探查反思学校课程与教师课程观之间的关联性逻辑。由于深受学校教育目标之绩效责任的规制，教师的工作和任务就是把法定的"课程包"原封不动、不加质询地"投递"给学生。教师在这样一种习焉不察的教育场域中，不仅对课程知识的结构、价值与性质缺乏批判性思考，而且对其课程信念与实践也缺少觉察与反思，因此，他们的课程观也就处于僵化与封闭的状态。随着时代的发展与课程范式的转型，人们逐渐认识到教师是学校教育兴衰成败的关键，教师课程观的意义与价值也逐渐凸显并受到重视。经济合作与发展组织（OECD）指出，研究教师的信念、实践和态度是必不可少的，因为了解这些对于改进教育过程是很重要的。①

课程观研究在国外不仅已成为一个独立课题，而且对它的意义、分类，以及如何从课程观的角度来认识具体的课程等方面做了大量研究。反顾之，我国涉入课程观研究的领域则较晚。那么，何谓教师课程观；它具体体现为哪些课程价值取向；它的历史谱系是何种样态；我国中小学教师课程观的分布样态、特点、构成以及形成归因为何；它对我国课程改革有何价值与意义；等等。这些问题都值得我们做进一步的探讨、确证与追问。因此，在现有研究成果的基础上结合我国实际，采用实证研究来检视我国教师课程观的构成、特点及形成归因，并澄清当前课程观实践转化中存在的问题，进而明确课程观转型的逻辑路向，这是课程理论、改革实践与教师专业发展的希冀，也是人之成长、教育发展与社会前进的必然要求。

（一）课程范式的语义转向

早在 1859 年，斯宾塞（Spencer）就在教育领域提出了"什么知识最有价值"的经典命题，明确了课程领域的研究问题，标志着课程研究的正式开始。然而，看似简单的问题却不易回答，成为课程领域中长期论争的核心主题。自从课程论成为独立学科之后，人们往往把课程研究化约为知识的选择和编排的技术性问题；无论是博比特的"活动分析法"、查特斯的"工作分析法"，还是被奉为经典的"泰勒原理"，都体现出技术理性和工具理性的基调，导致课程在科学主义、行为主义给定的轨道上行使其宗旨和使命，寻找并确证自身的存在价值和根本意义，形成了科学主义课程研究范式。然而，科学主义课程研究范式以追求客观性、中立性、恒定性的课程实体为旨归，其开发过程也必然贴上了客观性、普遍性与确定性的标签。因此，课程的开发主体局限于课程专家和学科专家，教师被剥夺了参与课程开发的权利和义务而成为局外人。显然，"去教师"（de‐teacher）根植于科学主义课程研究，推崇价值中立的课程实体、拒斥教师参与的课程哲学

① OECD. *Creating effective teaching and learning environments: First results from TALIS*. Paris: OECD Publishing, 2009.

和理论立场。其结果是，教师以教学大纲（课程标准）为膜拜对象，忠实地实施制度化课程，并把教科书作为全部的教学内容，成为照本宣科的教书匠，而发展课程的专业能力受到严重阻抑，其课程观也处于一种僵化状态。

20世纪70年代以降，对科学主义课程范式的批判和解构的呼声高涨，课程研究在后现代话语的诟病和冲击下发生了根本性的范式转换，亦即"由探究普适性的教育规律转向寻求情境化的教育意义"①，标示着课程从追求"技术兴趣"的"科学主义课程范式"转向追求"解放兴趣"的"课程实践范式"与"课程理解范式"。在课程研究范式转型的背景下，教师反思性实践能力的培养逐渐受到重视，教师教育领域也开始从不同的立场、层面和视角，深入地诠释教师在课程发展和实践改革中的地位和作用，力图在理论构建和实践探究上有所创新和超越。例如，施瓦布（Schwab）提出的"教师即课程"、斯腾豪斯（Stenhouse）倡导的"教师成为研究者"，以及后来埃利奥特（Elliott）在其基础上进一步发展的"教师成为行动研究者"、凯米斯（Kemmis）提倡的"教师成为解放性行动研究者"，等等。他们都强调教师的课程主体地位，倡导教师在课程情境中要以研究者身份来审视、分析、反思和解决教学实践问题，将课程研究与教学实践融为一体，促进自身课程观的更新和发展。从这个意义上说，教师角色会随着课程范式的转型，从课程传递者走向专业自主的角色，这就不可避免地对教师的信念系统产生强烈冲击，进而影响教师课程观的形态。

教师课程观隐含着个人的意识形态与价值偏好，对课程设计与教学实践产生高度影响。正如艾斯纳（Eisner）所言，学校的课程、教学和评价方式，无不蕴含着课程实践者的个人内在信念和价值观。②教学作为师生双边互动的一种实践活动，教师如何进行课程设计，选择何种知识，怎样实施教学，势必左右着学生的学习成效。进一步

---

① ［美］小威廉姆·E.多尔：《后现代课程观》，王红宇译，教育科学出版社2000年版。

② Eisner, E. W. Curriculum ideologies. In P. W. Jackson（Eds.）. *Handbook of research on curriculum.* New York: Macmillan, 1992: 302 – 326.

说，教师持有不同的课程观会形成不同的课程理念，对课程目标的偏重程度也存在差异，进而形成不同的教学内容和教学过程，甚至对学生的评价与期望也存在一定差异。可见，课程观影响着教师的课程决定，因为课程观是其价值哲学的表征，或者说，教师课程观就是一种信念系统，它最终会转化为教学实践来影响教学形态。事实上，尽管课程观影响着教学实践，但是教师却往往不太了解自己所持课程观的特点。因此，我们有必要通过研究来了解课程观的存在样态，帮助教师澄清其课程观的构成及特点。如果教师能够觉知自身课程观的形态，以及它对学生学习所造成的影响，就可以调适或改变课程观来改进教学，让学生获得更多的知识与经验，进而提升教学效能。而理解自身课程观和实践行动必须从自我反思开始，重视将反思作为一种有效的工具，因为通过对自身课程观的检视，可以帮助教师去认识它对课程实践的重要影响。布鲁克菲尔德（Brookfield）指出，反思性实践让教师能够批判性地寻找假设、检审思想意识，考量、评价那些已经影响其实践的方法，以改进实践。[①] 当然，教师在反思自己的教学行为时，个体信念总是起到引导作用。而教师课程观的形成源自个体信念，它是"一种独特的信念、意图及行动的联结"[②]。也就是说，教师课程观是个人持有的信念、态度和价值的统合，它影响着教师的课程理解、课程计划及教学策略。因此，探讨课程观是必要的和富有价值的。

（二）课程改革的实践诉求

20 世纪 50 年代以降，世界各地课程改革风起云涌、高潮迭起，使学校课程始终面临改革状态，甚至改革似乎成为课程发展的常态。80 年代，随着《国家处在危机中：教育改革势在必行》的发表，美国再次掀起一波课程改革热潮，强劲的势头波及全球并推动了他国的课程改革运动。课程改革是一项重大、整体和系统的工程，需要有恰

---

① Brookfield, S. D. *Becoming a critically reflective teacher*. San Francisco：Jossey – Bass，1995：8 – 15.

② Pratt, D. D. Good teaching：One size fits all？. In J. Ross – Gordon. *An Up – date on Teaching Theory*. San Francisco：Jossey – Bass，2002：1.

切合理的内外在条件来支撑。吕达指出，有些改革之所以未能取得成功，往往不在改革方案本身，而在于没有成熟的充分的条件作保障，因而大打折扣，甚至不了了之。① 在历史上与现实中，"大量的证据表明，改革的结果微不足道，仅有一些孤立成功的例子"②。这关键原因之一"是因为每一次改革最后都忽视了校长和教师的主体性，都把他们当成改革的对象，而不是改革可以依靠且必须依靠的力量"③，而"变革的成败最终取决于全体教师的态度"④。因此，在 20 世纪末，我国对教师与教育改革关系的内在逻辑进行了重新审视，并致力于教师专业素养的提升。1998 年，我国教育部颁发了《面向 21 世纪教育振兴行动计划》，其中涵括大力提升教师队伍整体素质的"跨世纪园丁工程"，强调提高教师的基本学历，加强在职教师的职后培训以及骨干教师培养等系列工作。在 1999 年举行的全国教育工作会议之后，中共中央、国务院颁布了《关于深化教育改革全面推进素质教育的决定》。文件中明确提出了对教师政治、思想、道德与业务素质等方面的要求，包括教师要遵循教育规律，积极参与教学科研，在工作中勇于创新等方面。前期工作的酝酿为新课程改革的发轫提供了逻辑基础和合理依据。进入 21 世纪，我国于 2001 年颁布了《国务院关于基础教育改革与发展的决定》，决定大力推进基础教育课程改革，构建符合素质教育要求的新的基础教育课程体系。同年，教育部在此基础上颁发了《基础教育改革纲要（试行）》，标示着新课程改革的全面启动。

新课程改革强调多元文化和多元价值的统整来发展课程，同时赋予了学校自主、弹性规划课程的空间；在具体实践上，强调"以学校为主体、以教师为关键、以学生为旨归"的学校课程自主和实践。这

---

① 吕达：《关键在于实施》，《全球教育展望》2003 年第 9 期。

② ［加］迈克尔·富兰：《教育变革新意义》，赵中建等译，教育科学出版社 2005 年版，第 6 页。

③ 石中英：《深化教育改革，成就中国教育梦想》，《教育研究》2013 年第 4 期。

④ ［伊朗］S. 拉塞克、［罗马尼亚］G. 维迪努：《从现在到 2000 年教育内容发展的全球展望》，马胜利等译，教育科学出版社 1996 年版，第 105 页。

就要求教师转变其课程观及思维方式，改变其习焉不察的课程实践行为。许多学者都认为，教师是课程发展及改革行动的关键。但是，传统教育生态导致教师的课程发展能力缺失、教学方式僵化且缺乏创新，更多的是以个人的教学经验作为教学基础，缺乏以课程的理论思考与课程观的哲学思考作为课程设计的依托。课程发展没有理论来引导是可悲的（泰勒语）。加上教师对课程与教学、学习与评价等方面的信念也存在差异，都会导致教师对课程改革的抵制。帕拉维特（Prawat）指出，教师被期望是改变学校及课堂形态的关键角色。然而，矛盾的是，教师也被视为改变的主要障碍，归因于其传统信念的稳固性。① 原有的信念是如此地具有影响力，而外在试图来改变教学模式是无效的，除非这些信念被直接地质疑。② 根据班杜拉（Bandura）的观点，个体的决定贯穿于整个生命过程，受到其信念的极大影响。③ 因此，要想课程改革取得成功，必须有效改变与发展教师的课程观。这就要求教师自我觉醒，自我觉醒在于反思自身课程观，寻找自我专业身份的可能性，主动承担课程设计者的责任，进而促进课程实践的突破和发展。这既是课程发展的关键，也是课程制度对他们的角色设定。只有教师自我觉醒，以反思、改变自己的课程观为核心，才能在课程实践中敏锐觉知课程现象和课程事件，在应对过程中进行批判性思考并根据反思结果修订教学方案，在实践—反思—再实践的螺旋式进行中不断提升专业能力。奥尔逊（Olson）和曼比（Munby）研究发现，在重要的课程或组织变革发生的时候，必须考量教师个体对于教学和实践的内在信念。④ 可以说，教师课程观与对课程改革的认可度正相关，亦即，教师课程观的更新与发展，会促进课程改革的

---

① Prawat, R. S. Teachers' beliefs about teaching and learning: A constructivist perspective. *American Journal of Education*, 1992, 100 (3): 354 – 395.

② Johnson, K. Changing teachers' conceptions of teaching and learning. In calderhead, J. *Teachers' professional learning*. Lewes: Falmer, 1988: 169 – 195.

③ Bandura, A. *Social foundations of thought and action: A social cognitive theory*. Englewood Cliffs, NJ: Prentice Hall, 1986: 1.

④ Olson, J. K. Teacher influence in the classroom. *Instructional Science*, 1981 (10): 259 – 275.

深入。博尔科（Borko）调查了美国肯塔基州（Kentucky）四所学校的教育改革情况，发现教师专业发展对教育改革成果的影响很大，而且专业发展的规划需要与教师个人需求相符。[①] 因此，课程改革的成功必须促使教师扬弃传统的课程观念，在持续探索与成长中创新以学生发展为旨归的课程。因此，研究教师课程观的构成、特点及形成归因，有助于课程的不断发展与课程改革的纵深推进。

（三）教师专业发展的希冀

大力提高教师培养质量成为课程改革发展最核心最紧迫的任务。2012 年国务院颁布《关于加强教师队伍建设的意见》与 2014 年教育部出台《关于实施卓越教师培养计划的意见》等政策，目的在于全面推动教师教育综合改革，提升教师培养质量，办好人民满意教育。教师教育是教师专业发展的重要途径，将有效促进教师对教学实践、自我价值的持续探究，以及对自我与他人关系的反思和评价，让教师获得特定知能方面的发展，成为一个反思性实践者。因此，教师应在课程目标、课程设计、教学方式、学习评价等方面积极自主地行使专业自主权，充分发挥专业知能与专业精神来创造教育价值。然而，教师在积淀已深的科学主义文化心理格度下，缺乏课程自主的专业能力，"很多教师认为课程研制是课程专家的权责，教师的根本使命在于传递制度化课程。于是，课程与教师之间成了任务与贯彻、指令与顺服的线性关系，教师更多扮演的是忠实执行者的规定性角色，致使专业自主权缺失。"[②] 一方面，教师在其学生时代积淀的个人经验已经建构自己的课程观，这一信念是较为稳固且拒绝改变的；另一方面，教师在发展课程及课程设计方面的专业能力薄弱，因此教师可能通过调整新课程来适应其原有的课程观，而不是通过改变课程观与实践行动来适应新课程。有研究发现，在英国启动课程变革的一段时间里，教师

---

① Borko, H., Elliott, R., Uchiyama K. Professional development: A key to Kentucky's educational reform effort. *Teaching and Teacher Education*, 2002, 18 (8): 969 – 987.

② 苏强：《迷思与困惑：教师赋权失范的二重性》，《教育研究》2014 年第 11 期。

通过调整与改变新课程使之适合其原有观点和思想意识。[①] 哈洛普
（Harrop） 的研究指出，发展课程所遇到的困难，主要原因之一是教
师专业能力的不足。[②]

  在新课程改革过程中，国家投入了大量经费用于教师培训，目的
在于提升教师的专业知能。但是，培训模式更多受到了传统培训制度
的钳制，培养目标大都由组织者主观决定，多数培训也倾向于知识的
学习与传递。也就是说，作为拥有知识与能力的专家或学者，把其知
识与能力直接传递给中小学教师。这一喂养式、自上而下的培训方
式，使在职学习成为了单向、线性的过程，缺乏对现实教学情境的觉
知，忽略教师的个人经验、价值与需求，只强调专业角色的外在规
约，而不专注于专业自我的建构；更重要的是不能对影响课程决定的
课程观进行审视与澄清。很多研究发现，不同教师拥有的不同经验形
成了各具特点的课程观，这对专业培训的影响是很大的。它会阻碍教
师对学习内容的选择，即使专业培训具有清晰、持续的计划性，他们
仍旧从培训项目中获取不同的知能，因为信念系统已经在教师职前及
在职阶段中形成。这一意象是通过理想或不理想的教学而形成的，并
成为自我角色模型，教师会以它为基准来辨识、过滤、择选他们在培
训期间所遇到的不同观点。因此，教师可能基于不正确的或非整全的
知识而形成持久的信念，可能拒斥或否定那些与其原有信念相冲突的
知识。拒斥知识（knowledge disavowal） 是逃避知识，为了保存或维
持现状，或去规避一种困难的选择或有威胁的情境。[③] 当呈现的知识
与教师个体的信念系统不相符或不相容时，它将不会嵌入个体的知识
结构中，也将不会影响到他们的课程实践。尽管为了改变而改变的理

---

  ① Curtner – Smith, M. D. The more things change the more they stay the same: Factors influencing teachers' interpretations and delivery of national curriculum physical education. *Sport, Education & Society*, 1999, 4（1）: 75 – 98.

  ② Harrop, M. F. Improving curriculum: practices and problems that exist in local school settings. http: //wwwlib. global. uni. com/dissertations/ preview_ all/9920607, 2005 – 08 – 06.

  ③ Zaltman, G. Knowledge disavowal in organizations. In R. H. Kilmann, K. W. Thomas, D. P. Slevin, R. Nath, S. L. Jerell. *Producing useful knowledge for organizations*. New York: Praeger, 1983: 173 – 197.

由是不明智的，但拒斥知识对课程创新和课程知识的发展是一种极大的障碍。显然，这种喂养式培训模式甚少关注教师原有信念的特点，自然也就很难促进教师的课程观改变与专业能力的提升。因此，教师培训需要强调理论与实践的统合，提供教师专业发展需要的相关理论基础，来帮助他们理解理论与他们的实践的关系。例如，通过已受实践检证具有高效能的批判性反思和案例教学法等，让参加培训的教师进行合作学习，彼此之间进行教学经验的对话与理论思维的交融，在提升专业能力的同时也更新和发展彼此的课程观。因此，教师培训者不仅有责任为教师提供定期自我评价的机会，而且在这一历程中要提供道德与智力上的支持。戴（Day）认为，培训者需要提供个人反思与公众反思、思想和实践冲突的机会，并在教师共同体中实施。同时指出，教师专业发展并不是以在职课程为开端与终结，教师的思考经常处于直觉的水平，因此为教师提供进行审慎探究的支持是必要的，它可以促使教师做出改变的决定。[①] 专业发展的学习形式转变的发生，在于在职课程要以学校为本，通过资深教师及教师教育者的促进，使其处在以合作及民主为基准的学校文化中。[②] 因此，除非教师能够不断检验其教学、学习及其协同性发展策略的信念，否则专业发展是不可能影响教师工作的。尼斯博（Nespor）指出，人们加以改变或培植教师专业能力，将意味着帮助教师进行自我检审及形成对其信念的自我意识。[③] 乌贝尔斯（Wubbels）也建议通过教育者团体、研究者和管理者的持续的审思，筹划一种有效的、多面向的途径来发展高品质的教师教育项目。[④]

---

① Day, C. Professional learning through collaborative in - service activity. In J. Smyth. *Educating teachers*: *Changing the nature of pedagogical knowledge*. London: The Falmer Press, 1987: 207 - 222.

② Education Review Office (New Zealand). *In - service training for teacher in New Zealand schools*. Wellington: Education Evaluation Reports, 2000: 16.

③ Nespor, J. The role of beliefs in the practice teaching. *Journal of Curriculum Studies*, 1987, 19 (4): 317 - 328.

④ Wubbels, T. Taking account of student teachers' preconceptions. *Teaching and Teacher Education*, 1992, 8 (2): 137 - 150.

二　文献综述

研究综述的探讨分为三部分：第一部分主要阐述课程价值取向分类的历史图景；第二部分侧重论述课程观实践研究的具体进展；第三部分着重评述课程观的研究概况，并提出课程观研究的应然向度。

（一）课程价值取向分类的历史图景

课程价值取向的命名与界定通常是由教育哲学和课程理论领域的学者来完成，这些方案是课程与教育目的对话的中介。20 世纪 70 年代以前，人们对课程的不同看法主要体现为各个哲学流派之间不同观点的论争。之后，一些学者基于自身的教育信念与立场，对教育目的与课程之间的关系进行了独特的、个性化的诠释，并提出相对应的课程价值取向分类，呈现出了多元之说的态势。鉴于不同学者对课程价值取向的分类差异，我们选择其中较具代表性的理论架构进行阐述。

1. 不同哲学流派的课程观研究

教育哲学有助于教师廓清与教育价值相关的问题，让他们在课程活动中做出合理的决定。于是，教育哲学家提出了一些不同的理论主张，用以强调不同类型知识的特殊价值与目标指向，帮助人们澄清教育与课程问题，而这些理论主张也成为公共话语关注的焦点。20 世纪 70 年代，乔治·奈勒（George Kneller）将教育哲学及与之相应的教育实践分为五类：永恒主义（perennialism）、进步主义（propressivism）、要素主义（essentialism）、改造主义（reconstructionism）和存在主义（existentialism）。[①] 90 年代，奥恩斯坦（Ornstein）提出四种教育哲学：永恒主义、要素主义、进步主义和改造主义，并对各自的哲学基础、教育目的、知识、教育的角色、课程关注点、相关的课程

---

① Kneller, G. F. *Introduction to the philosophy of education*. New York：Wiley, 1971：42 – 84.

趋势六个方面的特性进行了比较研究。① 威尔斯（Wiles）和邦迪（Bondi）则归结了永恒主义、理想主义、现实主义、经验主义、存在主义五种教育哲学，并对每种教育哲学的信念、立场进行论述，探讨其在价值论、认识论和本体论方面的问题。②

2. 课程价值取向的研究

课程价值取向是课程观的表现，不同的课程价值取向体现出了"应该教什么、能教什么、教给谁、怎样教"等的不同信念。不同学者基于自身的理论立场与研究目的，对课程价值取向的分类也是有区别的。艾斯纳（Eisner）和瓦兰斯（Vallance）（1974）指出，就深层次的目标和假设而言，存在着五种取向：认知过程（cognitive process）、技术取向（technology）、自我实现取向（self - actualization）、社会重建取向（social reconstruction）和学术理性主义取向（academic rationalism）。③ 他们不仅将这些取向视为终极的教育目的，而且将其视为围绕课程的思想、价值和行为体系。这五种课程价值取向的分类在课程领域具有标志性意义。瓦兰斯（1986）删略自我实现取向而增加了个人成功（personal success）和个人学习义务（personal commitment to learning）两个取向，因为她观察到人们对于自我实现取向缺乏普遍意义上的理解。④ 施瓦布（Schwab）倡导与上述五种取向性质迥异的折中主义（eclectic）取向，它立足于具体的课程实践状况，强调结合具体实践情境来处理问题，讲求适度原则。

20 世纪 80 年代后课程观研究勃兴，不同学者对于"教什么"和"学什么"的核心问题提出了个人主张，并形成相应的课程价值取向。根据人们对一些课程与教学具体问题的认识，米勒（Miller）（1983）

---

① ［美］爱伦·C. 奥恩斯坦、费兰西斯·P. 汉金斯：《课程：基础、原理和问题》，柯森主译，江苏教育出版社 2002 年版，第 64 页。

② ［美］威尔斯、邦迪：《课程开发：实践指南》，徐学福等译，中国轻工业出版社 2007 年版，第 59 页。

③ Eisner, E. W. , Vallance, E. *Conflicting conceptions of curriculum*. Berkeley, CA：Mc-Cuthchan, 1974：1 - 18.

④ Vallance, E. A second look at conflicting conceptions of curriculum. *Theory into Practice*, 1986, 25（1）：24 - 30.

认为，课程价值取向是教师秉持教学和学习的基本立场，在理论和实践层面涵括不同的向度，即教育目标、学习者的概念、学习过程的概念、学习环境的概念、教师的角色、应该如何评价学习的概念等。①据此他把课程价值取向分为七类：行为的（behavioural）、学科的（subject/disciplines）、社会的（social）、发展的（developmental）、认知过程的（cognitive processes）、人文的（humanistic）、超个人的（transpersonal）或全观的（holistic），并根据不同取向的性质进一步概括为后设取向（mete－orientations）。后设取向分为传统论者（traditionalist）、探究/决策（inquiry/decision－making）和转化（transformation）三类，每类至少由三种同质的课程价值取向组成。传统论者后设取向包括科目取向、文化传递取向、科目和能力为本取向；探究/决策后设取向包括认知过程、民主公民权、学科和发展等取向；转化后设取向包括人文主义的、社会变迁和超个人等取向。课程学者普遍认同任何分类中各种课程价值取向是互为联系的，并体现出"后设取向"的形态。

传统论者后设取向关注学生基本知识的精熟和技能的掌握，注重社会价值和道德规范对学生的规限和输导。这种取向注重文化的一统性却漠视文化的多元性，关切学生的同质性而较少关注差异性。探究/决策后设取向，重视教学的过程性，确立"学生中心"并强调认知技能的培植，鼓励学生在探究学科知识、解决社会问题过程中增进探究与决策技能。这种取向的理念与蕴涵具有一定的新意，但在课程实施中却成效不彰。转化课程后设取向，倡导个体的自我超越并力促社会的变迁，教师注重传授有助于个体和社会转化的必需技能。由于转化课程后设取向在任何国家都未形成气候，一些教师会因此认为它对于学生来说过于激进，所以在课程实施中会遭遇压力和阻力。

基于课程对知识、学生和社会三要素有效统整的诉求，埃尼斯

---

① Miller, J. P. *The education spectrum*：*Orientations to curriculum*. New York：Longman, 1983.

（Ennis）和霍普（Hooper）（1988）将课程价值取向分为五种，分别是学习过程（learning process）、自我实现（self – actualization）、学科精熟（disciplinary mastery）、生态整合（ecological integration）和社会重建（social reconstruction）。[1] 杰维特（Jewett）和埃尼斯（1990）认为，生态整合取向具有四种特征：其一，强调个体对人生真谛的追求；其二，这一人生真谛的假设是通过自然及社会环境的整合来获取的；其三，是一个未来取向的取向；其四，在社会需求和个人需要之间寻求平衡。[2] 生态整合取向是近年来颇受重视的取向之一，它以生态理论作为理论基点，强调学习者与环境的互动，而教学的中心也随之发生变化，即由以师生关系为中心向学生与环境关系的转移；学习资源从以教材为中心转向以现实环境为载体的资源开发。可见，生态整合取向是以整合学科内容、学习者需要和社会需求三要素为旨归的；但是三者之间的有机整合并不容易，因此能否成为课程设计的主流话语，尚有待于教育实践的考察和检验。

埃尼斯和陈（Chen）（1993）删除了社会重建取向，增加了社会责任取向（social responsibility）。[3] 因为在研究中发现，教师在教学规划的过程中，较为重视正向的社会互动、团队精神与合作、参与和尊重他人，而不是强调社会需求、要求学生扮演改变社会的代理人角色和建立一个更美好社会的策略。麦克尼尔（McNeil）（1996）以心理学理论为基础，把艾斯纳和瓦兰斯确定的认知过程与科技取向统合为科技取向，并将课程价值取向分为四类：学术科目（academic subject）、社会重建（social reconstructionist）、人文主义（humanistic）和技术（technological），并通过课程的目的、方法、组织及评价来说明

---

① Ennis, C. D. , Hooper, L. M. Development of an instrument for assessing educational value orientations. *Journal of Curriculum Studies*, 1998, 20（3）: 277 – 280.

② Jewett, A. E. , Ennis, C. D. Ecological integration as a value orientation for curricular decision making. *Journal of Curriculum and Supervision*, 1990, 5（2）: 120 – 131.

③ Ennis, C. D. , Chen, A. Domain specifications and content representativeness of the revised Value Orientation Inventory. *Research Quarterly for Exercise and Sport*, 1993, 64（1）: 436 – 446.

各自特征。① 麦克尼尔与艾斯纳和瓦兰斯的课程价值取向分类虽在用语和类别上不尽相同，但观点是较为一致的。美国学者赖斯（Rice）和马里奥斯（Mahlios）（2003）在艾斯纳和瓦兰斯分类的五种课程价值取向基础增加了折中主义取向。他们根据课程目的、课程内容和课程组织三维度界定了折中主义的内涵。作为课程观研究的后发国家，国内相关的课程观研究大都直接套用国外的课程取向分类框架，很难体现我国的本土化特色。苏强在考察我国文化脉络和改革实践特点的基础上，把课程取向划分为学术理性主义、社会责任、人文主义、技术主义、折中主义、生态整合，初步构建了我国中小学教师的课程价值架构和解释框架。

不同学者出于研究目的与课程理解的差异，他们对课程取向的分类及内涵界定既存在共通性，也具有分殊性，这有助于人们全面认识课程本质及特征。然而，不同学者对于课程价值取向的分类问题似乎并未达成任何共识，所以对课程观进行全面、系统的研究是必要的、迫切的。

（二）课程观的研究进展

课程观是理解教师的课程事件和实践行动的一个重要路径，它影响着教师对课程目标、内容、教学方法和评价的信念。然而，从课程价值取向作为理论架构到成为一种测量工具，上述的理论架构就显得不十分清晰了，因为这直接涉及教师的信念和个人特质等内隐方面。因此，国内外一些学者试图发展一种测量工具去调查教师的课程观。巴宾（Babin）（1979），埃尼斯（Ennis）和霍普（Hopper）（1988），斯基罗（Schiro）（1992），坎宁安（Cunningham）、约翰逊（Johnson）和卡尔森（Carlson）（1992），李（Lee）、安德森（Adamson）和鲁克（Luk）（1995），所罗门（Solmon）和爱莎（Ashy）（1995），巴顿（Patton）（2001），张善培（Cheung）（2000），张善培和吴本韩（Wong）（2002），米克（Meek）和史密斯（Smith）（2004），贝赫茨（Behets）和沃高文（Vergauwen）（2004），靳玉乐和罗生全（2007），

---

① McNeil, J. D. *Curriculum：A comprehensive introduction*. New York：Harper – Collins College, 1996.

苏强（2011）等中外学者，已尝试运用量化研究或质化研究调查教师课程观的存在形态。

1. 国外主要的研究

加拿大学者巴宾（Babin）是把课程观理论转化为调查工具的先行者。他基于艾斯纳和瓦兰斯（1974）的五种取向发展了有 57 道题项的"课程价值取向量表"（Curriculum Orientation Profile，COP），并界定了认知过程、科技、自我实现、社会重建和学术理性主义的内涵。每一答题分为"同意"和"不同意"两个维度。① 但是，他没有对测量工具的信度和效度进行系统的检验和解释。之后，一些学者开始在体育、家政学、科学等学科领域对教师课程观进行实证调查。

（1）体育学科

考察文献发现，国外相关研究的目的较为多元，除了检验体育教师本身的课程价值取向之外，还探讨了课程决定、教师行为和课程内容等问题。美国学者埃尼斯和其同事在体育领域对教师的课程观进行了系列调查。埃尼斯和霍普（1988）编制了有 90 道题项的"价值取向量表"（Value Orientation Inventory，VOI）。VOI 包含的五种课程价值取向都明确指向体育领域，即学科精熟、学习过程、社会重建、自我实现和生态整合。② 此量表局限于特定学科领域，仅适用于体育学科范围。埃尼斯、穆勒（Mueller）和霍普（1990），埃尼斯和朱（Zhu）（1991）使用精简后的有 75 道题项的量表，调查课程价值取向对于课程编制的影响。③④ 75 道题项均置于量表的五种取向中（每一取向有 15 个题项），每一题项均表征特定的课程价值取向内涵。VOI 使用了一种"强迫选择"的形式，要求教师根据自己的课程理

① Babin, P. A curriculum orientation profile. *Education Canada*, 1979（19）：38–43.

② Ennis, C. D., Hooper, L. M. Development of an instrument for assessing educational value orientations. *Journal of Curriculum Studies*, 1998, 20（3）：277–280.

③ Ennis, C. D., Mueller, L. K., Hooper, L. M. The influence of teacher value orientations on curriculum planning within the parameters of a theoretical framework. *Research Quarterly for Exercise and Sport*, 1990, 61（4）：360–368.

④ Ennis, C. D., Zhu, W. Value orientations：A description of teachers' goals for student learning. *Research Quarterly for Exercise and Sport*, 1991, 62（1）：33–40.

解，对表征特定取向内涵的各题项按重要程度进行等级排列。埃尼斯认为，"李克特量表"不适合于考察和检验教师的课程价值取向，因为所有题项都具有同等价值，所以每一取向都不可偏失。通过埃尼斯和朱（1991），埃尼斯（1992），埃尼斯、陈和罗斯（1992），埃尼斯、罗斯和陈（1992），埃尼斯和陈（1993），埃尼斯和陈（1995），所罗门和爱莎（1995），陈和埃尼斯（1996），埃尼斯、科斯兰和罗福特斯（1997）等一系列量化或质化研究，确证课程观对教师的课程决定和教学实践会产生高度影响力。

但是，由于得到的数据是自比的，研究结果应该审慎分析。埃尼斯等认为，各种课程价值取向之间是负相关的，如果呈现正相关是不正常的。但此观点与杰克逊（Jackson）（1992）、普拉特（Pratt）（1994）和米勒（Miller）(1983) 等研究不相符。① 埃尼斯、科斯兰（Cothran）和罗福特斯（Loftus）（1997）为了缩短答题的时间，将VOI 修订为包括10 个类目共50 道题项的量表（VOI – SF），VOI 和修订后的 VOI（VOI – SF）首先在体育领域对成熟型教师（experienced teachers）进行测量。② 之后，巴顿（Patton）（2001），③ 米克（Meek）和史密斯（Smith）（2004）④ 把 VOI 的调查范围扩展到体育师范生。VOI 界定的课程价值取向与由艾斯纳和瓦兰斯（1974）、麦克尼尔（1996）界定的不一致，仅适用于体育学科，因此难以推广到其他学科领域。另外，埃尼斯研究团队不能很好地处理自比式的计分方法、课程观与教学实践之间关系的问题，但其研究是美国迄今为止在课程

① Cheung, D. Measuring teachers' meta – orientations to curriculum: Application of hierarchical confirmatory factor analysis. *Journal of Experimental Education*, 2000, 68（2）: 149 – 165.

② Ennis, C. D., Cothran, D. J., Loftus, S. J. The influence of teachers educational beliefs on their knowledge organization. *Journal of Research and Development in Education*, 1997, 30（2）: 73 – 86.

③ Patton, K. An inquiry about the value orientations of physical education preservice teachers and their faculty. In American Association of Physical Education. The meeting of the American Association of Physical Education. Cincinnati, OH: American Association of Physical Education, 2001.

④ Meek, G., Cutner – Smith, M. D. Preservice teachers' value orientations and their compatibility with the national curriculum for physical education. *The Physical Educator*, 2004（18）: 88 – 101.

观领域最具重要性的研究。

（2）家政学科

美国学者坎宁安（Cunningham）、约翰逊（Johnson）和卡尔森（Carlson）（1992）调查了内布拉斯加州（Nebraska）的 152 名家政学（home economic）教师的课程观。[①] 坎宁安等改编了由巴宾（1979）设计、卡尔森（1991）[②] 修订的课程价值取向量表。坎宁安等为检验测量工具的有效性，把量表发送给包括巴宾在内的 10 个专家，其中 9 个来自美国和加拿大的家政学教育专家，并根据专家的反馈意见修订量表。修订后的量表包括五种取向（每一取向由 9 个题项组成），是艾斯纳和瓦兰斯（1974）界定的，亦即认知过程、技术、自我实现、社会重建和学术理性主义。测量工具使用李克特六点量表，要求教师根据自我认识来选择合适的数字作答。

坎宁安等研究的主要目的是调查家政学教师所持课程价值取向的情况。研究通过五种取向的均分比较发现，内布拉斯加州家政学教师高度认同认知过程取向，其均分达到最大值为 6 分中的 4.75 分。紧随其后的依次为自我实现（4.34 分）、社会重建（4.25 分）、技术（3.40 分）和学术理性主义（3.43 分）。研究结果显示，每一课程价值取向的均分都存在着显著差异；基于学校规模、毕业时间、毕业机构、当前修习研究生课程的数量四个变量与教师的课程价值取向之间无显著差异；参与在职修习时间量的不同，与教师所持的课程价值取向具有显著性差异。但是上述研究结果都没有做进一步分析，研究仅仅从统计学意义上揭示了教师参加工作坊会影响到他们对社会重建和认知过程取向的认同度。坎宁安等的研究具有局限性，研究既没有提供量表的信度和效度的数据，也没有陈述对整体测量工具的观点。但是，该测量工具本身与埃尼斯团队的研究具有重大差异；坎宁安等使

---

① Cunningham, R., Johnson, J., Carlson, S. Curriculum orientations of home economic teachers. In American Vocational Association. American Vocational Association Convention. St. Louis, MO: American Vocational Association, 1992.

② Carlson, S. *Secondary home economics teacher change toward a critical consciousness orientation*. Nebraska : University of Nebraska – Lincoln, 1991.

用"李克特量表"（Likert scale），而不是"强迫选择量表"（forced - choice scale），并彻底解决了使用李克特量表来设计测量工具的问题。

柳（Ryu）（1998）调查了韩国中学家政学科教师与教师教育者，试图了解课程价值取向与教学实践的关系，促使教师的课程观与教学行为发生改变。研究显示，38.6%的教师和50%的教师教育者高度认同认知过程取向，影响课程价值取向的因素有教师个人的价值结构、教育信念、社会改变、教学经验、大学主修专业、参与专业会议、获取有益信息以及人生经验等，[①] 这些都将最终体现在教学实践上。

（3）科学学科

教师课程观最终外化为教学行动，是决定教学品质的重要因素。马修斯（Matthews）（1989）对美国中学的 506 位自然学科教师的"关于学生科学设计的安排与指导"的问卷调查发现，学生参与或不参与、实验探究时间比例的设置、科学设计作业耗费时间的长短、科学设计作业所获得帮助的形式，都和教师课程观显著相关。个人关联取向（personal relevance）、认知过程取向、社会适应与社会重建取向、科技取向，都与侧重发展学生思考能力的教师课程观具有显著相关。[②]

2. 我国主要的研究

（1）跨学科的研究

李（Lee）、安德森（Adamson）和鲁克（Luk）结合量化和质化研究方法，调查师范生的课程价值取向。他们把巴宾编制的有 57 个题项的"课程价值取向量表"译成中文，并使用四点评定量表对香港地区的 28 名师范生进行调查，研究发现 14 位师范生最重视认知过程

---

① Ryu, S. Curriculum orientations and professional teaching practices reported by Korean secondary school home economics teachers and teacher educators ［EB/OL］. http://wwwlib. global. uni. com/dissertations/preview_ all/9900906, 2005 - 08 - 06.

② Matthews, B. A. *The effects of curriculum instruction orientation on teacher beliefs and practices regarding student science project development.* Louisville: Louisville University, 1989.

取向。① 但是他们没有分析五种取向之间的内在关系。之后，他们对其中的 10 个调查对象进行跟踪访谈，试图验证其主导的课程价值取向，经数据比较发现量表调查结论与访谈结果不一致，因此他们编制的量表缺乏科学严谨性，存在效度和信度的问题。

香港学者张善培（2000）在课程观领域进行了一项开创性研究。他认为，尽管课程学者普遍认同教师的课程后设取向（meta - orienta-tions）是一种潜隐的力量，它会导引教师对课程目标、课程内容、教学方法和评价策略的选择，但是后设取向结构从未经过实证研究的确证。② 因此，该研究旨在通过层阶验证性因子分析来调查课程价值取向的高阶因子结构，并首次提出了验证性层阶课程价值取向模型。张善培根据麦克尼尔（1996）界定的课程价值取向编制了有 32 道题项的"课程价值取向量表"（Curriculum Orientation Inventory，COI），它包括人文主义、社会重建、行为主义和学术理性主义四种课程价值取向，每种取向由 8 道题项组成。该模型设置了四个一阶因子（与四个课程价值取向相对应）和一个单独的二阶因子（课程后设取向），并使用其界定的题项来检测每一种课程价值取向，在 VOI 中形成了子模型。所有题项都采用中文表述，通过课程目标、内容、组织和评价等方面来体现各种取向的内涵。调查数据取样于香港地区的 675 名小学教师，并采用八点评定量表的计分方式。研究显示，"后设取向"结构存在于教师的信念系统中。张善培的研究发展了一种可用于检验课程价值取向的调查工具和分析方法。但是，张善培认为麦克尼尔的四取向模型不能很好地解决数据整合的问题，这为其后续研究提供了理论基础和现实依据。

张善培和吴本韩（2002）认为，有关课程价值取向的大多数实证研究，都来自埃尼斯对美国体育教师的调查，但是其方法论存在不足

---

① Lee, J. C. K., Adamson, B., Luk, J. C. M. *Curriculum orientation and perceptions of English language instruction in pre - service teachers*. In the university of Hong Kong. Proceeding of ITEC' 95 International Teacher Education Conference. Hong Kong: The university of Hong Kong, 1995.

② Cheung, D. Measuring teachers' meta - orientations to curriculum: Application of hierarchical confirmatory factor analysis. *Journal of Experimental Education*, 2000, 68 (2): 149 - 165.

之处。① 具体来说，他们认为埃尼斯并没有认识到教师信念和课堂实践之间的差异。事实上，一个教师诉求根据自身课程观进行课程设计乃至实施，必然受到许多环境因素的制约，诸如课程资源、课堂管理、家长期望、学校政策、考试测验和时空条件等，教师课程观与实践行动之间会存在实质性的差异。艾斯纳（1992）② 和张善培等（1996）也发现，教师关于课程设计的信念与施测结果之间存在差异。③ 张善培和吴本韩指出，埃尼斯使用一种"强迫选择"（forced - choice）的形式并没有弄清楚教师信念和课堂实践的关系。通过"强迫选择"的方式取得的数据实际上是自比的，且自比的手段具有心理测量的局限性。希克斯（Hicks）（1970）指出，由自比的手段所获取的分数的组间相关往往是人为地拒绝和认同。④ 这种"强迫选择"手段的使用并没有充分考量教师信念和课程价值取向之间的关系。埃尼斯和朱（1991）、埃尼斯（1992）虽然认识到自比数据的局限性，但仍然继续使用有 75 道题项的 VOI 或其修订的量表进行课程价值取向调查研究。⑤⑥ 尽管埃尼斯和陈（1993，1995），陈、埃尼斯和罗福特斯（1997）对 VOI 进行了修订，但是自比的排序方法仍被使用。⑦⑧⑨

---

① Cheung, D, Wong, H. W. Measuring teacher beliefs about alternative curriculum design. *The Curriculum Journal*, 2002, 13 (2): 225 –248.

② Eisner, E. W. Curriculum ideologies. In Jackson, P. W. （Eds.）. *Handbook of research on Curriculum*. New York: Macmillan, 1992: 302 –326.

③ Cheung, D., Hattie, J., Bucat, R. and Douglas, G. Measuring the degree of implementation of school based assessment schemes for practical science. *Research in Science Education*, 1996, 26 (4): 375 –389.

④ Hicks, L. E. Some properties of ipsative, normative, and forced - choice normative measures. *Psychological Bulletin*, 1970, 74 (3): 167 –184.

⑤ Ennis, C. D., Zhu, W. Value orientations: A description of teachers' goals for student learning. *Research Quarterly for Exercise and Sport*, 1991, 62 (1): 33 –40.

⑥ Ennis, C. D. The influence of value orientations in curriculum decision making. *Quest*, 1992, 44 (3): 317 –329.

⑦ Ennis, C. D., Chen, A. Domain specifications and content representativeness of the revised value orientation inventory. *Research Quarterly for Exercise and Sport*, 1993, 64 (1): 436 –446.

⑧ Ennis, C. D., Chen, A. Teachers, value orientations in urban and rural school settings. *Research Quarterly for Exercise and Sport*, 1995, 66 (1): 41 –50.

⑨ Chen, A., Ennis, C. D., Loftus, S. Refining the value orientation inventory. *Research quarterly for exercise and sport*. 1997, 68 (4): 352 –356.

张善培（2000）澄清了采用李克特量表来设计研究工具的问题。他通过所掌握的数据进行了验证性因素和总量表相关系数分析，进一步解决了数据分析问题。张善培和吴本韩（2002）的研究是在张善培（2000）研究基础上深入的，他们对648名香港地区中小学教师的课程价值取向进行跨课程（cross - curricular）的调查，目的在于检验课程价值取向与教师的性别、类型、任教学科和教龄四个人口统计变量之间的关系。量表界定了学术理性主义、认知过程、社会重建、人文主义的和科技五种取向。研究结果表明，教师重视在理论上相互排斥的五种课程价值取向，各取向之间呈现正相关；教师性别和学校类型的两个变量与课程价值取向之间都不存在显著差异；任教学科和教龄的差异影响着教师的课程价值取向。英语教师比科学教师更重视人文主义取向，二者存在显著性差异。此外，不同教龄教师在学术理性主义取向存在显著差异，那些拥有20年或更长教龄的成熟型教师和教龄相对较短的初任教师相比，更有可能赞同学术理性主义取向。[①]

张善培和吴本韩的研究也提出了"多元综合"（complementary pluralism）的观点。例如，人文主义和行为主义取向之间存在着强相关（0.91），表明了重视人文主义取向的教师同样也重视行为主义取向，反之亦然。这一研究发现与张善培（2000）研究结果相符合，表明了教师具有"多元综合"的课程设计信念。张善培等的研究检证了"后设取向"的实然存在。然而，只是通过单一的研究工具来调查教师课程观的构成特点，很难发现教师课程观的全貌。

我国学者靳玉乐和罗生全（2008）对四川省内的378位教师的课程价值取向进行了调查。[②] 研究以黄政杰所著《课程设计》一书中提供的问卷作为调查工具，该问卷编制有57个题项，分别描述五类课程价值取向：认知过程取向、科技发展取向、人文主义取向、社会重建取向、学术理性主义取向。调查采取分层抽样的方法进行，涉及教

---

① Cheung, D. , Wong, H. W. Measuring teacher beliefs about alternative curriculum design. *The Curriculum Journal*, 2002, 13（2）: 225 - 248.

② 靳玉乐、罗生全:《中小学教师的课程价值取向及其特点》,《课程·教材·教法》2007年第4期。

师性别、教龄、教学层次、学历和课程培训状况。研究结果表明，中小学教师对认知过程取向的认同度最高，但也不排斥其他四种取向，体现了课程后设取向的特征。另外，男教师比女教师更倾向于学术理性取向；不同教龄的教师在认知过程、科技发展、社会重建、学术理性取向上有显著差异；不同学校类别的教师在科技发展、人文主义、社会重建、学术理性取向上有极其显著的差异；不同学历的教师在科技发展、人文主义、社会重建、学术理性取向上有非常显著的差异。研究对所得结果的归因进行了进一步的分析，并提出了对课程研究与实践改革的启示。但研究没有提供信度和效度的数据，也没有对测量工具整体进行描述和分析。

（2）单一学科的研究

1）科学学科

张善培（2000）自编了有33道题项的"科学课程价值取向量表"（Science Curriculum Orientation Iinventory），把课程价值取向界定为学术（academic）、认知过程（cognitive process）、社会中心（socie-ty - centered）、人文（humanistic）、科技（technological）五种，对香港地区810位科学教师（包括综合科学、化学、物理、生物及科技五个学科）进行调查。研究发现，不同科目教师的课程观具有"后设取向"的特点，物理教师在社会中心取向上比生物、综合科学教师的得分要低，综合科学、化学教师比物理教师更重视人文主义取向。认知过程和人文主义取向会伴随着教师教学经验的丰富而增强。①

吴本韩和张善培（2002）调查了香港地区437位小学科学学科的职前教师。他们同样将课程价值取向划分为学术、认知过程、社会中心、人文和科技取向五种，编制了有41道题项的量表。研究发现，小学科学学科的职前教师最认同认知过程取向，不过他们也不排斥其他四种取向；同时调查了他们的科学知识背景、教学实习的经验和曾

---

① Cheung, D. Science teachers' beliefs about curriculum design. *Research in Science Education*, 2000, 30（4）: 357 - 375.

经修习科学单元的性质等因素可能对其课程观产生的影响。[①]

2）美术学科领域

黄素兰和张善培（2002）调查了香港地区美术科教师的课程价值取向。他们认为，虽然教师的课程设计信念会影响学校美术教育的品质，但对香港美术科教师的课程价值取向所知不多。因此，他们界定了四种适合于美术科的课程价值取向，即学术取向、社会中心取向、人文取向与科技取向，编制了有 30 个题项的量表来调查 226 位美术教师对四种课程价值取向的信念。研究发现，30 个题项都呈现出高信度，美术教师对人文取向的认同程度最高；不过，他们也不排斥其他三种课程价值取向。理论上，该四种课程价值取向是互相矛盾的，但在研究中却呈现正相关。[②]

3）数学学科领域

童莉（2008）对黄政杰所著《课程设计》一书中所提供的课程价值取向量表进行修改后，调查了重庆市 132 位中学数学教师的课程价值取向。研究发现，初中数学教师的课程价值取向具有综合化趋势；不同教龄的初中数学教师在学术理性和科技发展取向上有显著差异；具有不同数学研修经历的初中数学教师在认知过程和人文主义取向上有显著差异；初中数学教师的新课程培训状况对学术理性、社会重建和人文主义有较为显著的影响；不同学历的初中数学教师在多数取向上没有显著差异。[③] 但是，研究只是根据已有的量表进行改进，并没有对问卷的信度和效度进行检验，也没有提供一些富有创见性的研究结果。

上述研究表明，课程观是关涉课程目标、课程内容、教学策略、学习活动和课程评价之课程决定的潜隐理论，是教师对各种课程取向

---

① 吴本韩、张善培：《师训人员对小学科学课程价值取向的信念》，《教育曙光》2002 年第 45 期。

② 黄素兰、张善培：《香港美术科教师的课程价值取向》，《教育研究学报》2002 年第 1 期。

③ 童莉：《初中数学教师的课程价值取向的调查分析》，《数学教育学报》2008 年第 2 期。

优先取舍与综合判断的结果，其往往是教师有意识或潜意识做出的。它不仅会影响教师在课程发展过程中的思考、判断和决定，也影响到教师的教学行为，是教师处理课程与教学事件的标准与判据。

（三）课程观研究的评述

1. 课程观理论研究的概析

基于以上论述，我们认为，课程价值取向分类差异的原因可归结为三点：其一，不同学者对课程理解是具有差异的，进而形成了不同的课程哲学；其二，不同学者基于自身的理论立场与研究目的，对课程价值取向的分类也是不同的；其三，众学者普遍较少关注课程价值取向分类的基本原理。不同学者基于自身的课程理解，对课程价值取向的侧重点也存在差异，让我们认识到课程观的复杂性。例如，埃尼斯等认为生态整合是课程设计的重要取向，而米勒则主张转化取向的重要性，这些都是典型实例。但是，课程价值取向也具有一些共同主题。例如，认为传授学术性知识是课程目标之一，这一主张反映在艾斯纳和瓦兰斯的学术理性主义取向、麦克尼尔的学术科目取向及埃尼斯和霍普的学科精熟取向上。可见，不同学者对课程价值取向的分类具有共通性和分殊性。他们在课程价值取向方面所建构的理论架构，有助于课程研究者认识课程的本质与属性，较之依据教育哲学的分类，如永恒主义、要素主义、进步主义和改造主义，以及诸如学生中心、学科中心和社会中心等关于课程的提法更为精确，且便于理解和操作应用。

课程学者在理论上对课程价值取向进行明确分类，各种取向的性质是明显不同且互为排斥的，这便于他们清晰表述自己的研究思想和哲学立场。然而，在现实中各种取向之间并非截然对立的，几乎也没有人仅持有某种取向或者纯粹以某种取向进行课程实践。身处现实教育场域中的教师也发现他们经常处于两个或多个取向交织的情境，而其中以一个或多个取向为主导，呈现出了取向的整群特性，这个取向群亦即"后设取向"。因此，上述不同的课程价值取向分类，蕴含着人们不同的哲学思想和价值预设，为我们提供了课程理解的多元视角，同时体现了社会、学习者和课程知识在创造情境中的作用。

把课程观概括、凝练为能反映其内在逻辑的各种课程价值取向，为课程理论者和实践者的课程理解提供一种新视界和新话语。课程观研究提供了认识、诠释与批判课程的独特视角和整体框架，使人们得以探究课程这一范围广泛、歧义颇多的领域，进而促进人们对课程目标与教学结果之间的关系进行对话与反思。因此，认识教育目的的多样性和达成手段的多元化是学校教育展开的逻辑起点。教师只有廓清其所持课程观的性质与特点，在辨识自我与他人的异同之间进行价值体认，才能使课程实践更富针对性、深刻性和生命力。

2. 课程观实证研究的反思

当前，课程观研究已取得一些重要成果，但无论是国外还是国内的研究都存在一些问题和不足，主要体现在以下四个方面：

（1）在研究目的维度方面，国内研究主要以考察教师的课程观为主；而国外研究较为多元，不仅调查教师课程观的特点及构成，而且探讨它与课程决定、教学实践和课程内容等方面的关系。课程要素除了教师之外，还有知识、学生、社会环境等因素；因此，国内研究的主题应该进一步扩大和延伸。

（2）在研究方法维度方面，国外研究除了采用量表作为研究工具外，也结合了质化研究方法，诸如使用录像带、田野札记、反思札记、深度访谈等，这是国内研究较为欠缺的方面；同时缺少大样本、有深度的实证研究。采用单一的研究方法来检视教师课程观的整体形态，是不具备充分辩护性和方法论依据的。教师在专业生涯中，他们的思想观念、思维方式受到其信念的高度影响，决定了教师的课程观和实践行动之间并非线性关系。因此，除了采用量表调查外，还需要用深度访谈等质化研究方法来探讨教师课程观的影响因素与形成归因。这也是本书的逻辑前设和目的所在。

（3）在研究对象维度方面，已有研究以小学、初中和高中的教师为研究对象，尤其以某一学科教师为研究对象的居多，如体育、数学、科学等学科领域，而进行"跨课程"的研究较少。

（4）在背景项目维度方面，已有研究不外乎是探讨教师的人口统计变量特征，如性别、教龄、学历、职称、任教区域及学校类型等维度对教师课程观的影响，并试图在此基础上发现其与课程观的关联性。教师课程观作为复杂性、多元化的意识形态，其形成历程必然受到制度、环境和个体特征等因素的影响和制约。因此，教师课程观是教师在与知识、学生、环境等方面的持续交互中逐步建构的，这也为我们提供了可以进一步深化与发展的研究主题。

综上所述，本书提出研究的几个应然向度。其一，采用量化研究来调查教师课程观的整体形态，可能会因其研究对象、区域的不同而存在差异，不存在一致性、普适性和规律性的结论，也不能体现教师课程观的形成历程。因此，应重视涵盖大范围的、大样本的量化研究，并结合质化研究来发现教师课程观的影响因素及形成归因，而不能仅仅窄化于课程价值取向的选择结果层面上。其二，根据我国特定的社会历史文化的脉络特征，研究教师课程观的结构、特点与形成归因，并与国外一些已有研究结果进行比较，形成我国中小学教师课程观的整体架构。其三，编制内容清晰、形式简明的量表，缩短受试者的填答时间，以提高量表的回收率。其四，采用多元的研究方法，避免研究工具的单一而造成片面性的结果，这有助于全面探讨课程观的相关问题，进而呈现教师课程观的整体样态。

三　研究的意义

课程观影响着课程的理论发展与改革实践。理解课程观的内涵和特点，不仅有助于人们认识课程的理论问题和具体的课程实践活动，更可获知教师课程观对课程发展的影响。基于此，我们认为课程观研究具有以下价值和意义。

（一）有助于科学合理之教育政策的制定

课程观与教师的哲学信念乃至教育政策法规的制定密切相关，它们之间具有关联性逻辑。不同教师对课程认识的差异，也就形成了不同的课程观以及在其观照下的教学方式与教学风格。因此，教师必须澄清自己课程观的价值结构以及与他人的异同点，在觉知自我和辨识他者中进行价值体认，进而更好地理解、发展课程。在课程改革语境下，课程观不可避免地会对我国各级政府的教育政策制定产生一定影响。但是，我国中小学教师课程观的分布样态与结构特点很少受到广泛深入的探讨，各种课程取向之间的关系以及它对教师个体、学校乃至教育政策的影响仍然缺乏实证研究的充分支持。如果教育场域中时有产生的与课程改革目标不一致的现象，主要是课程观冲突所致，那么认识课程观对学校教育形式的现实影响是非常必要的。因此，对课程观的存在形态及影响力缺乏足够的把握，来探讨它对教师的课程实践以及贯彻教育政策的影响是不具辩护性的。对于我国的教育系统，尤其是教育政策制定者和教育行政管理者来说，对课程观与课程实践的关系进行全面把握是迫切需要的，因为它能够为教育政策制定提供决策依据。

（二）有利于拓宽我国课程观研究的视域

教师课程观是理论与实践的中介，不仅可为理论研究提供支撑，也可为改革实践提供指导。国外关于课程观的研究颇丰，包括课程观的类型与内涵、课程观与课程决定的关系、课程观与教师行为的关系、课程观与课程内容及实施的关系、课程观与师资培训的关系等方面。分析并概括这些研究成果，有助于拓宽课程观的研究视域并提供方法论支持，对于丰富我国的课程理论具有十分重要的意义。需要指出的是，国外的课程观研究的推展，根植于特定的社会历史文化脉络。这些研究成果虽然具有重要的参考和借鉴价值，但是否适应我国的"水土"仍有待于现实的考察和检验。况且，当前我国的课程观研究主要停留在对国外理论研究成果的引介和探索阶段。在研究视角及方法上，空泛议论多，深入调查、理论提升少，缺乏根据研究对象的特点诉诸多学科视角，并采用科学的研究方法形成的有创见的成果。这样既很难发现我国中小学教师课程观的整体样态，也很难为课程改革整体推进提供必要支持。课程观研究作为认识教师信念的载体，具有普适性的意义和价值。但在不同的社会文化脉络下，人们对课程理解也不尽相同，这直接导致课程取向的分类标准和方法论依据的差异。因此，我们不能纯粹、机械地套用已有的课程价值取向分类架构来框定我国教师的课程观，而需要在我国文化脉络和教育改革实践特点的基础上，通过实证研究来分析适合我国实际的课程取向分类与内涵等问题，进而形成我国中小学教师课程观的整体架构。

（三）有益于多元化课程设计理念的倡导

许多研究发现，在课程实践中教师持有的课程价值取向并不是以单一形式出现，而是以主导、共同主导的方式或以其他的组合形式呈现，在遇到不同课程内容、不同教学阶段时会有所侧重，体现出"后设取向"特征。同时，世界范围内的课程哲学也开始呈现出统整趋势，人们不再以二元思维方式来选择某一课程价值取向作为课程活动的圭臬，不同的课程价值取向都在反思自身不足中汲取他者的长处，以充分发挥课程的价值和功能，促进个人与社会的发展。因此，课程理论工作者在进行课程设计时，需要考量课程后设取向特征，注重课程设计的多元化取向，并结合具体学科特性进行课程编制。课程改革赋予了教师更多的课程权力，倡导教师即是课程设计者，但对于已经形成一定的课程思维定式和行为惯性的教师来说，改变其既有的课程观和课程实践是不容易的。因此，我们需要加强课程观研究，帮助教师理解课程观之于课程实践以及专业发展的重要性，帮助他们对习焉不察的课程行为进行反思，进而在课程实践中对不同课程价值取向进行科学整合，形塑与时代精神相符的课程观。进一步说，只有教师认识到不同价值取向的性质与特点，明白以不同课程价值取向为基础来进行课程设计的具体做法，才能对多元课程价值取向进行有效组合，实现价值增值，进而提高教学有效性。

四　研究的设计

（一）目的与问题

1. 研究目的

（1）在理论层面上，课程观具有功能性起源和发展性特征，不同的课程观理论研究和实践发展都根植于特定的社会历史文化脉络。因此，本书试图依循对国外课程观研究的反思批判与借鉴生成的理路，来建构我国中小学教师课程观的理论架构。

其一，以我国东部、中部及西部区域的中小学教师为研究对象，调查教师课程观的整体形态，然后对研究结果进行分析和概括。

其二，调查中小学教师课程观的影响因素与形成归因，而不仅仅局限于课程观的选择结果层面，统合二者可呈现中小学教师课程观的整体样态，以丰富、完善教师课程观的理论，改进教师的课程实践。

其三，采用深度访谈和扎根理论等多元的研究方法，开拓国内教师课程观研究的视野，并提供方法论支持。

其四，统合量化、质化的研究结果以形成我国中小学教师课程观的解释架构，并根据研究结果对课程观实践转化问题进行哲学思考，进而明确课程观转型的逻辑路向。

（2）在实践层面上，全面探讨教师课程观，有助于廓清教师的课程观与实践行为的关系，把握一些课程理论与实践问题，为教师专业成长、课程发展乃至课程改革的深入推进提供智力支持。

其一，为理解课程的丰富内涵提供视角。在课程活动中，教师对课程目标、知识价值和教学方式持有不同的看法和观点，并产生不同的教学形态和教学结果。全面系统探讨课程观，帮助教师对各种课程价值取向的属性和特征形成整体认识，明白各种课程价值取向都具有正向功能，以及只有优化其组合结构才能发挥整体大于部分之和的功效。

其二，为教师培训的制度设计提供支持。教师培训和教师课程观具有紧密的关系。目前的教师培训往往是迫于应对外在压力而进行，为所有的教师开展同质化培训，要求教师形成统一的角色规范，体现出重效率和控制的工具理性基调。如果教师培训能够考量教师团体中主导的课程价值取向，并在"课程后设取向"观照下设计培训项目，那么它将更具针对性、合理性和实效性。

其三，为课程编制和教学实践提供平台。每一种课程价值取向都有各自明确的学习目标、教学任务、内容选择、学习方法、教学组织、评价方式。任何课程编制主体，如果在不了解广大教师的课程观特点的前提下就贸然开发相关课程，那么在课程实施进程中必然会遭遇很大阻力，最终效果寥寥甚至失败。持有不同课程观的教师形成不同的教学实践。要求教师评价者准确把握各种课程价值取向的内涵及其实践逻辑，对教师的教学效果进行全方位的客观评价和科学诊断，帮助教师提高教学有效性。

2. 研究问题

尽管许多学者在课程理论文献中已经追溯课程观的发展历程，但是在实践情境中考察教师课程观具有极大的挑战性。因此，本书采用量化研究与质化研究互为证成的方法，首先对我国东部、中部及西部三类区域的中小学教师进行抽样调查，发现教师课程观的分布样态及构成特点；其次通过深度访谈揭示教师课程观的影响因素及形成归因，为构建中小学教师课程观的解释架构提供理论依据。

（1）量化研究

1）中小学教师课程观的整体分布样态；

2）男性和女性教师的课程观是否存在差异；

3）不同教龄的教师其课程观是否存在差异；

4）不同学校类型的教师其课程观是否存在差异；

5）不同学历的教师其课程观是否存在差异；

6）不同地区（城乡）的教师其课程观是否存在差异；

7）任教不同学科的教师其课程观是否存在差异；

8）不同区域的教师其课程观是否存在差异；

9）担任不同职务的教师其课程观是否存在差异；

10）参与培训次数不同的教师其课程观是否存在差异；

11）参与教研活动次数不同的教师其课程观是否存在差异。

（2）质化研究

本书通过深度访谈获取原始资料，再根据扎根理论原理提炼出主要概念，试图发现影响教师课程观生成与发展的主要因素及形成归因。

（二）思路与方法

1. 研究思路

本书旨在研究教师课程观的结构、特点、影响因素及形成归因等问题，哲学思辨和实证研究互为检证，确保研究结果的科学性与可操作性。研究者试图从教师课程观的分布样态及形成归因的层面切入，揭示教师课程观的整体样态，探查课程观实践转化的问题，最终提出课程观转型的逻辑路向。本书依循三步的操作程式进行。其一，以我国东部、中部与西部三类区域的中小学教师为研究对象，发放量表1700份，调查教师课程观的整体分布样态、构成与特点；其二，通过质化研究探查教师课程观的影响因素及形成归因，以10位中小学教师为研究对象（分为1—5年、6—10年、11—15年、16—20年及21年及以上五个教龄段，每个教龄段选取两位教师），采用半结构式方法对受访者进行深度访谈，在访谈获取的原始资料上以扎根理论原理进行概念抽绎，试图发现教师课程观的影响因素及形成归因，并对不同教龄段教师的课程观影响因素进行比较分析，在此基础上揭示教师课程观的形成历程，形成解释架构；其三，在实证研究结果的基础上，探讨影响教师课程观实践转化的相关问题，再根据时代发展及社会转型的要求，提出与明确课程观转型的逻辑路向和时代主题。本书采用实证调查与哲学思辨相统合的研究取向，对实证研究结果进行系统分析与论辩，最终形成总体研究结果。我们并未宣称研究结果代表我国中小学教师课程观的整体样态，但是该样本容量对检证本书意图来说是科学合理的，也是具有辩护性的。

2. 研究方法

根据研究目的与研究问题的性质和特征，本书采用哲学思辨研究、量化研究和质化研究等研究方法。

（1）文献研究法

在查阅分析国内外文献的基础上，厘清课程观理论与实践的发展脉络，总结其成就与经验；认识课程观的价值内涵、结构特点、功能作用，为构建我国中小学教师课程观的分类架构打下基础，实现继承与创新、批判与借鉴的逻辑统一。

（2）量化研究法

采用自编量表，对我国东部、中部与西部三类区域的中小学教师进行抽样调查，试图发现教师课程观的分布样态、构成及特点。量表

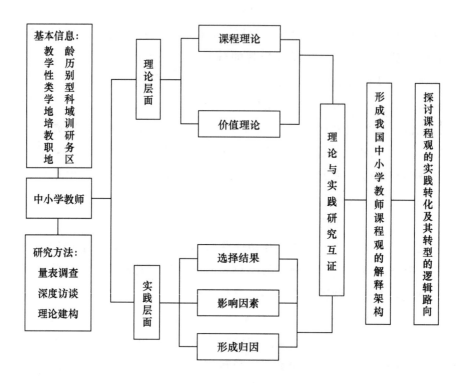

图 0-1　研究思路框架

界定了学术理性主义、学习过程、社会责任、生态整合、折中主义、人文主义六种课程价值取向。

（3）质化研究法

基于研究问题的需要，运用的质化研究方法包括深度访谈法、扎根理论，考察教师课程观的形成历程，重点探讨其中的影响因素与形成归因。课程观作为一种意识形态，需要采用质化研究方法来洞察教师的思想、信念以及思维方式。

（4）比较研究法

根据量化调查结果，对我国东部、中部、西部三类区域教师的课程观存在形态进行比较分析，发现不同区域中小学教师课程观的构成及特点；在访谈结果的基础上，比较不同教龄段教师的课程观发展特点和影响因素，并探究其深层原因。

五　研究的创新

第一，基于国内课程观研究的现状、问题、需求，对国际经验进行创造性转换和创新性拓展。首次对教师课程观的结构与特点、形成历程进行系统考察及哲学检思，进而构建中小学教师课程观的总体理论架构。

第二，全面探讨中小学教师课程观存在的问题及其原因以及转化策略，明确提出"发展性课程观"是课程观转型的时代主题；深入论述了在教育教学改革实践中，中小学教师如何树立"发展性课程观"，以实现人的全面发展的互动、共生和再造三个机制。

第三，运用量表调查与深度访谈等多元研究方法，全面考察中小学教师的整体形态和发展规律，丰富与扩展了课程观研究方法体系及其应用领域，为课程理论研究和课程改革实践提供学理依据与实证支持。

第一章　教师课程观的理论分析

教师能否坚定教育理念，发挥专业知能，提升教学效能，进而推动课程改革的持续深入，教师课程观是至关重要的因素。因为对课程的不同理解，反映出教师个体不同的课程观，而不同的课程观又形成不同的课程思维方式，并外化为不同的课程实践。从这个意义上说，课程观是关涉课程目的、课程内容、教学策略、学习活动和教学评价之课程决定的潜隐理论，它是由教师对课程的信念、价值和态度所决定的，而信念是核心质素。因此，在定义教师课程观之前，只有先对课程、信念等概念的含义进行辨析，才能更好地把握教师课程观的实质。

一　课程

在分析信念的含义之前，首先有必要对课程的内涵进行考察。课程的定义繁多，但无优劣之分，它决定于研究者所处的背景及所持的价值、立场、观点的差异。有研究者指出，每一种课程的定义，都有其社会背景、认识论基础和方法论依据，而且它们所指的课程可能并不是在同一层次上的。① 事实上，定义课程的不同方式，反映了研究者对课程理解的差异。

每一种课程的定义都隐含着某一哲学假设、价值取向以及对教育

_____

① 施良方：《课程理论——课程的基础、原理和问题》，教育科学出版社 1996 年版，第 7 页。

的某种信念，标示着特定课程所关注的面向。Curriculum（课程）一词，从词源学层面上看，原意为拉丁语动词 currere，意指"跑"（to-run），而 curriculum 则是"跑道"；作为名词词性意义上的"跑道"，它是既定的、静态的，也就是说，课程是为学生学习的进程而设计的课程系统，这一课程范式是以泰勒的课程目标、内容选择、教学组织及课程评价的"经典课程范式"为代表，其秉持"目标取向"的课程开发观点。如果从动词词性观之，课程的含义不是静态、固化的"跑道"，而是强调行进过程中的个体与环境的交互而不断创生经验的历程，这以后现代课程理论所秉持的"过程取向"的课程理解观点为代表。综观不同研究者所定义的课程概念，可以归结为将课程视为学科与教材、目标与计划、经验与体验三方面。简要说来，课程即学科与教材，将课程知识视为静态的、确定的、需要传递的人类文化成果；课程即目标与计划，将课程看作一组行为目标或一系列有目的、有计划、有组织的学习结果，强调目标的达成；课程即经验与体验，强调教师指导学生获取经验与体验，以及学生自发习得的经验与体验。可以说，前两者归属于课程开发的向度，而后者归属于课程理解的向度。从动词词性角度来定义课程，它不是从课程丰富的价值体系中抽取某一要素作为课程的全部，而是把课程视为动态生成而非静态固化的实体，重现课程活动中师生的思考与对话，实现个人意义的创生及课程的发展，进而为学生认识、理解、体悟生命意义与追寻幸福生活创设积极条件。需要强调的是，课程理解与课程开发这两种不同的课程范式，其对于课程理解的价值取向是不同的，它们从不同层面、角度揭示了课程的属性、逻辑和价值，各自有着存在的合理性和必要性。可以说，它们之间并非截然对立、互为攻讦的关系，而是互存共生的价值生态。一方面，我们要以课程开发的系统化概念来审视课程，形成整全的理论观点；另一方面，要打破工学模式的一统性，从人性完善及个性发展等课程理解的多维角度来审视课程。

尽管研究者从不同的角度和层面来定义课程，呈现了多元之说的态势，但是我们不能否定"课程是什么"的陈述，只能从哲学层面上来检思课程概念，认识潜隐于课程概念背后的研究者之价值取向，因为任何课程概念都隐含着其特有的课程思想。奥恩斯坦（Ornstein）和霍金斯（Hunkins）指出，价值会影响、体现甚至规约其应该呈现的行为，形构理论的首要步骤是搜集事实，但搜集的事实为何、何者的事实？缺少理论的取向，人们也就不能确定欲求搜集的事实或欲求探讨的命题，其价值的认定影响着对事实与其关系的认识和选择，或者说，他们的价值导引其理论的建构。① 应该说，对课程本质的探究，是对丰富的、潜在的课程价值意涵的不断揭示，是外在规律及个体价值理想的诉求。

二　教师信念

教师信念是围绕课程观而形成的，是对课程的本质属性及实践功能的一种整体认识，是课程设计与课程实施过程中的课程观与方法论。它决定于信念、价值和态度所组成的信念系统，"不仅是教师的思想、判断和决定的过滤器，还是教师产生认知活动的基础"②。因此，廓清教师课程观的本质及内涵，首先需要认识信念系统在教师课程观中所居地位与所具功能，以及它们是如何发挥作用和产生影响的。

（一）信念

1. 信念的概念

信念是一种影响个体认知的心理过滤器及个人决定的指向标，是个体意义形成发展的内在依据。信念已经受到教育研究者的广泛关注

---

① ［美］奥恩斯坦、霍金斯：《课程理论基础》，方德隆译，台湾培生教育 2004 年版，第 309 页。

② Davis, H., Andrzejewski, C. Teacher beliefs. In E. M. Anderman & L. H. Anderman. *Psychology of classroom learning: An encyclopedia*. Detroit, MI: MacMillan, 2009: 909–915.

及讨论。①②③④ 尽管关于信念的研究很多，但教育研究者仍然对信念的定义、特征及类型等进行探究。因此，澄清信念的定义及相关内涵是必要的，以更好地理解教师信念和实践行为的关系。

信念是一个复杂的结构，对它进行辨识、定义及描述是不易的。通过回溯相关研究文献发现，研究者是从不同角度来定义信念的，并以多种同义术语交替使用，包括态度、价值、判断、意见、观念、认知、概念、概念系统、倾向、潜隐理论、显性理论、内在的精神过程、行动策略、实践规则和观点。⑤ 不同研究领域的学者从各自的命题假设、研究需要及价值偏好出发，以不同的话语体系及专业术语来定义信念，对信念进行了不同的概念化。简言之，这归因于研究者所倚重的认识论、价值论、方法论的差异。从哲学层面来看，鲍尔温（Baldwin）认为，信念可以从两个面向来定义，其一，是对事物的心智状态，亦即对事物的认知或推演。信念被视为是自主的、直接的意识及初始的意图。其二，认为信念是人们对某一事件信以为真的态度，它是通过省思而形成的。⑥

在教育领域，佩詹斯（Pajares）将信念定义为"个体对一个真理或谬误的命题的判断，它只能从一个人的所言、所欲及所行而形成的共同理解来推论"⑦。哈尼（Haney）等将信念定义为"个体对于教学

---

① Fang, Z. A review of research on teacher beliefs and practices. *Educational Research*, 1996, 38（1）：47－65.

② Kagan, S. H. Implications of research on teacher belief. *Educational Psychologist*, 1992, 27（1）：65－90.

③ Mansour, N. The experiences and personal religious beliefs of Egyptian science teachers as a framework for understanding the shaping and reshaping of their beliefs and practices about Science－Technology and society（STS）. *International Journal of Science Educaiton*, 2009, 30（12）：1605－1634.

④ Nespor, J. The orle of beliefs in the practice of teaching. *Journal of Curriculum Studies*, 1987, 19（4）：317－328.

⑤ Pajares, M. F. Teachers' beliefs and educational research：Cleaning up a messy construct. *Review of Educational Research*, 1992, 62（3）：307－332.

⑥ Baldwin, J. M. *Dictionary of Philosophy and Psychology*. New York：Macmillam, 1918.

⑦ Pajares, M. F. Teachers' beliefs and educational research：Cleaning up a messy construct. *Review of Educational Research*, 1992, 62（3）：307－332.

及学习的确信、哲学、信条或意见"①。布朗（Brown）和库奈
（Cooney）指出，信念是"行动倾向与行为的主要决定因素"②，它
是因应其所在情境而生发的。柏格（Borg）认为信念是个人信以为
真、赋予承诺情感的心理倾向，而且具有引导思考与行为方向的
作用。③

　　从心理层面上看，研究者更多的是从知识和信念的关系来定义信
念。但是，使用这一方法论来认识信念并不是十分清晰。罗克奇
（Rokeach）将信念定义为具有认知、情感和行为要素的许多方面，其
本质上是由知识、情感及行动而促成的。它是"所有的简单命题、有
意识或无意识的，是从个体所言或所行来推论，往往为'我相信是'
（I believe that）这一短语的前提（being preceded）"④。阿贝尔森
（Abelson）根据人们为某一特定目的或在某一必要的环境中所依存的
操作性知识来定义信念。⑤ 西格尔（Sigel）认为信念是经验的心智构
念，常常被压缩及整合为基模或概念，被认为是真实的并会引导行
为。⑥ 哈维（Harvey）认为信念是个人对真实的表征，具有效度、真
实、信度以及引导思考与行为。尼斯贝特（Nisbett）和罗斯（Ross）
认为信念是关于对象特质的合理外在命题。⑦ 人类学家、社会心理学
家和哲学家较为公认的一个定义是，信念被认为是心理上持有的理

　　① Haney, J., Czerniak, C. M., Lumpe, A. T., Czerniak, C. M. Constructivist beliefs a-
bout the science classroom learning environment: Perspectives from teachers, administrators, parents,
community members, and students. *School Science and Mathematics*, 2003, 103 (8): 366 – 377.

　　② Brown, C. A., Cooney, T. J. Research on teacher education: A philosophical orientation.
Journal of Research and Development in Education, 1982, 15 (4): 13 – 18.

　　③ Borg, M. Teachers' beliefs. *ELT Journal*, 2001, 55 (2): 186 – 187.

　　④ Rokeach, M. *Beliefs, attitudes, and values: A theory of organization and change*. San Fran-
cisco: Jossey – Bass, 1972: 113.

　　⑤ Abelson, R. Differences between belief systems and knowledge systems. *Cognitive Science*,
1979, 3 (4): 355 – 366.

　　⑥ Sigel, I. E. A conceptual analysis of beliefs. In I. E. Sigel. Parental belief systems: The
psychological consequences for children. Hillsdale, NJ: Erlbaum, 1985: 345 – 371.

　　⑦ Nisbett, R., Ross, L. *Human inference: Strategies and shortcomings of social judgment*.
Englewood Cliffs, HJ: Prentice Hall, 1980.

解、前提或感知为真实世界的命题。① 综合不同学者的观点，信念的意涵为：其一，个体与环境的交互而在内心形成的一种评价及认信；其二，与个体的前在经验具有关联性；其三，体现了个体信以为真的心理倾向或态度；其四，是个体实践行为的指向标。尽管界定信念的术语及定义存在着多样性与差异性，但是在教育领域，不同学者都集中探讨信念对教师的内在思考、课程决定及教学行为的影响，决定了对教师信念的探讨必须正视这一概念的复杂性。信念是个体的抽象的内在思考，无论是无意识或有意识的，都与个体的经验关系紧密，并最终影响个体的实践行为。应该说，信念虽"内化为心"，却又能"形乎于外"，是个人行为的指向标。

可以说，信念是个体和情境的交互后，基于主观认识及经验对某种事物、对象或命题进行辨识、判断及选择的态度及倾向。这一信以为真的态度或倾向是经由反思而形成的，关涉其成长中所获得的经验。它可能建立在信念或个体知识的基础上，如同一种心理过滤器，对获得的信息进行判断和选择，接受符合自己信念系统的信息，拒斥与信念系统不相符的信息，引导并决定个体的思想和行为。

　2. 信念的类型

罗克奇（Rokeach）把信念分为描述的或存在的信念、评价的信念和规范的或禁制的信念。② 在描述的信念中，信念的目标被描述为真实或虚假、正确或错误。例如，我认为太阳是从东方升起的。在评价的信念中，信念可以被描述为好的或坏的。例如我相信冰淇淋是美味的。在规范的或禁制的信念中，某一行动或形势被认为是应该的或不应该的。例如我认为孩子服从其父母的要求是应该的。在他看来，所有的信念都拥有三种要素：认知、情感及行为。认知要素表征个体关涉什么是真实或虚假、可求的或不可求的知识；情感要素是唤起集

① Richardson, V. The role of attitudes and beliefs in learning to teach. In J. Sikula T. J. Buttery E. Guyton. *Handbook of research on teacher education*. New York: Macmillan, 1996: 102 - 119.

② Rokeach, M. *Beliefs, attitudes, and values: A theory of organization and change*. San Francisco: Jossey - Bass, 1972: 115 - 130.

中于信念目标上的不同强度的情感，在争议中持有的一种积极或消极的态度；行为要素在信念被激活时导致行动发生。他认为依照信念的组织形式，信念的性质有些类似于原子的结构。一些信念越是居于信念系统的中心，亦即核心信念，就越拒斥改变。

阿克曼（Ackermann）将信念分为四种类型，即行为信念、无意识信念、有意识信念和理性信念。① 行为信念不能被简单地辨识，因为任何人持有的任何信念将会体现为一种确定的行为方式。虽然无意识信念及固着的信念会长期影响行为，但是不能通过这一行为介质来识别。不同于行为信念，无意识信念不能根据行为来解释。相对而言，行为信念被认为是非意识的（non-conscious），而不是无意识的（unconscious）。在个体行为没有遭遇困难的地方，行为信念对人的行动是重要的，因此其信念不需要在意识层面上进行检审。有意识信念是个体已经明确表达及所意识到的所有信念。理性信念被定义为一种对现行的信念结构在哲学上的理想化。

3. 信念的特征

结合尼斯博（Nespor）的观点，信念具有存在的假设、替代性、情感的和评价的负载、插曲式存储、非共识性、松散型等特征。②

其一，存在的假设（existential presumption）。信念是实体存在的或不存在的一种命题及假设，它是"确信的、每一个体持有的个人化的真实（personal truth）"③。它的深度个人化是通过某些机会、经验或事件而形成的，并非具有普遍意义，因此不会为他人的劝说所影响。例如，尼斯博研究发现，两名数学教师可能持有关于学生的"能力"、"成熟"或"懒惰"的信念，这些词语并不仅是作为描述性术语，也是对学生特质的概括观察。其中一名教师可能相信，学生的学

---

① Ackermann. R. J. *Belief and knowledge*. Garden City, NY: Anchor Books Doubleday, 1972.

② Nespor, J. The role of beliefs in the practice teaching. *Journal of Curriculum Studies*, 1987, 19 (4): 317–328.

③ Pajares, M. F. Teachers' beliefs and educational research: Cleaning up a messy construct. *Review of Educational Research*, 1992, 62 (3): 307–332.

业失败主要在于懒惰，不愿做作业及练习。因此，它会向学生强调数学的实用价值，迫使学生多做数学练习来提升学生学习成绩。另一位教师则相信，学习数学的关键在于心智的成熟。于是，他采用与前者迥异的教学方式，鼓励学生进行课堂讨论，一起完成作业，并认为学生的心智成熟度相近，彼此间通过对话与沟通，可以弥补教师教学的不足。所以，他认为学生的心智成熟是一渐进过程，教师并不能"催熟"，而摒弃强迫学生学习的教学方式。可见，存在的假设使两位教师相信，学生身上确实存在懒惰或成熟的特质，但不只是作为一个解释行为原因的前提假设。"存在的假设"是不变的实体，存在于个人控制和知识系统之外。可以说，教师信念的差异所导致课程行为的不同，这主要在于教师对于学生的基本假设，而非教师的专业知识和能力。

其二，替代性（alternativity）。信念有时涉及"替代性世界"或"替代性真实"，但这些又不同于真实，表征着我们所追求的理想世界或实体。许多教师会在缺失直接经验或知识的语境下，预设并努力构建特定的互动系统或课堂关系。例如，一名英语教师，她从孩提时期抽绎出其所追求的理想教学形态，并在现实课堂中运作。事实上，这种理想教学形态是她在孩提时期并未切身经历过的，只是一种她熟悉的课堂形态的替代性经验。这种信念类型在课堂中是非常重要的，即使教师在实现替代性方案中遇到许多不足或问题，但教师也会通过对理想教学的追求来辩护，而绝不抹杀其价值。因此，替代性信念在希求和激励方面具有较大的正向价值，即使在不能通达成功的情况下也是如此。

其三，情感的和评价的负载（affective and evaluative aspects）。信念是独立于知识的、表征个人的偏好和评价，或者说，信念系统依靠情感和评价的要素胜于知识系统，它极大地影响着个人的实践行为。尼斯博认为，基于个人偏好的情感、情绪和主观的评价可能对个体的信念系统产生广泛影响。不同于知识系统，信念系统不要求有效性和可接受性之间的普遍一致性，个体信念甚至不要求信念系统中的内在一致性。

其四，插曲式存储（episodic storage）。用来辨识知识和信念的差异的插曲式结构信念，是由偶发的、随机的或插曲式的信息积淀形成的。尼斯博基于插曲式结构来区分两个术语的差异。知识系统存储于语义网络中，然而信念系统由插曲式存储的材料构成，受个人经验或文化和制度方面的影响。

其五，非共识性（non‐consensuality）。信念是由个人独有的、主观认识的事物所构成，它涵括个人经验、情感及评价、对事物的假设，是上述四种特质互动的结果。不同的个体，其信念的形成历程具有差异性，持有的类似信念也可能源自不同的事件，导致了个体信念之间的不一致性。

其六，松散型（unboundedness）。信念系统内子信念纷杂，且结构松散，它和知识系统或现实情境之间并不具有清晰的、逻辑的关联，因此我们很难预知信念所产生的影响及作用。

（二）信念系统

信念系统是一个复杂的概念，这关涉个体的态度、期望和个人经验。个体在生活中时刻地与环境进行交互，形成了具有不同形态的信念，它们之间具有内在关联性，并构筑了个人的信念系统，影响其生活方式和存在形态。尼斯博（Nespor）认为，信念居于一个较大的系统中，形成了一种松散的网络，具有高度的变动性、不确定性，并与实践、情势和知识系统相联结。[①] 西格尔（Sigel）认为，许多信念之间具有关联性，不同层面的核心信念可以组成一个系统，形成了信念的一致性，所以把信念视为一个建构的系统是恰适的。[②] 罗克奇（Rokeach）将信念系统定义为，一个人在某一特定时空中，对个人生活中各种意识或潜意识状态中的信念、看法、期待或假设是特定的，以心理的但不必定是逻辑形式组成，是个人对物质与社会实体难以计

① Nespor, J. The role of beliefs in the practice teaching. *Journal of Curriculum Studies*, 1987, 19 (4): 317 – 328.

② Sigel, I. E. A conceptual analysis of beliefs. In I. E. Sigel. *Parental belief systems: The psychological consequences for children.* Hillsdale, NJ: Erlbaum, 1985: 345 – 371.

量的信念。①他以三个假设对信念系统进行分析：其一，每个信念具有强度不同的差异；其二，信念具有不同的层次，有核心信念与边缘信念之别；其三，越居于核心的信念就越重要，越不易改变。

罗克奇（Rokeach）依据核心信念和边缘信念的维度，将信念分为五类：②

其一，初始的信念（primitive beliefs），是信念系统中最核心的部分，是个人对自然世界、社会实体及自我本质上信以为真、视为理所当然的信念，也是个人和社会中每个人所达成的共识。例如，"我认为这是桌子""今天是星期一"。

其二，个人的信念（personal beliefs），与初始信念相比，这种信念是个人独有的，与他人存有差异，亦即无论他人是否认同，甚至引发争议，个人还是坚信不疑。例如，"我相信我的儿子是优秀的""我认为我的母亲不爱我"，等等。

其三，权威的信念（authority beliefs），是个人通过效仿、认同或参照外在权威所生发的信念，与个人的学习和社会化紧密关联。家庭、阶级、同伴、种族、宗教、政党和国家，这些都会影响这一个人信念的产生。

其四，推衍的信念（derived beliefs），是从权威信念推演而来的信念，因此，当获知某一个体认信某种权威，我们就能够从其推演出这一个体的其他信念。当个体触及某一权威改变的信息，其信念也将随之改变。

其五，不相关联的信念（inconsequential beliefs），这一信念大多来自个人的直接经验，并且可能是前后互不关联的。但是，由于它的改变不会对个人的自我认同与自信产生冲突，与信念系统中的其他信念具有较少功能上的关联。

决定信念重要与否的依据，是依照信念的关联性（connectedness）

---

① Rokeach, M. *Beliefs, attitude and values* (7th Ed.). New York: The Free Press, 1980: 2.

② Rokeach, M. *Beliefs, attitudes, and values: A theory of organization and change.* San Francisco: Jossey – Bass, 1972: 115 – 130.

而定，也就说，越是与其他信念形成功能性关联、影响或互通的信念，越居于核心地位。因此，信念的强度与关联性决定了信念在个体信念系统中的地位。决定关联性强弱的标准有四：其一，越是和个人存在与认同直接相关的信念，与其他信念的关联性就越强，也就越居于核心地位；其二，越是可以和他人共享的信念，就越能和其他信念产生功能性关联和影响；其三，有些信念并非来自个人的直接经验，而是从他人或团体的信念推演而得，这一信念和其他信念的功能性关联性较弱，处于较不重要的地位；其四，有关兴趣、偏好或品位有关的信念，与其他信念功能性关联最弱，因此居于边缘地位。以上四个标准能够认识信念的功能性关联，帮助个人决定其信念或态度的重要程度。概言之，信念系统的核心问题是"人类持有不同的信念，这些信念有着不同的强度与用来决定其重要性程度的复杂性关联"①。事实上，在信念系统中的信念并非全然一致，有些甚至互为冲突。据此，教师信念系统中涵括许多和教育相关的信念，这些信念有着相对的重要性，而越居于核心地位的信念，也就越可能支配人的意图和行为。

信念系统是由信念、态度和价值所组成的。② 由于多种理由，个人往往不能或不愿准确地表征他们的信念。因此，信念不能被直接地观察或测量，而必须从人们所说、所想、所做的来推论。信念是关乎"什么是正确的"态度，而价值不仅指涉这一态度，还关乎对于关系对象的重要性、优先性进行列等的概念。也就是说，价值是建基于个体信念之上的稳固信念，但信念不一定会上升为价值。信念与价值在引发个体行动的作用上具有不同的强度，信念只告知人们应然性的行动，而价值则规定如此行为才是最优的、最重要的。价值属于规范性或禁制性的信念，是对"应该做"与"不该做"的判准。态度是由信念、情绪和行为三要素组成。信念构成态度的认知成分，情绪构成态度的情感成分，行为组成了态度的行动成分；而价值也具有认知、

---

① Pajares, M. F. Teachers' beliefs and educational research: Cleaning up a messy construct. *Review of Educational Research*, 1992, 62（3）: 307–332.

② Rokeach, M. *Beliefs, attitude and values*. New York: The Free Press, 1980: 2.

情感与行为三要素。态度是关涉某一事物的信念组合，是个体对于
人、事、物的评价或判断，必须与特定的情境相关联；它反映了个体
对某些事情的感受。例如，对于教育的态度，与其他人际的或社会的
概念相关联而形成一个网络。这个网络可能包含学校、社区、暴力、
服务和家庭。当信念被用于评价、比较或判断的目的，信念被描述为
价值。拉斯（Raths）认为人们拥有一种尚未经受充分检验的信念。
只有在经受检验并审思可供的选择、期望的结果、考察其蕴含的存在
意义之后，信念才能成为一种价值。① 因此，价值可以描述为因决定
而使用的一种信念系统。反映在课程领域，课程专家倚重课程内容、
任务的选择及有效的评价来提升课程系统的效度；而教师必须前设课
程价值的优先性，来评价每一课程行动选择的可行性，并对最可能成
功的行动做出判断。

从某种程度上说，价值、信念和态度归属于认知层面，态度常以
信念为基础并涉及情感因素，而态度对关系对象的评价、判断或感
受，受到一种相对稳定的信念亦即价值的影响。价值具有导引及决定
个人态度、行为的功能，还可以作为事物的判断标准；而态度则不能
操控价值，它只是一个中介变量。态度与价值是信念的次级要素，对
某一事或物所形成的信念，最终会成为一种带有某种行为或行动倾向
的态度，一旦信念决定采取行动时，这些信念就成为价值，它们都影
响着人们的行为。另外，影响价值形成的还涉及情感因素。沃尔克默
（Volkmor）等指出，与态度、抱负、目的、兴趣和活动等范畴有关的
叙述，都带有个人的意义，都表示某些想法和行为，都可能成为价
值；这五个范畴的叙述称为价值指标。② 另外，情感、信念与忧虑、
困难、阻碍也是价值指标，与价值的形成密切相关。因此，可从上述
方面来探讨个体可能持有的价值。

信念系统不是自发、自成及自足的，而是形塑于特定的社会文化

① Raths, L. E., Harmin, M., Simon, S. B. *Values and teaching*. Columbus, OH: Merrill, 1996.

② 沃尔克默、帕萨尼拉和拉斯：《价值澄清法》，欧用生、林瑞钦译，复文图书出版
社1986年版。

场域。许多情感、信念和态度都是文化影响的结果。文化联结或区分了不同的社群或个体，极大地影响人们的社会行为。罗克奇（Rokeach）指出，一个特定的情境会激发个体价值系统内某些相关的价值观。[1]个体信念系统的发展是经由文化传递过程而获得的。文化极大地影响了人们的价值和信念，因为文化一般被认为是理所当然的合理存在，人们鲜有对其日常所思及所为进行审思。而价值是文化观点对道德与邪恶、好与坏、正确与错误的认识。因为价值提供了理想的目标和行为，它不仅是作为社会生活的准则，还作为自己行为以及他人行为的标准。信念比价值更具独特性，它通过与文化共享的观念和态度，来辨识真理或谬误。例如，一种价值体现为"民主是好的"，与价值关联的信念则是"具有民主政府的国家与独裁的国家相比，其更能够为公民提供一种高品质的生活"[2]。

综上所述，个体持有的各种信念并非独存，而是以关联性存在，进而建构了个人的信念系统。在个人的信念系统中，信念、态度、价值是其核心质素，信念系统的形成，是个体与社会、文化交互而获得个体经验的结果。个体经验决定了不同信念的重要性，有的是个人独有的，有的是与他人共享的；有的是重要的核心信念，有的是次要的边缘信念。某种信念重要与否，决定于个体对它的认同程度、它与其他信念的关联性强度，关联性越强，信念也就居于核心地位并凸显其重要性；反之亦然。信念系统和个人的价值结构关系紧密，价值倾向影响着个人的人格、态度、行为表现等，形成了不同于他人的信念、价值及态度的独特的生活形态及生存方式。

（三）教师信念的内涵

回溯文献发现，教师信念的定义由于研究目的及命题假设的不同而存在差异。研究者在教育领域对信念的研究颇多，主要归结为教育信念、教师信念、课程信念或教学信念，他们所定义的概念及术语表达虽然存在一些差异，但是研究目的都在于探究教师个体思考的内在

---

[1] Rokeach, M. *The nature of human values*. New York: Free Press, 1973: 14.

[2] Lindsey, L. L., Beach, S. *Sociology*. Boston, MA: Allyn and Bacon, 2004: 39.

心理过程，以探寻教师的深层思想及信念。因此，廓清教师信念的含义，需要对其相关概念进行分析，在此基础上认识教育信念、教师信念、课程信念之间的关联性及差异性。

　　信念本身的复杂性导致了教育领域信念范畴的复杂性。教师信念与教育信念往往被视为课程信念的同义词，而在文献中互换使用。事实上，教师信念、教育信念与课程信念既有联系，又有区别。佩詹斯（Pajares）认为，教师信念（teachers' beliefs）是教师对教育的态度，是有关教育、教学、学习、学生。教师信念就是教师的教育信念。[①]艾伦（Elen）和罗伊克（Lowyck）认为，教师信念往往概念化为无意识地持有诸如对教学、学习、课程、学校教育及知识的教育问题和过程假设的一组潜隐理论。[②] 教师信念是教师的教学及课程决定和行动的过滤器，因此能够促进或阻碍改变。波特（Porter）和弗里曼（Freeman）把教师对学生和学习过程的信念、学校在社会中的角色、教师本身、课程与教学等定义为教学取向，这些倾向和信念还涵括对学校教育目标、教师达成目标的责任，以及学生达成目标的能力的质询。[③]方（Fang）认为，教师的信念或哲学观点以及对知识学习的潜隐理论观点，会影响教师的教学行为，间接影响学生的学习情形。[④] 可见，教师信念在教师的思考与行动中具有重要价值，不仅影响教师在教学计划及教学互动上的思考与决定，同时也会影响教师的教学行为与教学效果。因此，教师信念是个人信念系统的内在构成，是教师基于个人特质及经验、价值观、专业背景与外在环境的互动，对课程目标、课程内容、课程组织、课程评价、教师角色、师生互动、学校和

　　① Pajares, M. F. Teachers' beliefs and educational research: Cleaning up a messy construct. *Review of Educational Research*, 1992, 62 (3): 307 – 332.

　　② Elen, J., Lowyck, J. Metacognitive instructional knowledge: Cognitive mediation and instructional design. *Journal of Structural Learning and Intelligent Systems*, 1990, 13 (3): 145 – 169.

　　③ Porter, A. C., Freeman, D. J. Professional orientations: An essential domain for teacher testing. *Journal of Negro Education*, 1986, 55 (3): 284 – 292.

　　④ Fang, Z. A review of research on teacher beliefs and practices. *Educational Research*, 1996, 38 (1): 47 – 65.

社会环境等相关因素的一种思维方式及根本观点，这些因素相互联系、互为依存，共同影响着教师的课程实践。

从上述研究发现，不同研究者所探讨的教师信念内容虽然不具一致性，但是，他们的关注点都在于教师对课程、教学活动、学生学习、教师角色、学生特质等方面，也就是探讨与教师的课程活动相关的信念。可见，教师信念的内涵是多层面的，但其结构却只聚焦于课程层面。

教师的教育信念与教师信念的内涵既有联系，又有差异。教育信念更多的是从教育学和社会学等立场和观点来探讨信念。它所涉及的范畴扩及与教育活动相关的所有方面，不仅探讨课程与教学、教师与学生，而且探讨教育体制、教育政策、教育行政、学校管理、社区和社会等方面。而教师信念则是教师对学校教育、课程与教学、学生等所秉持的教育信念。可见，教师信念的主要内涵是教师的教育信念，教师信念包含于教育信念。例如，塔巴克尼克（Tabachnick）和蔡克纳（Zeichner）罗列的18项关于教师的教学观点，包含了课程信念中的课程内容、师生关系、教师自身、学生差异的观点取向。① 张善培（Cheung）将教师信念的内在向度划分为课程目标、内容、组织、教学策略、学习活动和评价方式。② 而布鲁索（Brousseau）在探究师范生和中小学教师的教育信念时，将教育信念分为课程、学生、社会环境、教师、教育学五个向度。③ 另外，不同的教育类型如家庭教育、社会教育、终生教育、特殊教育等，也可纳入教育信念的探讨之列。可以说，聚焦于教育领域的信念研究，均可划归教育信念的研究范畴。

可以看出，教师信念的核心是课程信念，它影响着教师对课程理解、学生学习、课程评价、师生互动、自我角色定位、责任担当等观

① Tabachnick, B. R., Zeichner, K. M. *The development of teacher perspectives*：*Final report.* Wisconsin：University of Wisconsin – Madison, 1985. (ERIC Document Reproduction Service. No. ED266099)

② Cheung, D., Ng, P. H. Science teachers' beliefs about curriculum design. *Research in Science Education*, 2000, 30 (4)：357 – 375.

③ Brousseau, B. A., Book, C., Byers, J. L. Teacher beliefs and the cultures of teaching. *Journal of Teacher Education*, 1988, 39 (6)：33 – 39.

点。简言之，课程信念是教师对课程活动中的相关事件所秉持的信以
为真的观点、态度及倾向。教师的课程信念赋予了其对课程行动理由
的理解，这一行动是一个内在信念的外化过程，是一个课程判断与课
程决定的过程。课程信念和教师信念有着相近的意涵，它们一般都是
探讨教师对课程教学、教师角色、班级管理、学生学习及与课程活动
相关的事件。从这个意义上说，教师信念的核心是教师的课程信念，
二者所关注的对象相差无几。教育信念是教师基于教育学、社会学等
立场来检思教育问题的相关信念，而课程信念和教师信念是教师对其
角色的功能定位，以及对课程现象、事件的态度和观点，是理解课程
现象及事件的生发点，也是决定课程活动形态的指向标。可以说，教
育信念与教师信念或课程信念，它们的意涵存在一些重叠之处，但并
非同义词。教育信念关注与教育有关的范畴，教师信念着重于教师的
自我角色定位，而课程或教学信念则聚焦于课程与教学的相关活动，
它们各自有着特定的范畴及观照对象，无论在纵向深度还是横向广度
上都存在着一些差异。

（四）信念与知识的区辨

知识与信念二者的概念实质上是互为交叠的，很难清晰地辨识。
当前，研究者基于不同理论基础及研究取向来探讨信念与知识的关
系，就"究竟是知识导引信念，还是信念主导知识"持有不同的观
点。事实上，我们不仅要考量知识与信念的关系，还要考量它们与实
践之间的关联及其造成的影响。

1. 知识的概念

知识是另一个被广泛探讨的概念。从哲学角度上看，知识的定义
可以追溯到苏格拉底时代。柏拉图（Plato）指出，知识由信念、真理
及理由三要素组成。[1] 在传统的哲学文献中，知识依靠一种被某一团
体所认同的"真理条件"（truth condition）。基于这个定义，知识是一

---

① Woolfolk - Hoy, A., Murphy, P. K. Teaching educational psychology to the implicit mind. In B. Torff & R. Stenberg（Eds.）: *Understanding and teaching the intuitive mind*. Mahwah, NY: Erlbaum, 2001: 145 - 185.

种迎合两种条件的信念，其一，确信的真理；其二，个体确信为真理的理由。从心理学角度看，认知心理学家将知识定义为客观、事实的信息，这已经被详述且被公众、共同体中的学者所认同。然而，在可以被直接测量的、具有客观性的显性知识之外，还具有不能语言化的或无法明确表达的、直觉的隐性知识，或者说个人知识，它们共同构成了知识的内涵。可以说，知识定义的不同，反映出人们对知识的主观理解，是个体重视或认为对其有意义的知识进行的辨识与选择。这些观点体现了公共性知识和基于个人理解及经验的个人知识的逻辑关联，进而形成了知识的架构。据此，知识包括一般教学知识、学科专业知识、学科教学知识，这是高品质教学实践的基础。概言之，知识可以被分为陈述性知识、程序性知识和条件性知识。

陈述性知识由概念及其相互关联的事实性信息组成。它作为学科基础知识的根基，这一知识必须与学生的生活经验相联系，因为它是学生获取现实生活力量的源泉。程序性知识是为行使某一任务、认识如何实施或应用的信息组合。它帮助教师组织、提取知识，或者教导学生如何应用知识。研究者经常将程序性知识作为教学知识。格尔格斯（Gerges）认为，教学知识是"有效教学要求的内容、技能和策略"[1]，它与教师信念紧密联系，是影响教师采行教学模式和教学策略的态度及信念的因素。而条件性知识是基于"何时""为何""处于何种条件下"的情境，来合理应用陈述性知识和程序性知识。[2] 格罗斯曼（Grossman）区分了四种类型的教学知识：一般教学知识、学科知识、学科教学知识和情境知识。[3] 它们帮助教师更好地驾驭教学，以促进学生的认知和情意能力的发展。一般教学知识是指一般的教学原则、教师的理论知识、关乎学习者的知识、班级管理的策略及教学

---

① Gerges, G. Factors influencing perservice teachers' variation in use of instructional methods: Why is teacher efficacy not a significant contributor. *Teacher Education Quarterly*, 2002, 4 (4): 71 - 87.

② Paris, S. G., Lipson, M., Wixson, K. Becoming a strategic reader. *Contemporary Educational Psychology*, 1983, 8 (3): 293 - 316.

③ Grossman, P. L. *The making of a teacher: Teacher knowledge and teacher education*. New York: Teachers College Press, 1990: 5.

计划等；学科知识指的是教学学科知识的实质结构、语法结构和表征形式等；情境知识是指教师对相关学科、学校教育要求所关注的知识；学科教学知识是最富个体行动的实践特质，它基于不同学生个体的特质与兴趣，而对上述不同的知识进行整合，以促成有效教学。程序性或学科教学知识（pedagogical content knowledge）的内涵包括：其一，一种对学生的概念技能、迷思概念（misconceptions）或实践某一技能的情境的理解，通过提升概念的精确性或提供学习任务来消解迷思概念，进而转换为课程和教学的知识；其二，特定科目的课程知识，是教师对课程内容的理解、掌握和安排；其三，教师进行教学的策略性知识。学科教学知识体现了教师在时空上对课程内容或教学方式的恰当把握，清晰地体现了条件性知识的特性。条件性知识或何时使用陈述性知识或程序性知识，是教育知识的重要构成，尤其关涉在恰当的时空向学生传授合理内容的课程决定，例如教师的教育知识影响了课程内容的选择及呈现、教材的使用方式、教学方式以及学生的学习方式。

2. 知识与信念的区辨

信念和知识都是无形的。信念能够在心智层面上被个人信以为真，是一种复杂的心智倾向。与之相反，知识是确定真实的。当某一教师决定去做某事时，信念将导引其思考和行为。[①] 如果知识依赖一种被某一团体所认同的"真理条件"，那么知识就必须满足"真理条件"或具有一定的理据。也就是说，知识的产生是建立在信念之上的，认知的方式依赖价值的选择。通过社会所建构的知识性质，可以被描述为依据一个有影响的个人团体所持有的信念而形成的。但是信念不需要一种"真理条件"，而是作为条件性知识的一种存在形态，信念结构是个人建构的，并不依赖群体或学术上的共识。个人的信念结构是唯一的，与事实知识相比，体现了更强的评价的或判断的特性。评价或判断的做出，与事实性知识普遍联系的认知过程无关。教

---

① Brog, S. Key concepts in ELT: Teachers' beliefs. *ELT Journal*, 2001, 55（2）: 186 - 188.

师是基于他们的潜在的、个人的价值来做出决定的。尼斯博（Nes-
por）认为，信念比知识具有更强的情感与评价因素。一方面，教师
对课程内容会有自己的观点与评价。这将会影响教师如何教学、对待
学生与设计学习活动，是决定其工作精力的投入及如何分配精力的调
节器。另一方面，信念有时似乎又缺乏内在一致性。① 情感与评价的
结构操控着课程决定的信念，它可能与过去的经验有着松散的联系。
换言之，基于信念的课程决定的做出，趋向于和以前的某一教学情境
保持一致，如果现实教学情境和过去经验不相符，信念的不一致性则
发生。因此，信念可视为个人主观知识的一部分。

欧尼斯特（Ernest）对知识和信念的区隔进行了辨识。② 研究发
现，在教学过程中，两名拥有类似专业知识的教师，一名教师采用了
问题解决取向的方式进行数学教学，而另一名教师则采用一种更具说
教式的教学方式，因为他们拥有不同的信念。事实上，知识和信念都
储存在互为联结的网络或系统中。知识似乎存储在一种正式知识的结
构中，而信念与插曲式事件或经验相联系，从某种程度上决定何时、
如何应用知识。知识系统的信息是以语意来储存，信念则是属于来自
于经验或文化的插曲式记忆。信念的力量是来自于先前的插曲或事
件，这影响教师对后来事件的理解。可见，教师会被来自过去事件的
引导意象（guiding images）所影响，因为过去事件会产生直觉的荧屏
（intuitive screens）来过滤新的信息。也就是说，教师教学经验的积淀
是来自过去学生时期所形成的对于课程的认识、理解和体悟，它将极
大地影响教师的课程实践。考尔德黑德（Calderhead）和罗伯森
（Robson）的研究也表明，职前教师对教学的鲜明意象来自其学生时
期的课堂经验，意象影响其对课程及教学事件的认识，并且决定如何
解释与运用其所拥有的知识，它在教师今后正式从教中选择何种教学

① Nespor, J. The role of beliefs in the practice teaching. *Journal of Curriculum Studies*, 1987, 19 (4): 317-328.
② Ernest, P. *Social Constructivism as a Philosophy of Mathematics*. Albany, New York: Suny Press, 1998.

方式中扮演着重要的角色。①

3. 知识与信念的双向构建

人们通常会因为不同的理由而尝试创造一个理想的、替代性的或不同于现实的情境。当这一信念被长期而强烈地持有，或成为课程决定结构中的主要因素时，它们又往往起到知识的作用，以促使课程决定的做出。尼斯博（Nespor）的研究也表明，一个教师由于学生时期有不好的经验，因此欲求创造一个其所向往的理想教学环境，虽然这种理想与有效的教学程式并不一致。② 舒伯特（Schubert）将课程知识分为观点（perspective）、范式（paradigm）与可能性（possibility）三部分，认为观点并不是一种范式或理论，而是产生于情境或背景，以支持一组信念或假设的发展，这些观点都会是课程哲学的核心。此外，观点的形成可以为教师提供更为宽泛且丰富的课程世界的想象，同时也提供了一种"应该成为何者的愿景"③。尼斯波特（Nisbett）和罗斯（Ross）将一般知识（generic knowledge）概念化为两个相互联系的要素的构成。④ 认知要素被组织成一种图式或知识结构，经验要素构成信念、价值和态度的网络。例如，教师拥有社会责任取向的知识，并持有期望学生掌握解决社会问题的知能的信念，这将直接影响其课程计划、内容选择、教学过程和课程评价。可见，信念的替代性特性是对现实的一种超越，是对理想的追求。信念可用来界定目标和工作，而知识系统则在目标确立以及达成路径都很明确的时候才会出现，这也是信念与知识的不同之处。但是，信念是在长期的过程中逐渐形成并强化的，决定了教师对知识获取的类型与性质，而所获取的知识在课程活动中应用的有效性或无效性，又强化了其课程信念。

---

① Caldehead, J., Robson, M. Images of teaching: Student teachers' early conceptions of classroom practice. *Teaching and Teacher Education*, 1991, 7 (1): 1-8.

② Nespor, J. The role of beliefs in the practice teaching. Journal of Curriculum Studies, 1987, 19 (4): 317-328.

③ Schubert, W. H. *Curriculum: Perspective, paradigm, and possible*. New York: Macmillan, 1986.

④ Nisbett, R., Ross, L. *Human inference: Strategies and shortcomings of social judgement*. Englewood Cliffs, HJ: Prentice Hall, 1980.

可以说，信念作为一种课程或教学知识的角色，产生于对陈述性、程序性及条件性知识的反复性决定及应用。教师信念的形成，是一个从知识获取到信念建构的一种连续体，它往往又经受多样化环境的检验，这一过程的复演，是教师知识与课程信念不断走向完善的过程，反映了教师信念是个体对自身的、社会的或专业的事实的缄默理解，它的构建贯穿于文化适应、学校教育的全过程。这样，教师在知识与信念的双向建构中，通过课程计划的修正，学习内容的选择和呈现，以激励学生积极参与到教学活动中，进而提升教学的有效性。

可见，教师知识反映了教师在特定情境中择选及传递知识的能力。教师知识和信念对课程决定过程是有帮助的。知识经常被定义为事实性信息，是学者普遍上达成共识的。而信念的产生与个体主观的认知架构相关，更具有个人化和经验化，是行动前的一种心理倾向，并显在地影响使用何种知识及如何使用知识的行为；而通过行为结果的信息回馈，个体又会不断地修正信念，形成一个不断复演、双向建构的过程。从某种程度上说，课程信念观照下的教师知识，显现了一种对交织于信念系统中的陈述性和程序性知识的清晰理解，增进了课程决定的实效性和时效性。在制订课程计划和教学过程中，它体现了教师基于特定情境做出关涉学生学习和知识合理安排的能力，促使教师对课程活动形成一种全面的视野，让教师能够合理地权衡知识价值、特定环境中学生的学习与成长需要，进而提升教学效能。

三　教师课程观

从以上论述可知，教师信念或课程信念是教师通过课程观来建构的，而信念的建构也进一步强化了其课程认识。因此，我们必须厘清教师课程观的基本内涵、特性和功能，因为课程观植根于课程现象与课程活动，既是教师理解课程事件和课堂实践的重要支持，又是教师根据课程的现象、理论及技术的不断变化，来调适或改变课程实践的指向标。

（一）教师课程观的概念

每个教师都会有意识或无意识地持有不同的课程观，因为"纯粹的教育实践是没有的，任何教育实践都渗透着一定的理论，如实践者自己的教育观念和教育假设"①。课程观作为教师个体所持的对课程独特、个性化的哲学观点，它与哲学观及课程哲学观既有区别又有联系。就哲学观而言，它是哲学的自我观照或哲学家的自我意识，是指哲学家对与哲学活动本身有关的一些根本性问题的观点、看法和态度。② 人作为"符号的动物"，深受特定的社会历史文化的润泽与影响，脱离符号这一文化形式，人的精神发展也就不复存在了。因此，哲学观具有时代脉络的特性，它不仅体现时代的一般价值取向，而且创生时代精神。当某种哲学观转化为研究者或实践主体的立场、观点和思想方法后，影响必涉及对各种问题的态度、认识和行为。③ 课程观是人们对课程的基本看法，具体来说，课程观需要回答课程的本质、课程的价值、课程的要素与结构、课程中人的地位等基本问题。④但是，课程观与课程哲学观又有着内涵上的差异。课程哲学观是时代精神的构成要件，并非一般哲学观纯粹嫁接或套用到课程领域，而是具有开放性、创造性和生成性的逻辑与基质；它不仅给定了课程的崭新内涵和特质，而且使课程观的内容得以丰沛与充实，为时代精神注入新质素。据此，可以说，课程观是人们通过哲学、社会学、心理学、文化学等层面来系统认识课程问题的结果，而非直接用哲学的观点来认识和阐析课程问题，它是时代的一般价值取向在课程领域的呈现和具体化，是时代精神的表征。但是，课程哲学观不仅具有时代特质，而且创生时代精神，是人们借由哲学立场、观点来审视课程问题，凝练哲学思想并映射在对课程问题的理解上，是对课程观的价值期待与哲学检思。可见，两者是互融交叉的关系，但在纵向深度和横向广度存有一定的差异。

---

① 夏正江：《中学教师职前培养的课程逻辑》，《教育研究》2014 年第 6 期。
② 程家明：《程家明自选集》，汕头大学出版社 2006 年版，第 123 页。
③ 叶澜：《课堂教学过程再认识：功夫重在论外》，《课程·教材·教法》2013 年第 5 期。
④ 郭元祥：《课程观的转向》，《课程·教材·教法》2001 年第 6 期。

　　哲学观、课程观与课程哲学观的含义，为认识教师课程观提供了逻辑依据与意义基础。我们所认为的教师课程观，它是一种具有创生时代精神的、决定教师课程实践的课程思想及教育哲学信念，是教师基于课程的基本认识和理解而产生的指涉课程设计与实施等层面的信念系统。课程运作的系统性，决定了教师课程观是教师对于课程本质与范畴、立场与价值、结构与功能、要素与体系等基本问题，以及对课程行为、师生关系、教学范式等具体问题的根本看法。可以说，教师课程观是哲学观、课程观及课程哲学观之内涵要义的统合，它直接决定了教师的教学有效性。教师课程观生成于复杂的场域，它既不同于课程专家在其专业场域中的理性建构，也不同于教育行政主体在其政治与制度场域中的协商建构，而是在富有鲜明特色的教学场域和社会文化场域中的现实建构。正如克林巴德（Kliebard）所认为的，价值观念的兴替是自然发生的，反映了社会和文化的脉络。课程价值取向在政治的过程中变得纠结和复杂，它是通过协商而形成的折中立场。① 因此，不应该把某一种课程价值取向视为绝对优越于他者，而是每一种取向在教师的价值结构中都具有相应的作用或力量。② 教师个体价值结构的逐步发展似乎与学校环境中的许多因素相对应。它一旦建立，价值偏好就不大可能会经受很大的改变，除非教师个体或专业环境发生重大的扰动或变化。

（二）教师课程观的特性

1. 文化性

　　教师课程观是在社会文化的濡化及教育过程中形塑的，也就是说，教师课程观的形塑是一个社会化的过程。社会化是一个复杂的、鲜活的过程，是人们通过学习、遵从社会规范的过程，也是教化个体习得社会所认同的专业角色的过程。施普兰格尔认为，个人的潜能或

---

　　① Kliebard, H. M. The effort to reconstruct the modern American curriculum. In L. E. Beyer & M. W. Apple. *The curriculum: Problems, politics, and possibilities.* Albany: State University of New York Press, 1988: 19 – 31.

　　② Ennis, C. D. The influence of value orientations in curriculum decision making. *Quest*, 1992, 44 (3): 317 – 329.

能力主要在于对生活经验的充分体验，各种生活经验都处在独特的文化情境中，人的各种能力和价值等级也就发生相应的变化；充分体验发展出不同的心灵结构，在整个生活发展过程中，心灵结构逐渐被定向化并发展为高低不同的行为准则。① 教师个体在学生时期所获取的经验，对其课程观影响很大；罗蒂（Lortie）将此描述为"学徒期观察"②，在这一过程中，个体过去在课堂情境中对教师的观察，会影响其对教师概念的理解。鲍威尔（Powell）认为，这些内在的信念和概念起到解释教师教育和课堂经验的过滤器作用。③ 教师课程观是教师个体在其多年的学生生涯中通过观察，以及从教后在教学情境与教学历程中共同建构的结果。教师课程观不是自成的，而是在不断与教学环境、社会系统的交互中形塑的，具有文化性。人在不同的历史境遇下，对同样的课程会有不同的理解，因为人就处在无法规避、无可选择的历史之中。④ 它可能会因为社会政治、经济所提供的机会而发展，也可能受制于教学环境的现实状况。

2. 固着性

教师课程观较难改变，越早形成的课程信念，就越具有固着性，这些课程信念会影响教师对课程本质的认识。一方面，当它受到异质课程观的冲击时，不易发生改变；另一方面，它是教师对于课程价值的一种思维定式，以一种动力定型的方式存在，通过教师个体的潜意识而外化。有研究发现，大多数教师拥有一套稳固的课程信念。⑤ 这些信念及态度是基于文化和个人信念的建构，其中一些可能是长期持续的、稳定的、深为确立的，以及抵抗或难以改变的。博尔顿·刘易

---

① 司马云杰：《文化价值论——关于文化建构价值意识的学说》，陕西人民出版社1998年版，第129页。

② Lortie, D. *School teacher: A sociological study*. Chicago: University of Chicago Press, 1975.

③ Powell, R. The influence of prior experience on pedagogical constructs of traditional and nontraditional preservice teachers. *Teaching and Teacher Education*, 1992, 8 (3): 225 – 238.

④ 徐继存：《课程理解的意义之维》，《教育研究》2010 年第 12 期。

⑤ Joram, E., Gabriele, A. Preservice teacher's prior beliefs: transforming obstacles into opportunities. *Teaching and Teacher Education*, 1998, 14 (2): 175 – 191.

斯（Boulton – Lewis）等的研究也显示，职前教师和在职教师在教师
教育中也带有他们大量的关于学习和教学过程的非正式知识，还有关
于课堂教学及学习的心理上的概念。这些信念可能涉及教师和学生、
学生学习和教学方式、课程和作为社会机构的学校。① 因此，信念的
固着现象存在循环过程。② 首先，个人趋向于将冲突的证据转变为支
持既有的信念。除了使用情感特质外，认知与信息处理的原则也被涉
入。个人使用编码与解码以确认先前的理论，让他选择性地从记忆中
提取信息。换言之，信念不仅扭曲了个人记忆的东西，而且影响如何
记忆来保存信念。一旦信念形成，个人倾向于对这些信念形成归因诠
释，不管这些解释是真实的还是编造的。但是，课程观也会随着教师
思想的发展、经验的增长以及因应所在社会环境的变化而改变，因此课
程既有固着性，又具有可变性。另外，信念则有自验预言，信念会影响
知觉，知觉会影响与信念一致的行为，因此又增强了原有的信念。这种
固定的架构在帮助了解自己与他人来适应社会方面是很重要的。

3. 独特性

教师课程观是基于个体知识和经验之上的信念系统，教师个体的
自我特质及社会经历的不同，决定了其价值结构的差异。个人能够持
有独立于他人的，并具有对行动或认知过程的多种影响。③ 这意味着
个人能够持有与他人相冲突的、有着不同表现的信念，它具有可归纳
性与脉络特殊性。这一可变性经常涉及信念的核心和边缘的性质，④
并以不同的方式影响着人们的认知图式。核心信念在系统中经常具有
更大程度的联结并互为相关，当边缘信念未能与系统中的其他信念产

① Dart, B. C., Boulton – Levis, G. M., Brownlee, J. M., McCrindle, A. R. Change in knowledge of learning and teaching through journal writing. *Research Papers in Education*, 1998, 13 (3): 291 –318.

② Nisbett, R., Ross, L. *Human inference: Strategies and shortcomings of social judgement*. Englewood Cliffs, HJ: Prentice Hall, 1980.

③ Schommer, M. A. Comparisons of beliefs about the nature of knowledge and learning among postsecondary students. *Research in Higher Education*, 1993, 34 (3): 355 –370.

④ Brownlee, J., Boulton – Lewis, G., Purdie, N. Core beliefs about knowing and peripheral beliefs about learning: Developing a wholistic conceptualization of epistemological beliefs. *Australian Journal of Educational & Developmental Psychology*, 2002 (2): 1 –16.

生关联时，可能造成彼此间的冲突。此外，更为核心的和更为关联的信念可能更加抵抗改变。信念的形态及其结构可能导致信念作为一种过滤器，能相容的经验或信息在信念系统中可能被加工，不相容的经验则可能被过滤或拒绝而成为边缘信念。因此，信念具有存在的假设、替代性、情感和评价、插曲式存储等特征，它们形成了个人的和专业信念系统的基础，使得"我们中的每一个人都持有一种唯一的观点，由于它的存在，在某种意义上是无可辩驳的'正确'"①。罗克奇（Rokeach）也描述了存在的假设作为常识性的信念的特点，它由个体社会的和个人的现实构成。② 它们具有深刻的个人化并很少被他人劝导所影响。教师信念的形成贯穿于他们的职业生涯，通过偶然的观察、强烈的经验或系列的事件，这也逐渐地使他们确信一些基本原理或关系的"真理性"。

（三）教师课程观的功能

教师对课程的理解，隐含着对课程的认知、情感和评价，这些要素影响到教师的内在思考过程。认知和情感以完整的形式存储在长期记忆中，在处理课程事件时以不同的方式进行排列或重组。课程观导引着教师确定课程目标、制订课程计划，选择及运用各种教学策略或教学方式，是他们进行课程活动的动能。因此，要认识教师对课程的理解，必须从课程观切入来探讨教师所认信的课程之形态，不了解教师课程观也就不能赋予其行为的意义。

1. 确定课程任务

课程观是教师确定课程任务的依据。在教学之前，教师不可避免地会根据其课程观及特定的教学环境确定课程任务，并对其进行解释、计划及决定，以明确课程活动的价值与意义，进而采用可能的、恰适的课程实践。因为这一信念"代表一种复杂的、相互关联的系统，经常潜在地持有教师信以为真的理论、价值和假设，它充当解释

① Belenky, M. F., Clinchy, B. M., Goldberger, N. R., tarule, J. M. *Womer's ways of knowing*: *The development of self, voice, and mind*. New York: Basic Books, 1986: 222.

② Rokeach, M. *Beliefs, attitudes, and values*. New York: The Free Press, 1980.

新经验和导引教师的思想和行为的认知过滤器。"① 事实上，教师个体持有认信强度不一的课程信念，它们共存于信念系统中，随着对某一个或某些课程信念认信程度的发展及强化，形构了教师独特的课程观点，而信念系统在重组之后，嵌入教师的课程概念中，这一课程概念构成了教师对课程的有意识信念或潜意识信念、概念、意义、规则、心智图像和偏好等。可见，课程信念在建构知识及决定行为中扮演着一种批判的角色，是教师基于自身独特的课程哲学来审视课程价值的结果。而教师个体课程信念的独特性，决定了不同教师对课程理解的差异，导致了确定课程任务的多样性。可以说，教师对课程任务的确定，反映出其所认同的课程价值，我们只有廓清隐藏在确定课程任务背后的价值取向，才能帮助教师认清自我的课程观，以更好地进行课程活动。

2. 选择教学方略

课程任务明确之后，也就要求教师择选恰当的教学方略进行教学，这是教师课程观外化为有效行为的体现。有效教学是判断课程实施质量的依据，而信念与行为的一致性是有效教学的表征。也就是说，缺乏合理的信念导向的课程实施，容易导致课程活动的盲目性与随意性；缺乏对课程价值的清晰认识，容易导致将教学视为一个教师机械传递知识和学生被动接受知识的技术化程式。事实上，教学方略的选择依赖教师的实践知识，而课程观又决定着教师实践知识的形态。教师实践知识是教师在复杂的课程与教学情境中，统合其专业知能及生活经验，通过不断的反思与批判而构筑的知识体系。教师在教学过程中，必须不断运用实践知识进行教学思考与决定，进而构建有效的课程系统。鲍赫（Bauch）研究发现，学生的学业成就因教师而存在差异，这些差异来自教师对其教学的思考、选择、计划、执行等有关的信念。② 教师从过去学生时期所形成的经验中，对教学已持有

---

① Mohamed, N. *An exploratory study of the interplay between teachers' beliefs instructional practices and professional development.* Auckland：The University of Auckland, 2006.

② Bauch, P. A. *Predicting elementary classroom teaching from teachers' educational believes.* Washington, D. C.：American Educational Research Association, 1982. （ERIC Document Reproduction Service, No. ED226437）

鲜明的意象，意象会影响他们对课程及班级事务的解释，并在决定如何将其知识转化为实践时扮演着重要角色。① 可见，课程观影响着教师实践知识的运用方式，决定了其教学形态。因此，探讨教师的教学行为，就必须考察教师选择教学方略的归因，亦即潜藏于背后的课程观。

3. 解决教学问题

课程观具有对外在信息的筛选、过滤功能，它有助于教师认清自我及辨识周围世界，是适应、解释新情境的依据，影响着他们的教学思考及问题解决的方式。在教学过程中，教师面临着许多预见的及突发的教学问题，要求其做出即时而有效的判断与决定。因此，建构一个系统、明晰的概念架构或参考框架是必要的。考尔德黑德（Calderhead）认为，教师在复杂而又不大可能预知的教学环境中，具有主要的驾驭功能，教师为了有效而充分地发挥这一功能，会发展出一种概念架构或了解环境的方法，来对环境进行意义诠释、预知未来事件及决定相关行为，而这一架构就是教学信念。② 雷格哈特（Reighart）的研究也指出，教师信念可以在复杂的课堂情境中形成判断因素，因为课堂教学是一个变化、复杂且变动的情境，需要教师做出即时而正确的决定。③ 课程决定需要的不只是对信息、技术和事实的解决，尤其关注应该做什么、会产生何种可能结果，以及替代性方案及实施结果。因此，课程观有助于教师解决一系列课程与教学的基本问题，而教师在教学中也往往需要做出即时的决定。

探讨教师课程观的功能，有助于教师认识课程活动的逻辑，通过不断的课程实践，进一步明晰自我的课程观意涵，同时检证、修正或替换其原有不合理的课程假设，为有效教学的进行提供支持。

---

① Caldehead, J., Robson, M. Images of teaching: Student teachers' early conceptions of classroom practice. *Teaching and Teacher Education*, 1991, 7 (1): 1 – 8.

② Calderhead, J. *Research into teachers, and student teachers, cognitions: Exploring the nature of classroom practice*. Washington, D. C.: American Educational Research Association. (ERIC Document Reproduction Service, No. ED229366)

③ Reighart, P. R. *A questionnaire to assess preservice teacher beliefs about teaching*. Chicago: Chicago State university, 1985.

第二章　课程价值取向的意蕴及历史谱系

　　课程观是个体的课程信念系统，而价值则是系统中具有指向性、决定性意义的要素。人们以自我的价值理性对课程的认知、判断及选择，反映出其认同课程价值的特点，也就形成了相应的课程观。当某种课程观经个体内化并主导其课程行为时就可称之为课程价值取向，它是课程观的动态表现。当个体或群体的课程价值取向符合时代发展趋势、得到社会广泛认同时，就会升华为社会主流的课程观，进而影响课程的存在形态。因此，课程价值取向是课程观的具体体现，探讨课程观就必须廓清课程价值取向的内涵。教育是因人的需要而产生，而课程是教育展开的主要载体，这就关涉课程选择的问题，也就是说，人们会以自身的价值理性选择课程，并最终决定课程形态。因此，课程价值取向与人的价值本性，与对人的价值认识和对课程本质的理解等问题密切关联。从不同角度、不同层次揭示了课程蕴含的价值和功能，也映射出不同时代与社会对课程的要求。因此，考察课程价值取向的历史嬗变理路，认识课程价值取向在不同历史时期的焦点及特征，有助于我们整体把握不同课程价值取向的哲学理据和价值特性。

一　课程价值取向的意蕴

（一）价值

　　在探讨价值取向之前，我们需要先辨识价值与取向的含义。所谓取向，是"一组目标以及通达目标的手段"之相关概念的组合。① 艾斯纳（Ensner）使用取向这一术语意谓一个信念系统、思维方式、哲学、观点或理论的框架。②

"价值"是"价值取向"概念中的核心，我们有必要对价值的内涵进行分析。价值是一个玄奥的概念，有着丰富的内涵与外延，很难把握其精神实质。最早提出价值概念的当属苏格拉底，他在提出价值问题之余，还探讨了公道、平等及自由等问题。在我国先秦诸子思想家的著述中，并没有从哲学上对价值概念进行系统探讨，只是散见在对人生理想、天人关系、理与欲、义与利、群与己等的论述中。从词源学上来看，value（价值）来自拉丁语 valere，本意是有价值的、强有力的，指"一个事物使它成为值得欲求的、被欲求的、有用的性质或一个饶有趣味的对象；卓越的，受到珍重、奖赏或受到高度评价，或被看作善的东西"。③ 不同的学科研究领域对价值的理解也不尽相同，它们基于各自的认识论、价值论和方法论立场，从不同的层面、角度对价值进行了多维的检视，进而形成了不同的价值概念。

从人类学角度来看，克拉克洪（Kluckhohn）认为，价值是个人或一个特定群体的、有关可欲事物明确或隐含的观念，这种观念会影响个人或团体的期望、行动目的或行为方式。是用以比较不同文化差异下，个人或社会成员面对不同问题情境并加以解决时，所倾向的行为模式与生活目标的偏好。④ 换言之，个体在解决不同层面的问题时所体现出的偏好，恰恰反映出个人对于什么才是重要的、优先的价值观点，而这些相互关联的价值观所组成的一组原则与概念就成为个体

---

① Feiman - Nemser, S. Teacher preparation: Structural and conceptual alternatives. In W. R. Houston. *Handbook of research on teacher education: A project of the association of teacher educators.* New York: Macmillan, 1990: 195 - 211.

② Eisner, E. *The educational imagination: On the design and evaluation of school programs.* New York: MacMillan, 1985: 61 - 68.

③ ［美］安格勒斯：《哲学辞典》，段德智等译，猫头鹰出版社1999年版，第480页。

④ Kluckhohn, C. Vlaues and value orientation in the theory of action: An exploration in definition and classification. In T. Parsons & E. Shills. *Toward a general theory of action.* Cambridge, Mass: Harvard University Press, 1951: 388 - 433.

的价值取向。

心理学家从人类的心理过程及思维方式出发，来辨析价值的内涵。罗克奇（Rokeach）将价值定义为一种持久的信念，是个人或社会对某种行为模式或某种存在的终极状态的偏好状态。[①] 价值系统是由偏好某种行为方式和最终存在状态的信念构成的持久组织，这个组织有其连续的相对重要性。他将价值分为目的价值（terminal value）与工具价值（instrumental value）。目的价值指生存目标，重视人对于生命意义及生活目标的信念，也就是有关"成为什么样的人"之类的看法。工具价值属于"行为的方式"，着重在人对于生活手段及行为方式的信念，就是有关"何种特质和条件为好、如何实现生活目标"之类的看法。张春兴认为，价值指社会所公认值得追求的事物所具备的条件。此外，个人凭主观判断，认为事物中与己有关而且具有重要性与意义性者即有价值。[②] 可见，价值是个人认为重要的事物，可以反映出头脑中所欲求的事，以及决定行为的一种判据。

有学者从社会学角度来探讨价值的内涵，认为"价值是一种对待互补性概念或观念，拥有满足人类需求能力的外在存有与追求满足该需求的主观认定，两者发生对待互补关系时，此一价值概念才产生"；"所谓价值者，乃泛指行为主体之欲求或需求，经由外在客体之互动过程，而获得了满足的主观效果认定"。[③]阿德勒（Adler）认为，价值体现在个体行为中，而人们的行为表征了个体所倚重的价值。[④] 因此，价值会直接影响一个人的态度和行为，并策励个人行为和价值观相一致。

而马克思主义的政治经济学的价值含义则是"商品中凝结的一般人类劳动"。商品因其客观价值和使用价值而让不同的商品得以交换。

---

① Rokeach, M. *Beliefs, attitudes, and values: A theory of organization and change.* San Francisco: Jossey – Bass, 1972: 5.

② 张春兴:《张氏心理学辞典》，东华出版社 1989 年版。

③ 陈秉璋、陈信木:《价值社会学》，桂冠出版社 1990 年版，第 276—277 页。

④ Adler, F. The value conception in sociology. *The American Journal of Sociology*, 1956 (62): 272 – 279.

可见，不同学科领域中的价值概念具有不同的含义，这就要求在哲学上从不同学科所界定的价值概念中抽绎出价值的本质属性，使人们对价值的认识达成一种共识。马克思认为，价值这个普遍的概念是从人们对待满足它的需要外界物的关系中产生的。① 它是一种体现为主体与客体之间需要得以满足的关系。价值评价是对事物的意义评价，亦即价值取决于客体，但又不单纯指客体，是客体的主体效益，是主体对客体需要所产生的一种关系，评价这种关系的标准是人类的社会实践。有学者对马克思主义的价值概念进行了具体诠释，认为价值"是指作为主体的人的需要与作为需要对象客体属性之间的一种特定的关系。对这种关系的不同认识和评价便构成人们的价值观，这种观念一旦参与人们的行为实践活动则构成人们的价值取向或价值选择"②。有学者认为，"价值不是物本身，而是物对人的意义"，"包含在价值中的，不是物的自然本质，而是物具有的人的本质。这就是人的本质和价值的本质的关系，是马克思主义价值学关于'价值是什么'的最深层次的回答。"③

从不同价值概念的属性来看，我们可以将之归结为：

其一，将事物视为价值主体，凡是满足个体需要的都具有价值。也就是说，价值具有客体属性，只要得到主体的珍视与赏识就具有了价值。例如，课程具备传递知识的条件，因此也就具有价值，这是从使用价值层面来说的。持此论者将价值视为因个体对客体的需要而引发，导致了只有在客体中才能创价，倚重价值的客体属性而忽视了个体作为价值的存在。

其二，将人视为价值主体，价值为个体与群体所共有。价值是个体生理和心理需要的一种偏好或倾向，是个体所欲东西的一种内在心理感受。但是，个体与群体对客体价值判断的标准是相对的，认同的价值也是相对的，它并没有认识到价值的统一性问题，以自我价值判

---

① 《马克思恩格斯全集》（第19卷），人民出版社1974年版，第406页。

② 王坤庆：《教育哲学：一种哲学价值论视角的研究》，华中师范大学出版社2006年版，第171页。

③ 袁贵仁：《价值学引论》，北京师范大学出版社1991年版，第66页。

断作为标准，否定了价值判准的正确与谬误等重要问题，导致个人主义及主观主义的价值观。将人视为价值主体，人类学、社会学和心理学等研究领域采用甚多。

其三，从行为向度来定义价值，认为价值即行为。在任何情境中，个体所认同的价值会体现在具体行为上，这些行为是个体的价值结构所引导的，并被认为是在情境中最具合理性、效益性的行为；而不为个体所好的行为，则被个体的价值结构所排斥，当然也就无价值可言。因此，持此论者认为，只有从个体实际行为本身入手才能考察其价值特性，但是，这一观点更多的是从静态的角度来认识人的行为，忽视了人的行为复杂多变性及情境的持续变动性。显然，从人的外显行为来直接推演个体的潜隐价值，并形构价值体系与结构，是值得商榷且很难具有辩护性的。

其四，从客体与主体的关系来认识价值，价值产生于主客体的交互。价值不是纯粹的客体属性，也不是纯粹的主体需要，而是客体属性和主体需要之间的现实关系，它体现了客体属性在多大程度上能够满足主体的需要。由于作为价值关系的一方的客体属性是客观的，而且作为价值关系的另一方的主体需要根据历史唯物主义的观点也就有客观性，所以价值关系是客观的。这种价值观点在我国的学界中是处于主流的。

由于价值概念的抽象特性，各个领域也就有不同的解释方式。"价值"这个普遍的概念是从人们对待满足他们需要的外界物的关系中产生的，体现了个体的价值理想及诉求。它不仅受社会历史条件的制约，也与个体的价值系统的稳定性、人格特质相关，并随着个体经验增长而改变。因此，不同的个体对于客体之价值属性的认识是不尽相同的。例如，细雨如膏，农夫喜其润泽，行人恶其泥泞；月明如镜，游人喜其赏玩，盗贼恶其光明。然而，即使不同的个体对价值有着相同的解释，但在心理层面上的意义也可能不同。同样，虽然价值决定个体的行为，但不同个体所表现出的相同行为，其背后隐含的动机也未必相同。这说明了个体对某些事物的主观辨识与判断，并选择具有个人偏好或倾向的行为方式，源自其对价值的心理感受的差异。

价值本身具有多项功能，这决定于关系事物的自身结构及活动方式，在此基础上，个体才能进行价值认知、判断及选择。首先，价值是个体行为的标准，决定了个体的行为方式，为个体面临冲突的情境时提供问题解决方案抉择的一般方法；其次，价值可以帮助个体追求及实现生活目标。个体不仅以价值标准判定可欲事物的价值属性来选择行为价值，同时以自己对可欲事物的价值认定来影响他人对该事物的价值认同，也就是说，个体会利用价值标准为自己的可欲事物进行有意识或无意识的价值辩护，希求其价值判断及行为方式合理性。因此，价值的功能在于为人类的行为确定合目的性与合规律性的标准，以满足人的需要、维持并增强自我的尊严。换言之，不仅要重视自己，而且要被他人重视，满足社会和群体的道德意识与道德能力的要求。

虽然价值具有树立并达成个体的生活目标、提供个体的行为标准的功能，但个体的价值体系中的所有价值并非具有同等效用。舍勒（Scheler）认为价值并非相同或不同的关系，而是一种类似白色或蓝色的性质，价值的经验也不能化约为关系经验，并提出了一些决定价值层次的标准。[1] 其一，价值的持续性。最低层次的价值是最易消解的价值；反之，最高层次的价值则会成为恒久的价值。其二，价值的可分性（divisibility）。价值的高低和它的可分性程度成反比。为享有较低层次价值的乐趣，必须切分价值；而较高层次的价值则不需切分就能享有其所带来的乐趣，就像半幅图的价值不等同于整幅图的价值的一半。其三，价值的基础。如果某一价值是另一价值的基础，那么前者的价值高于后者。因此，所有的价值都建基于最高层次的价值之上。其四，满意度（depth of satisfaction）。最高层次的价值可以产生较多的满足感。但满足并不等同于快乐，满足是一种欲求的实现，只有当某种价值的显现与相关意向达成时，才会产生满足。其五，价值的相对性。相对性关涉价值本身，一种价值的相对性越低，而它的价

---

① Frondizi, R. *What is value: An introduction to axiology*. Illinois: Open court publishing company, 1971.

值就越高，所以价值体系中位居最高层次的价值是决定性价值。从情感的角度来看，例如偏好、爱等目的性价值是绝对的，而令人愉悦的事物的价值是相对的。

应该说，每一个体的不同需要，对相同客体的价值认识及判断也不同，进而形成了不同的价值关系。价值作为人的一种意识，是一种稳定的内在心理构念，但又有别于其他的思维形式，它与个人的成长背景、环境及持有的经验有着内在关联，并导引人们对价值进行辨识、判断及选择。

需要强调的是，价值并非纯粹的客体属性，也不是纯粹的主体需要，而是一个标示二者之间关系的范畴。也就是说，客体的价值的产生并非空穴来风，也非个体的主观臆断，而是建基于事物的特定功能之上，亦即某一事物对其他事物的作用是价值产生的基础。事物的功能源自其特定的自身结构和活动方式，并作用于其他事物，这是价值问题生成的逻辑基础。价值之所以具有一定的客观属性，源自人的价值诉求与相应的事物存有一定的客观的价值关联；价值之所以具有一定的主观属性，是因为特定的事物与个体价值主体的价值诉求具有不同的契合度。无论是价值的客观说，还是价值的主观说，虽各自偏执一隅，但都具有一定的存在合理性。但是，我们需要以一种关系思维来检审二者之间的关系，而不是以调和论的立场来寻求二者之间的制衡点，也就是说，人作为一种价值存在，我们应该从主体的需要来认识客体的价值，主体需要居于价值关系的核心，起到导向的作用，而客体的属性，则是被解释的面向，处于次要的地位。

（二）价值取向

价值取向是主体根据自身的价值设定和价值实现的需要，而对关系事物的价值进行认知、判定及抉择的一种观点或倾向。价值取向这一术语，最早出现在 20 世纪 50 年代的社会科学研究领域中，克拉克洪（Kluckhohn）使用了"文化价值取向"和"文化取向"的措辞。但是，价值取向作为一个独立概念，并未受到学界的普遍认同。它以一种非指明性意义（nonspecific sense）指涉个体持有的价值。当时，价值取向概念在社会学、心理学和人类学研究领域并没有得到系统的整理，导致了价值取向的定义和概念使用上的冲突。克拉克洪（Ku-luckhohn）和斯托克柏克（Strodtbeck）在 1961 年的开创性研究，希求超越将价值仅视为"控制人类行为"的过于简单化、静态化和主导性的价值概念。他们指出，我们最根本的假设是，在文化现象的领域中存有一种系统化变动，这与已被证实的物理、生物现象中系统化变动是确定、基本的存在相一致。价值取向作为一组复杂且定型的原则，缘于评价过程中认知、情感及定向三种元素的互动而形成，这些原则为人类思考与行动提供了指令和方向，以解决人类普遍面临的问题。[①] 因此，价值取向是一组包含价值观和人类存在的相关因素的关联性观点和原则……而这些概念与原则是普遍的、有组织的，对于人性本质、人类行为、人与环境、人际关系等层面的所欲或非所欲的选择具有影响力。[②]

可见，价值取向是行动者所持有的一组具有系统化与组织化的原则，这一原则是个体面临日常生活的问题情境时，进行判断与抉择所偏好的一组互为关联的价值组合。因此，在历史的长河中，所有的文化都存在着一组根本的、普遍的价值问题，这些问题的解决方案并非无度的或随机的，而是具有一些可资选择的潜在变量。进一步说，在特定的文化场域中，人们不仅会选择特定的解决方案来因应价值问题，还会根据其文化偏好来罗列可资选择的解决之道。这些价值取向的变化不仅归因于不同的文化样态，也来自人们对影响其行为的价值取向和图式的觉知程度。克拉克洪指出，这些人类文化所具有共同、核心的问题，可归纳为五类。其一，人性取向或人类固有的本性是什么？（解决方案 = 性本善，或性本恶，或善恶混合）其二，人与自然取向或人与自然和超自然的关系是什么？（解决方案 = 屈服于自然，或与自然和谐相处，或控制自然）其三，时间取向或人类生活的世俗

① Kluckhohn, F. R., Strodtbeck, F. L. *Variations in value orientations*. Westport, Conn: Greenwood Press, 1961: 3 – 4.

② Kluckhohn, C. Vlaues and value orientation in the theory of action: An exploration in definition and classification. In T. Parsons & E. Shills. *Toward a general theory of action*. Cambridge, Mass: Harvard University Press, 1951: 388 – 433.

的聚焦是什么？（解决方案＝关注过去，或关注当前，或关注未来）
其四，行动取向或人类行动的形式是什么？（解决方案＝安于现状，
或现状经历改变，或即刻改变）其五，关系取向或人与人的关系特性
是什么？（解决方案＝集权的，或集体的，或个人的）

人类社会的任何一种文化形态，不仅具有自身的政治制度、文化
传统等结构，还具有一种内化为民族心理的文化价值体认系统，其
中，社会文化价值目标居于核心。而不同的社会文化价值目标是存有
区隔的，反映了不同文化场域之间的人们的价值取向的差异，呈现了
价值多元的形态。也因此，在各自独特的文化场域中，人们对待及解
决人类共同的生活问题时所秉持的价值倾向或意向也不尽相同，说明
了人在本质意义上是一种价值性存在，或者说，人的价值本性是人的
本质规定性，其实质是价值理想及价值诉求。人的最深层本质是自由
自觉的特性，"一个种的全部特殊性、种的类特性就在于生命活动性
质，而人的类特性恰恰就是自由的、自觉的活动"①。这就是说，人能
够通过社会实践活动来突破人的给定性，在不断改造客观世界的过程
中获得自我生存与发展。因此，人的生存与发展的理据在于人自身，
通过自身的本质力量对象化的过程不断提升自我创造的意识与能力。
同时我们也要看到，个体的发展过程并非超脱于社会之上，而是在社会
关系中不断超升的，这也就是自由的意蕴。人的自由是改造物质世界与
提升精神世界的活动。应该说，人的自由精神是其自由实践活动的逻辑
前设，缺乏人的价值理想与价值诉求，改造物质世界也就无从谈起。

（三）课程价值取向

对取向和价值取向内涵的厘析，为课程价值取向概念的界定提供
了逻辑基础。课程价值取向（curriculum orientation）"是价值观、态
度与知觉的产物，是个人对课程要素看法的一套价值系统，包括课程
目标、课程内容、教学策略与评价等"②。通过教师课程价值取向的外

---

① 《马克思恩格斯选集》（第42卷），人民出版社1979年版，第96页。
② Cheung. D., Wong. H. W. Measuring teacher beliefs about alternative curriculum design. *The Curriculum Journal*, 2002, 13（2）: 225–248.

化，可以进一步了解教师的课程设计和课程发展、师生关系、课程设计者角色等重要问题的立场和观点，甚至可以预知教师的教学行为与教学风格。可见，教师课程观受个人的经验背景、哲学观与价值观的影响，与个体的信念系统关系紧密。

课程价值取向是教育领域核心的价值问题，因为课程是教育活动的主要载体，课程价值取向应当成为教育价值论的讨论焦点。综观以往的教育价值取向研究，更多的是以哲学价值论的研究框架为基模，这种泛价值论研究，往往立足于宏观层面来探讨教育价值的概念、特征等，致力于构建理论框架与话语体系，而在微观层面上对教师课程观或者说教师的课程价值取向的研究是不够的。我们认为，这种教育价值研究范型并不符合课程领域中价值本质的特点。教育价值研究不仅要关注教育价值理论体系的构建，还应当加大对课程价值取向的研究力度。因此，澄清课程价值取向的意蕴是很有必要的。

1. 课程价值取向的文化品格

课程价值取向是课程实践中不可或缺的因素。它是信念结构或哲学立场，是主体根据自身的发展需要选择课程价值时所体现出的意向与偏好。但是，课程价值取向并非凭空而生，是在一定社会文化观照下形成的。文化是主体认识世界的产物，它以一定的价值标准为主要表现形态，是主体的文化诉求及文化理想的体现，它使社会得以延续及历史活动得以进行。人类的生存发展以及文化传承和发展的需要催生了课程，这样课程也就反映出了文化的时代性特征。从历史发展的角度来看，不论是何种课程形态，不仅源自己在的文化母体，而且是文化母体中最富价值的部分，隐含着人们的价值理想以及对某种文化价值的理解。因此，文化和课程的生成与发展紧密关联，课程也不可避免地受到相应文化价值的引导。从浅层次上看，课程依循文化保存的轨迹行进，在一定价值取向观照下对文化进行选择和传递，一定时期的文化存在及发展取决于课程。然而，从深层次上看，"具有某种价值取向的课程之所以能够存在，正是千百年来各种文化传统积淀的结果。一个社会的文化由哪些部分构成，其性质如何，决定着教师向学生传授的是哪些文化，是什么性质的文化，即是说，在具体的教育内容的取舍以及它在整个教育中所占的比重上，文化传统起着重要的制约作用，它往往决定着课程的价值取向"①。从这种意义上说，文化与课程价值取向是一个双向建构、难以分割的整体。一方面，课程是一定文化价值及文化理想的对象化，文化决定着课程价值取向及由其导致的课程存在形态；另一方面，一定价值取向观照下的课程在对前在文化的择选及传递的同时，又在自身的发展过程中不断丰富、提升文化，赋予其崭新的内涵，并在某种程度上影响甚至左右文化的发展进路。

2. 课程价值取向的选择主体

一般说来，课程价值取向的主体可分为社会主体及个体主体，它们归属层次的不同决定了其价值评价的差异。根据课程开发主体的不同，又可分为课程专家主体、教师主体等。以课程专家主体为例，课程专家主体在课程开发中，更多代表的是国家意志，体现的是政府行为，以促进社会发展为课程价值取向。而在不同的历史时期及社会阶段，社会主体的价值理想及价值诉求也存在着差异，这体现在课程价值取向的选择上，主体的课程价值取向决定了课程的存在价值和意义。一方面，主体的课程价值取向体现在课程目的上，主体对个人或社会的价值体系进行考察，选择符合其需要的，从而确定课程的价值与功能。例如，课程是作为文化的传承工具，或是以育人作为终极目标，课程也就以此为核心进行系统运作。另一方面，主体的课程价值取向体现在课程内容的选择上，亦即对最有价值的知识进行判定。在确定某种课程价值取向后，对实现预定价值的课程知识进行选择。但是，课程价值取向是由不同的主体决定的，不同主体的价值及利益诉求可能存在不一致性，因此在价值系统中形成了博弈态势。现实中，课程价值主体在确定课程价值取向时，是在政治场域中协商而共同设定的。正如古德莱德（Goodlad）指出，学校教育的目标是在社会政治过程中凸显的，在这一过程中，某些利益在某个阶段中占据优势，

---

① 靳玉乐、杨红：《试论文化传统与课程价值取向》，《西南师范大学学报》1997 年第 6 期。

跃居于其他利益之上。①

3. 课程价值取向的指向功能

课程活动是教师在特定的价值取向观照下期望学生获取知识经验而规划的，教师个体的价值取向关涉其课程哲学。不同研究者对课程价值取向的术语和分类虽然存在差异，但是具有共同点，亦即教师个体对学生的期望，基于其信念和价值取向选择特定的教学模式。课程价值取向的重要性在于，它在课程中扮演着一种潜在的、预见的角色。如果我们要认识教师为何以一种独特的方式来计划和教学，那么就需要关注教师的课程理解和对课程实践的主观解释。埃尼斯（Ennis）认为，价值取向是信念结构或哲学立场，它可以在教育环境中给出操作性定义。它影响教师对学习者、情境及知识主体的强调。价值取向导引着教师的课程决定，它促使教师个体重视或忽视某一课程的特定样态，影响到课程知识的传递方式。② 可见，课程价值取向由信念发展而来，信念形塑了价值并指导行动或行为。这些行动或行为将激励教师个体选择课程知识的传递方式，而行动反映了教师的课程价值取向。课程价值取向是"通过我们在学校中的背景、经历、文化和政治权利而形成的"③，是我们的价值、态度和理解的产品，④ 进而形成一种教学观点。因为课程最终要落实到教学中，否则只是一种静态方案。普拉特（Pratt）将教学观点定义为一组关联的信念和意图，它赋予我们行动的方向和理由。⑤ 观点或价值为教师检审教学和学习提供了透镜。教师可能持有相似的价值和信念，但是他们的观点或价值

① Goodlad, J. I. *What schools are for？*. Bloomington：Phi Delta Kappa Educational Foundation，1994：43.

② Ennis, C. D., Ross, J., Chen, A. The role value orientations in curricular decision making：A rationale for teachers' goals and expectations. *Research Quarterly for Exercise and Sport*，1992，63（1）：38－47.

③ Cheung, D. Measuring teachers' meta－orientations to curriculum：application of hierarchical confirmatory factor analysis. *Journal of Experimental Education*，2000，68（2）：149－165.

④ Miller, J. P. *The education spectrum：Orientatons to curriculum*. New York：Harper Collins, 1983.

⑤ Pratt, D. D. Good teaching：One size fits all. In J. Ross－Gordon. *An up－date on teaching theory*. San Francisco：Jossey－Bass Publishers，2002：2.

取向可能极为不同，这体现了教学观点影响着教师对学习者、情境和主体知识的强调倾向。例如，不同教师都可能持有重视批判性反思的信念，并运用高水平的提问，但是，教师提问的方式，以及学生回答那些问题时教师倾听和反应的方式，可能又因为观点的差异而存在极大的不同。因此，澄清课程价值取向的性质和指向功能的重要性已被人们普遍认同。

4. 课程价值取向的实践运演

过去我们往往疏于在实践层面对课程价值取向进行系统深入的探讨，而课程的实施主体是教师，其持有课程观的特点影响着他们的课程设计、教学决定等方面，是决定制度化课程能够真正落实的最核心的要素。

（1）课程设计

课程设计是课程的一种特定的组织方式，是人们根据一定的价值取向，对课程目标以及课程内容进行选择和组织。它是一个有意识的和凭直觉来认知的过程，考量可能促进或限制学习的相关因素，这些因素包括学生特质、学习情境、教师认知及判断等。在课程活动中，教师经常审思教学计划和教学过程，这不仅影响课程内容，还决定课程内容的学习范围。课程内容作为课程设计中最核心的要素，课程内容的选择和组织将通过教师的价值取向来反映。例如，一部分教师往往将课程内容视为供教学使用的教科书，或者是教学参考书所包含的内容，而另一部分教师可能将其视为在该学科领域中应该涵括的知识。事实上，多样性的课程价值取向存在于课程活动中，它反映出教师对课程的理解及对学生的学习目标和学业成就的期望。有研究表明，教师会在其价值取向观照下在教学计划中整合一些策略。① 价值取向影响教师对课程内容的选择和课程实施的决定，引导着教师的课程实践。可以说，课程设计及对学生学习成果的评价和回馈，体现了

---

① Ennis, C. D. , Mueller, L. K. , Hooper, L. M. The influence of teacher value orientations on curriculum planning within the parameters of a theoretical framework. *Research Quarterly for Exercise and Sport*, 1990, 61 (4)：360 - 368.

教师的课程价值取向，包括对知识选择、教学原则、教学技巧等信念，或是对学生必须掌握的课程内容的观点。彼特森（Peterson）以"教师进行决定、思考和判断的品质和性质"[①] 来定义"有思想的专业者"（thoughtful professional）。可见，教师的价值取向、信念和判断是理解有效教学和学生学习的关键。史密斯（Smith）也认为，教师基于信念而选择的模式或途径，会运用到他们的教学中，这些信念在任何决定中都扮演着一种重要的角色。[②] 因此，课程观将导引教师当前的及将来的课程设计。

（2）教学决定

教学决定是教师在课程实施或教学过程中从几种教学变通方案中选择最佳方案的过程。教师在考量可行的方案时，会以自身认信的课程价值取向为基模与标准，对关涉学生兴趣需要、学校环境、教学情境和课程目标的多种变通方案进行比较、判断及选择。同时，课程活动的复杂性，决定了课程或教学方案并非固化不变的，教师会根据个人的价值取向对现实的教学情况进行认知处理，做出相应的教学决定，并考量下一步的教学行为。谢福森（Shavelson）和斯特恩（Stern）建构了一个关于教师的判断、决定和行为的教学历程模式，分析教师从意图到行为之间的内在心理历程。[③] 教师首先需要对有关学生、学科教材、教室和学校环境的信息进行整合，然后形成教学判断或决定，作为其教学行为的基础，进而影响教学计划、教学互动等教学行为。这说明，教学决定过程是教师课程观的外化过程。教师以对现实教学信息进行辨识、判断及统整的认知技能，因应各种现实的教学情境。同时，强烈的内在情感也是伴随着认知过程存在的，这些情感隐含在教师的信念系统中，并会随着教学现实情境的出现，外化为对教

---

① Peterson, P. L. Teachers' and students' cognitional knowledge for classroom teaching and learning. *Educational Researcher*, 1988, 17 (5): 5 – 14.

② Smith, D. L., Lovat, T. J. *Curriculum, action on reflection*. Australia: Social Science Press, 1991.

③ Shavelson, R. J., Stern, P. Research on teachers' pedagogical thoughts, judgments, decisions, and behavior. *Review of Education Research*, 1981, 51 (4): 455 –498.

学的态度、判断和意见，进而影响教师在教学过程中的教学决定，左右其教学行为。教师在课程决定过程中所持有的价值取向，从某种程度上决定了他们对学生学习、学业及行为的期望。艾斯纳（Eisner）和瓦兰斯（Valance）、麦克尼尔（McNeil）提出了多种可能影响课程决定过程的价值取向。① 当它们被概念化为促进学生学习的目标，则会影响教师对教学的决定。可见，某种价值取向的优先取舍是教学决定过程的重点，它经常反映出教师的课程观特点。

（四）课程价值、课程观、课程价值取向之间关系的区辨

课程价值、课程观、课程价值取向之间存在着相互包容及制约的关系。课程价值是课程的本质及属性与课程主体的需要之间的一种特定关系，不同的课程主体对这种关系的不同认识、判断和评价也就形成了特定的课程观。因此，课程价值关系是产生一定的课程观的基础，离开课程价值关系，课程观的问题也就无从谈起了。当某种课程观经个体内化并主导其课程行为时就可称之为课程价值取向，它是课程观的动态表现。课程主体在一定社会历史条件下形成的课程价值取向，是在一定的课程观指导下对课程进行价值判断、选择的体现，它决定了课程价值取向的性质与特点。事实上，课程观随着主体对课程需要的变化而发展，具有动态持续、生成发展的特征。人们在一定社会历史条件下通过一定的课程活动，促进了个体和社会的发展，使课程主体对课程活动产生了更高的要求，形成了新的价值理想与诉求，促成了课程观的不断丰富和发展，而课程也在这一实践和价值的矛盾运动中不断变化和发展。因此，课程价值取向是实现课程价值的逻辑前提，是课程观对象化的体现，它们之间是互为条件、交融共生、共同发展的关系。从这个意义上说，只有课程主体在正确课程观的导引下，对课程价值形成正确的意义认识和价值判断，才能不断地发现课程深层次的本质与属性，进而发挥课程促进个体成长及社会良性发展的价值和功能。

---

① McNeil, J. D. *Curriculum: A comprehensive introduction*. Boston: Little, Brown, 1980.

二 20世纪课程价值取向的历史流变

20世纪是人类历史上科技、工业发展最为迅猛的时代，科技的进步和社会的发展对教育提出了更高的要求，从而对传统教育造成了剧烈冲击。与之相应，课程价值取向也顺应时代的特点，从不同面向、不同层次不断地揭示出了课程蕴含的价值和功能。

（一）不同课程价值取向的兴替

19世纪末20世纪初，"新教育运动"及进步教育运动建基于实用主义的教育哲学，严厉抨击了以学科课程为中心的传统教育的弊端，引发了课程价值取向的突变。它对传统教育的主智主义倾向进行批判，强调以儿童为中心，尊重儿童的身心发展规律，以经验、活动为主轴的课程设置和教学方式，重视课程与个人、社会、生活及实践的紧密联系，成为现代教育的重要开端和基础。然而，虽然其强调儿童的学习兴趣，重视课程与生活的联系，但是，实用主义课程的推行导致学生知识水平的下滑，招致了社会多方的诟病。至20世纪30年代，一些传统教育流派，如要素主义、永恒主义、新托马斯主义等课程观，它们立足于进步主义课程哲学的对立面而强调教师中心，以发展学生的学术智力作为课程的主要目标，重视学生掌握系统的、学术的知识。不难看出，在一定社会历史条件下，不同的课程哲学都是立足于时代特点及各自的逻辑前提来表达自己的课程理想，它们在课程观上也都提出一些反映现代科技水平、生产力发展要求的观点。例如，要素主义课程观追求人类文化中某些不变要素，强调系统化知识与教师作用，注重发展学生的理性；永恒主义和新托马斯主义课程观推崇人文学科的价值，强调人性的完满；改造主义课程观将关注点落在文化危机的解决上；存在主义课程观注重发挥学生的学习主动性和积极性。从这个意义上说，不同的课程哲学只是在课程价值体系中择其一隅作为终极的理想诉求，并未从整体上把握课程的整体价值和功能，也不能充分满足人性完满及社会发展的需要，因此呈现出理想化的特征。至 20 世纪中叶后，世界格局发生了重大变化，发达国家进入了后工业社会，知识的剧增及生产结构的变化，改变了人们的生活方式和存在形态，课程价值取向变化也相伴而生。为了提升综合国力、赢取国际地位，培养大批具有高水平的科技人才，满足个人知能发展的迫切需要，布鲁纳的结构主义课程观占据了要位。布鲁纳将学科中心主义课程论进一步发展，提出了结构主义课程观。他认为，知识是课程中不可或缺的要素，我们要把人类文化遗产中最具学术性的知识作为课程内容，并且要特别重视知识体系本身的逻辑次序和结构，因而要把学术性作为课程的基本形式。结构主义课程观重视知识的逻辑结构及认知能力的发展，通过结构来掌握学科的基本概念和原理。他认为：传授学科结构有四点好处：①掌握结构，有助于解释许多特殊现象，使学科更容易理解；②有助于更好地记忆科学知识，因为除非把一件事情放进构造得很好的模式里，否则就会忘记；③有助于促进知识技能的迁移，达到举一反三、触类旁通的目的；④有助于缩小高级知识与初级知识之间的差距。① 结构主义课程观迎合了发展科技、提升综合国力及后工业社会的要求，体现了对课程的工具价值的追求。

至 20 世纪 60 年代末 70 年代初，世界科技、经济得到快速发展，人们的物质生活水平得到了极大提高，但社会的诸种矛盾及问题并没有得到恰当解决，甚至在不断激化。工具理性主义的无限膨胀不仅操控了社会生产，而且造成了人的物化和异化，导致了目的理性的缺失。过于强调工具理性的结构主义课程的弊端渐次凸显，人们对于课程价值等问题进行了深刻反思。伴随着结构主义课程观的式微，后现代主义课程观掀起了一股反现代性的思潮。后现代主义课程观对现代课程进行了深刻的批判和反思。应该说，后现代主义话语并非昭示着现代性的结束，而是对现代性的一种批判和质疑。它批判的是旨在消泯社会和文化差异的元叙述，反对的是现代课程的本质主义及基础主

---

① ［美］布鲁纳：《布鲁纳教育论著选》，邵瑞珍等译，人民教育出版社 1989 年版，第 35—37 页。

义的课程观，提倡的是多元化、非叙述化、非本质化、去基础化的思维方式。20世纪80年代后，这些具有建设性的后现代主义思想极大地冲击了传统课程观，形成了更为具体的后现代课程理论。同时，世界范围内的课程哲学也开始呈现出整合的趋势，人们不再将以二元化的思维方式来选择某种课程价值取向作为课程活动的圭臬，不同的课程价值取向都在反思自身的不足，汲取他者的长处，充分发挥课程的价值和功能来促进个人和社会的发展。

（二）不同课程设计模式的更迭

进入20世纪以来，科技迅猛发展，学科不断分化，新知识不断产生，学校课程也面临着知识的选择和组织的问题。科学主义的盛行与各种科学管理理论的不断发展，也波及学校的课程设计思想与实践，使课程充斥着浓厚的工具理性色彩，追逐课程的功利价值。博比特（Bobbitt）、查特斯（Charters）与哈拉普（Harap）都强调了运用日常工业活动所用的工作分析法，让工业活动成为教育的理想，"倡导可测量的精确而适当的课程目标"来传授社会所需要的知识，为学生的成年生活做准备。[1] 随后，泰勒（Tyler）将目标模式发展到极致。目标模式以科学管理理论及行为主义心理学为基础，主张目标选择是课程设计必须采取的首要行为，而且是整个过程的重中之重。这种课程范式认为，课程目标是先于经验的，学习是特定意图、指导及控制的结果，因此是可以测量的。在课程活动中，希求通过预测、控制、监管来达到预先设定的"产品"目标。也就是说，课程是一套既定的目标，通过控制学生的学习，使教学结果符合预定目标；它以学生的行为改变为目的，并未考量行为背后的原因。目标模式深受工具理性的影响，它强调课程设计的方法，而不是关注课程本身的内容，忽视课程内容的政治和伦理方面的重要性，只是借助抽象的逻辑演绎，从概念层面上提出课程设计的程序，认为课程设计就是目标、内容、方法、评价的复演，因此将其视为一种科学而系统化的理性过

---

① ［美］小威廉姆·E. 多尔：《后现代课程观》，王红宇译，教育科学出版社2000年版，第66—67页。

程。这种课程观，基本上体现的是人类技术理性导向的兴趣。"工学模式"迎合了20世纪上半叶工业化社会的要求，但是，也招致了过程模式等课程理论的诟病。

斯滕豪斯（Stenhouse）的过程模式反对事先预定目标或学习结果的获得，重视学生探索具有价值的教育领域或过程，而不是如目标模式中学生被动地接受教师传递的知识。他认为，知识提供的是思维的原始材料，使人们可以运用它来思考。知识的价值在于作为思考的焦点激发各种水平的理解，而不是作为固定的信息让人们接受。① 因此，教育的功能在于发展学生的潜能，使其具备自主发展的能力。过程模式以发展心理学为基础，认为教师必须诊断和了解学生当下的认知结构和水平，引发其认知冲突，唤起学生内在的学习动机，发展解决问题的能力，进而增强学生的自主性和创造性。斯滕豪斯认为，目标模式应用于课程设计存在着两大问题：一是目标模式误解了知识的性质。目标模式造成了教育结果质量标准"形式化"，并出现了知识服务于既定目标的"工具化"倾向。二是目标模式误解了改进课程实践过程的性质。目标模式的方法基本上是一种通过目标明确化而改善实践的尝试。这种做法在逻辑上是合理的，但却不能改进实践，因为人们不可能通过升高标杆，而不是通过改善跳高技能来提升跳高水平。因此，理想的方法应是帮助教师改进教学，发展他们在课程实践中的批判、反思意识与能力。② 过程模式强调课程活动的不确定性和复杂性，以及人的自主性和创造性，是目标模式所不能企及的。但是，这种课程观在实践过程中存在困难。一方面，在课程设计上想与目标划清界限并不容易，因为学习过程不可避免地反映显在或潜在的目标；另一方面，认为教学是一个动态过程，假定"教师即研究者"，要求教师对所任学科的教材等进行修正或调整，对教师素质的要求很高。艾斯纳（Eisner）针对目标模式的弊端，也提出了将目标分为教学目

---

① 施良方：《课程理论——课程的基础、原理和问题》，教育科学出版社1996年版，第177页。

② Stenhouse，L. *An introduction to curriculum research and development*. London：Heineman，1975.

标和表现目标（expressive objectives），前者是指一般的行为目标，后者是对教育境遇进行描述，描述学生的学习情境、将要解决的问题和完成的任务等，但不规定学生在活动中学习什么。① 霍格本（Hogben）也建议，课程设计者不仅要制订长期目标，也要考量非预期的（unexpected）与无意图的（unintended）学习结果。②

可见，课程设计模式从强调工具理性的传统课程，演化到开始关注学生的学习权利，重视人与课程、环境互动，强调教师要实施能发挥学生的主体性与批判意识的课程，这一嬗变理路凸显了课程发展的时代性和脉络性。

（三）知识性质从客观绝对走向建构生成

课程发展离不开知识的选择，而知识的选择是人们在其课程观引导下进行的。人们对知识理解的不同，就会形成不同知识观，进而决定不同的课程形态，甚至教育的价值与功能。正如美国学者索尔蒂斯（Soltis）所指出的，我们如何思考知识，确实在相当程度上影响着我们如何思考教育。③ 因此，不同的知识观是知识与人的关系的体现，它是课程观的基础。纵观课程的发展历史，人们对课程的论争总是伴随着对课程知识观的论辩，如要素主义课程、进步主义课程、人本主义课程、后现代主义课程等课程哲学的相左，主要体现在知识观的对立和冲突上。

传统主义知识观认为，事物是客观存在的，知识是客观事物的表征，是对客观的物质世界之普遍规律的揭示，体现出客观性、普遍性、中立性的特征。因此，知识具有既定的内在逻辑，是作为真理性和客观性的完成形态存在的，它独立于人们的主观意志之外，与认识主体无关。这种对知识的理解决定了追逐"知识即真理"的价值取

---

① Eisner, E. W. *The Educational Imagination*：*On the design and evaluation of school programs*（2nd Ed.）. New York：Macmilan, 1985：54–55.

② Hogben, D. The behavioural objectives approach：Some problems and some dangers. *Journal of Curriculum Studies*, 1972, 4（1）：42–50.

③ 索尔蒂斯：《教育与知识的概念》，载瞿葆奎《教育学文集·智育》，人民教育出版社 1993 年版，第 63 页。

向，要素主义课程观就是其典型代表。要素主义课程哲学以"符合性"的知识观为旨趣，认为知识应该与客观物质世界的事实相符合，知识的获得是通过主体与客体的分离性认知来发现、接受真理的过程。因此，主张以知识的学术性、系统性和逻辑性的要求开设学科中心课程，向学生传授人类文化中最富价值的知能、态度及理想，发展学生的理性。这种以追求绝对真理为旨归的课程哲学对课程发展产生了极大的影响。但是，它不可避免地会使课程知识宰制学生的心灵，学生的全部学习任务就是以其理智去占有知识，知识则成为学生的异己力量，控制、窄化了学生的心灵。扬（Young）认为学术取向的课程，具有文字化、个别化、抽象化、孤立化、工具理性等特征，通常忽略人与人之间的互动及感性知能，因此在学术至上的课程结构中，不是归属于这类的课程内容受到排斥，如口头表达、情感态度、生活常识、校外经验等，这些在学校中的地位低下，或者不受到教师和家长的重视。① 与之相反，实用主义的知识观突破了主体与客体对立的二元论思想，强调知识的主观性、动态性和经验性，认为知识是有机体或人处理其生存环境或活动范围的一种方式，这种生存环境或活动范围是相对模糊的、非形式的、不确定的并处于连续的变化之中。为了适应这种生存环境，心灵这一人类有机体发展了的生物机能，汲取相对未形成的原料，并通过选择和定义学习怎样做出反应和回答，知识则是这一学习过程的结果。② 因此，在课程活动中，实用主义课程哲学反对将既定的、系统化的知识直接纳入课程，将学生占有知识作为全部的学习任务；课程及知识并非以权威话语出现，而是学生改造经验和适应环境的工具。可见，实用主义将知识定位在"适应—生存"的社会工具价值上，将知识作为服务儿童经验改造和社会生活的工具。这种课程观消除了人与知识的对立，但仍旧不能帮助人们恰适地把握知识在课程中的地位。

———————————

① Young, M. F. D. *The curriculum for the future: From the new sociology of education to a critical learning.* London: The Falmer Press, 1998: 52-55.

② ［美］梯利:《西方哲学史（下册）》，葛力译，商务印书馆1979年版，第338—346页。

随着传统主义知识观的颠覆，知识的绝对真理的地位被撼动，建构主义开始登上历史舞台。建构主义对知识本质的理解可归为三方面：其一，知识是人们对客观世界的一种假设或解释，会随着人们认识能力的提升而不断变化和发展；其二，知识是认识主体通过与外界的作用来主动建构的，而不是被动接受的；其三，个体经验的不断扩展导致了个体认知图式的演化，全部的知识都是在个体与外界的对话中得以建构的。后现代主义课程观认为，传统的知识观导致的机械论哲学及祛魅的思想，事实上并不符合宇宙的本然状态，由于宇宙的无限性、有机性和神秘性，我们不可能用二元论或唯物论来穷尽真理；我们不能将知识和学习者相分离，他们之间是互相建构的关系。因此，知识应该是动态的、生成的有机系统，人不是知识的旁观者，而是身处于系统中，是现实的参与者。据此，建构主义和后现代主义都认为知识的本质不是客观性、真理性和中立性，而是认识主体与客体或其他主体通过实践的交互过程建构生成的，建构生成是知识的唯一本质。建构主义和后现代主义课程观都强调人在课程中的地位及知识的建构生成性，体现了对课程的人文价值关怀。

三　课程价值取向的内在向度

课程观主要体现为不同的课程价值取向，鉴于不同研究者对课程价值取向的分类差异，以及不同学科和不同教师个体的差异，课程价值取向呈现出多元化特征。基于我们的理论检审与实践调查，我国教师的课程价值取向主要有学术理性主义、学习过程、人文主义、社会责任、折中主义与生态整合六种取向。[①]

（一）学术理性主义取向

学术理性主义取向是最具传统的课程价值取向，哲学基础建基于

---

① 苏强：《教师课程哲学观的生成及其实践功能》，《课程·教材·教法》2011 年第 2 期。

亚里士多德的实体论之上。实体论强调客观知识最具价值，认为知识具有普遍性和共通性。要素主义及永恒主义课程哲学都体现为学术理性主义价值取向。学术理性主义取向强调传递人类文化的精华，重视基础知识和基本技能的学习，以培养学生追求真理性知识、掌握知识精华、涵养理性能力为目标，促使学生通过课程来训练、发展理智。该取向主张，客观、理性与永恒不变的真理知识最有价值，具有学术性、逻辑性、系统性，它应是学科的核心构成，只有经由掌握知识的价值意义、内在逻辑和真伪标准等方面的共同结构，才能发展学生的理性能力。由于人类历史上创造、积淀的知识经验难以计数，所以课程只能从中择其精华，形成系统化的学科结构体系来整合各种知识经验，让学生学习更具效率性。在教学中，教师作为知识权威居于中心地位，通常使用讲述法或探究教学法，并遵循知识的逻辑结构向学习者忠实、客观地传递文化成果与基础知识，让学习者掌握学科知识，形成理性思考、追求真理的能力。对教学结果的评价多以纸笔测验、标准测验为依据，以了解学生对学科知识的掌握程度。坦纳夫妇（Tanner & Tanner）指出，在学术理性主义的课程哲学观照下学校教育的"唯一目的应该是培养智力，而只有可靠的（理论的）学习才有这种力量"[1]。学术理性的哲学基础反映了传统的纯理论教学，不考虑学习者的兴趣和需求或者当代的社会问题。

（二）学习过程取向

学习过程取向建基于认知心理学和行为主义心理学之上，它是认知过程取向与技术取向的统合，我们将其命名为学习过程取向。学习过程取向不仅强调以明确的课程目标为依据进行目标细化，按照目标的次序进行教学以实现既定的目标，也强调发展学生的认知思维能力，而认知能力的发展是建立在为更好地获取知识的基础上。要想实现这一目标，需要根据学习者认知发展的特点设计教学程序，诉诸系统的方法支撑方能实现，如教育技术、启发式教学等方法的运用。在

---

① Tanner, D. , Tanner, L. N. *Curriculum development*：*Theory into practice*. Columbus：Prentice Hall, 1995：152.

课程活动中，该取向强调以学科内容作为训练与增进学生心智官能的工具和手段，培养学生的思考技能以及分析、演绎、推论和评价知识的能力，帮助学生拓展解决不同类型问题的认知技能，这是其强调的最重要的课程内容。在课程实施中，选择能够提升学生的抽象思考、逻辑推理、归纳组织的心智能力的题材和活动，注重以启发式教学方法为主进行组织教学，如通过主题教学来统整不同学科的知识，形成系统完整的知识脉络。同时，大量采用计算机辅助教学、系统化教学作为教学辅助，促使学生形成可以迁移到其他主题和新的学习情境的认知技能。正如伯恩斯（Burns）和布鲁克斯（Brooks）所倡导的，问题解决技能"是智力技能，需要在解决任何问题的情境中学习，运用已经学到的或者融会贯通已经学会的知识"①。启发式教学、计算机辅助教学等方法的运用，使教师在教学中的角色也发生了转变，教师不再是向学生灌输知识的传递者，而是培养学生高层次运思能力的引导者。在对课程实施结果的评价上，通常以记忆、理解、应用、分析、综合、评价六个认知层次，来评价学生认知能力是否达到课程目标所规设的标准，并作为修正教学方法与学生学习结果的回馈。

（三）人文主义取向

人文主义取向的哲学基础源自人文主义与实用主义。人文主义取向认为课程目标在于为学生提供个人发展的机会，进而成为个性独特的个体。因此强调学生为学习中心，关注学生个体的尊严和价值，重视学生个体的主观意识。这种课程价值取向"企图去塑造教育来使我们开始更好地理解自我，为我们的教育承担责任，并学会超越当前自我的发展水平而达到我们所追寻的更富力量的、更明智的和更富创造性的高品质生活"②。它拓宽了教育目的之内涵，关注生活和幸福的社会情感方面。该取向认为知识不是永恒的真理，而是具有变动性、个人化和经验化的本质。因此，课程内容根据学生的兴趣需要、个体经

---

① Burns, R. W., Brooks, G. D. Processes, Problem solving and curriculum reform. *Educational Technology*, 1970（5）：10 – 13.

② Joyce, B., Weil, M., Calhoun, E. *Models of teaching*（6th Ed.）. Boston：Allyn and Bacon, 2000：21.

验和现实生活需要来决定，注重学生的兴趣、需求、人格等情意方面的培养，以激发学生的学习动机，鼓励学生自我探索与学习，并在人际交往中发展社会技能，而不是囿于学术知识的掌握。教学上，通常运用问题解决教学方法，教师不是直接向学生呈现知识，而是让学生在实地操作中展开学习活动，让学生从与外在环境的交互中获取知识。同时，通过师生共同研拟活动方式、学生解决问题及参与课程活动等途径，打破学科分立的壁垒，提供与生活有关的多元化题材，让学生通过经验的不断改造得以成长。在这种活动中，教师的角色是学习情境的设计者、学习动机的引发者，其任务在于营造一个融洽的课堂气氛与和谐的师生关系，让学生个体利用课堂条件展开学习，并发现每名学生的需要，来制订相应的教育方案，培养学生的多方面兴趣，进而实现个人的发展。① 在评价方面，较少采用客观量化的纸笔测验，而是强调全面记录学生的学习过程表现；评价的重心也发生了转移，在关注学生对学科内容的掌握程度的同时，更为重视学习对学生个人的意义。

（四）社会责任取向

社会责任取向的哲学基础来自实用主义。实用主义认为教育不仅强调学生精熟实用的知识和技能，还强调学生解决社会问题和参与社会的能力，亦即社会适应与社会重建取向的统合。杜威（Dewey）指出，当一个社会变得更文明，它认识到其责任不是传递和保存它所取得的现有的成就，而是为美好未来所做的那些行为。② 从这一观点出发，课程必须关注个体和社会。阿普尔（Apple）认为，课程目标对社会的、政治和经济的问题十分敏感，它利于学生接触学习内容及达成相关的学习目标。③ 社会责任取向重视学生适应社会所需技能、发展个人的职业能力、成为对社会有用的人，也强调学生解决社会问题

① Marsh, C. Curriculum Approaches. In Marsh, C., Morris, P. *Curriculum development in East Asia*. London: The Falmer Press, 1991: 3-21.

② Dewey, J. *Democracy in education*. New York: Macmillan, 1916: 20.

③ Apple, M. W. Power, meaning and identity: Critical sociology of education in the United States. *British Journal of Sociology of Education*, 1996, 17 (2): 125-144.

的能力。因此，课程内容不仅应包括社会所需的知识、社会制度规范及良好公民所需具备的素养和责任，了解社会制度和适应社会的技能，以及学习尊重他人的权利、与他人积极交往的社会互动技能，形成群体目标高于个人需求的合作精神，而且必须纳入社会议题，关注诸如环境保护、人口膨胀、能源短缺、药物滥用、民族歧视和犯罪等社会问题，让学生通过社会问题的探讨来了解社会现状，进而融入社会生活，力求通过学校课程的实施改善社会问题，促进社会的良性发展。在教学上，社会责任强调运用问题解决的教学方法，鼓励学生积极地参与学习活动，不强调消极被动地接受知识，而是通过分析、调查和评价现存的社会问题，学习是社会取向的。因此，教师要鼓励学生走进社会了解社区问题，并指导学生结合当地资源思考问题的解决方法，让学生获取对社会问题进行价值澄清所应具备的知识和技术。在评价方式上，主要是通过学生对社会问题所提出的解决方案和实施过程加以评价，而不是传统的纸笔测验的静态评价，评价的程序则关注学生在这些方案的准备与实施的情况。

（五）折中主义取向

施瓦布的折中主义课程理论是建立在批判传统课程理论忽视课程实践问题的基础上的，其以课程实践为基点系统地考量及运用课程理论。它的哲学基础建基于亚里士多德的"实践观"、实用主义及人本主义之上。在课程活动中，折中主义取向强调学生实践推理能力的发展，亦即以培养学生在实践情境中做出决定、获得意义并采取行动的能力为主要课程目标。而欲求目标达成，必须澄清课程问题的性质，选择合理的课程方案。施瓦布认为，课程问题是实际的问题，不适合程序性的处理，在选择方案之前，必须明白实践情境的问题，形成变通方案，然后从中权衡各种变通方案的可能性，再选择一个最合适的方案执行。该取向将学科内容、学生、教师、环境四要素作为课程的基本问题，所以解决课程问题最主要的方法是审议或实践推理（practical reasoning)。① 因此，强调教师应根据学校的独特环境脉络、教学实际情境和学生的兴趣需要，并结合自身的教学经验，对教材内容进行恰当使用与处理。同样，学生也具有对教材提出创造性理解与合理建议的权利。也就是说，教材只有在满足特定的实践情境的问题和需要的情况下，才具有课程意义。在教学中，该取向注重运用探究教学法，强调学生通过与实践情境中的"事态"（state of affairs），亦即与实际情境中的问题进行互动，探查问题产生的原因，寻求问题的解决方法，"以做出决定、获得意义并采取行动，从而指向对自身行为目的的理解。这种理解不是指向于知识技能的掌握和对环境的控制，而是指向人类自身兴趣需要的满足和德性的提高"②。在评价方面，主要以学生在生活中遇到特殊情境时表现出来的决策技能及问题解决能力的水平为依据。

（六）生态整合取向

生态整合取向的哲学基础来自实用主义。杜威曾把教育视为一个生态系统，主张学科知识、学习者和社会需求三者之间取得平衡。这一观点鼓励个人通过对知识的掌握和对生活世界的感知来确立他们的未来愿景。因此，生态整合取向强调以学生的个体发展、环境适应及社会互动的统一为课程目标。在课程内容上，该取向重视学习者认为对自己有意义、有兴趣且对将来生活有用的知识，并以学科知识为基础整合个人需求和社会需要。在重视基础知识和基本技能之余，鼓励学生学习参与实践活动，学习质疑、决定和解决问题的技能，增强个人能力。而在强调发挥个人能力的同时，又要兼顾合作、平等、负责等群体利益，让社会互动、个体发展与学科内容三者达到平衡状态。生态整合取向基于学校或课堂作为和谐共生的整体环境的概念，认为学校情境、学生特质和学科要求等关键要素之间是复杂的、非线性的

---

① Schwab, J. J. *The practical 3: Translation into curriculum.* School Review, 1973, 81 (4): 501–522.

② 单丁：《课程流派研究》，山东教育出版社 1998 年版，第 234 页。

关系。它是根据特定的课堂教学情势来决定某一要素的优先权。[①] 因此，在教学中，该取向强调教师要促进学生学习知能、发展个人能力与追求社会群体利益三者之间的平衡；强调把每个学生看作教学生态系统中的有机体与独特个体，并根据特定的教学情境和学生兴趣需要进行教学。在传授学科基础知识的同时，注重安排学生参与整合个人与团体目标的活动，使学生在活动中获得个人意义和发展团队互动的技能，学会应用所学知识和技能来解决个人与社会问题，进而创造个人与社会的整体利益。在评价方面，关注学生的个人需求和社会要求相统一，并重视学生尊重他人的权利、与他人合作做事的意识和能力。

---

① Ennis, C. D. The influence of value orientations in curriculum decision making. *Quest*, 1992, 44 (3): 317 – 329.

第三章　中小学教师课程观的实证调查与分析

当前，研究者已经关注认识论意义上的课程观的量化研究，而对于教师课程观的影响因素及形成归因的研究是不够的。方（Fang）指出了书面自陈（self - report）回答的缺点，认为它可能反映了受试者"应该做什么"，而不是在实践中"实际做了什么"。[①] 因此，本书采用量化研究与质化研究相结合的研究取向探查教师的课程观，试图发现教师课程观的构成、特点及形成归因。这是因为，课程观作为一个信念系统，是以一种"潜隐理论"的形态存在，是通过对外在事件的认知、理解和体悟形成的，所以蕴含着许多关涉认知和情感的内在要素，并呈现出独特性和境遇性的特征。因此，如果采用单一的量化研究方法检验教师的选择结果，则无法探查教师课程观的整体形态。拉斯（Raths）等学者也认为，应该重视"价值形成的过程"，而不只是"经验的价值结果"。[②] 深度访谈方法为我们提供了洞察教师思想的路径，弥补了观察法或其他数据搜集方法的不足。理查德森（Richard-son）指出，为了理解教师信念，多种形态的数据是必要的，除了书面应答方式外，半结构式访谈为多样数据的搜集提供了选择机会，尽管通过这一方式搜集数据可能是困难的，即使对于那些经验丰富的研究者来说也是如此，[③]但是它有助于我们发现教师课程观的整体形态。

---

① Fang, Z. A review of research on teacher beliefs and practices. *Educational Research*, 1996, 38（1）: 47 – 65.

② Raths, L., Harmin, M., Simon, S. *Values and Teaching*. Columbus, OH: Charles E. Merrill, 1978.

③ Richardson, V. The role of attitudes and beliefs in learning to teach. In J. Sikula, T. J. Buttery, E. Guyton. *Handbook of research on teacher education*. New York: Macmillan, 1996: 102 – 119.

因此，本书采用较为结构性的程序进行研究，亦即依循发现问题—建立假设—资料搜集—资料分析—验证假设的量化研究流程行进，试图发现教师课程观的构成及特点。但是，量化研究并不能洞察受访者个体鲜活的内在心理过程，也就无法探寻教师课程观的形成归因，而质化研究可以弥补这一不足。因此，本书拟在获得量化研究结果之后，采取较为非结构性的程式调查影响教师观的形成归因。质化研究的设计并非线性的，而是持续动态、不断演化的，它可以根据研究中出现的新情况适时调整研究路线或修改既定的研究框架，所以研究架构总是灵活的，并不断地和研究资料发生循环性互动。从研究策略来看，本书则是运用扎根理论（grounded theory）的一些原理和方法。扎根理论是通过一组严谨但又不失灵活的程序，帮助研究者厘清纷杂资料中的线索，寻找对研究有意义的观点，进而抽绎为理论。换句话说，在开始研究时，研究者并没有预定任何的假设或理论，而是通过对原始资料的归纳以形成概念，进一步整合、升华为理论。

一　研究方法与步骤

（一）研究架构

根据本书的研究目的，首先，以"中小学教师课程观的调查量表"为研究工具，了解我国中小学教师课程观的总体分布样态，就不同性别、不同教龄、不同学校类型、不同地区、不同职务、不同学历、不同学科、不同区域等统计变量，以及教研活动、新课程培训对教师课程观的影响进行差异性分析，试图发现教师课程观的构成及特点；其次，通过质化研究方法，试图考察影响中小学教师课程观形成的主要因素，进而探讨中小学教师课程观的形成归因。

（二）研究对象

1. 量化研究方面

本书针对我国的地域范围进行分层抽样，将我国区分为东部、中部、西部三类区域，以三类区域的 17 个省（市、区）的 33 个县

（市）的 51 所中小学为抽样依据。东部地区包括浙江、广东、江苏、山东、北京、天津、辽宁七个省（市）；中部地区包括湖南、河南、安徽、江西四个省；西部地区包括西藏、新疆、重庆、四川、贵州、陕西六个省（市、区）。样本的详细分布状况见表 3 - 1。

表 3 - 1　　　　　　　　量化研究参与者的基本资料分析

类别	项目	人数（人）	百分比（%）
性别	男	618	40.6
	女	906	59.4
教龄	1—5 年	450	29.5
	6—10 年	410	26.7
	11—15 年	306	20.1
	16—20 年	154	10.1
	21 年及以上	204	13.4
地区	城市	1012	66.4
	农村	512	33.6
学校类型	小学	564	37.0
	中学	428	28.1
	高中	532	34.9
职务	校长/主任	112	7.3
	教研组长	110	7.2
	教师	1302	85.5
学历	研究生	160	10.5
	本科	1020	66.9
	专科及以下	344	22.6
参加教研活动情况	学校组织	1206	79.1
	自发组织	162	10.6
	不常参加	156	10.3
参加教师培训情况	从未参加过	142	9.3
	参加过 1—2 次	772	50.7
	参加过 3 次或以上	610	40.0

续表

类别	项目	人数（人）	百分比（%）
区域	东部	540	35.4
	中部	554	36.4
	西部	430	28.2
学科	语文	490	32.2
	数学	320	21.0
	英语	206	13.5
	科学	220	14.4
	其他	288	18.9

2. 质化研究方面

根据斯特劳斯（Strauss）和柯宾（Corbin）的理论饱和（theoretical saturation）原理,[①] 本书将教师的教龄划分为五个阶段，分别是1—5年、6—10年、11—15年、16—20年、21年及以上，每个教龄段分别选取2位教师作为受访者，共对10位受访者进行了半结构式深度访谈。根据区域划分，东部区域为4位，中部区域为3位，西部区域为3位；按照地区划分，农村地区与城市地区各为5位；从性别来看，男性与女性各为5位；从学历来看，硕士为2位，本科为8位；从学校类型来看，高中为1位，初中为8位，小学为1位；从学科来看，语文为4位，数学为2位，英语为2位，科学为2位；从职称来看，中学一级为4位，中学高级为3位，中学二级为2位，小学一级为1位。受访者的基本资料情况详见表3-2。

表3-2　　　　　　　质化研究参与者的基本资料分析

教师	性别	年龄	学历	职称	任教学科	学校类型	任教地区	所在区域
A1	女	27	本科	中二	语文	高中	农村	西部

---

① Strauss, A. , Corbin, J. *Basics of qualitative research：Grounded theory procedures and techniques.* Newbury Park, CA：Sage, 1990：160.

续表

教师	性别	年龄	学历	职称	任教学科	学校类型	任教地区	所在区域
A2	男	27	本科	中二	语文	初中	农村	西部
B1	男	32	本科	中一	数学	初中	城市	东部
B2	女	33	本科	小一	英语	小学	农村	西部
C1	女	35	硕士	中一	科学	初中	城市	东部
C2	女	35	本科	中一	语文	初中	城市	东部
D1	男	40	本科	中一	数学	初中	农村	中部
D2	女	42	硕士	中高	语文	初中	城市	中部
E1	男	46	本科	中高	科学	初中	城市	东部
E2	男	49	本科	中高	英语	初中	农村	中部

注："A"表示教龄在 1—5 年；"B"表示教龄在 6—10 年；"C"表示教龄在 11—15 年；"D"表示教龄在 16—20 年；"E"表示教龄在 21 年及以上。

（三）研究工具

1. 量化研究方面

（1）量表编制过程

本量表的编制经历了初拟量表、预试量表及正式量表三个过程。首先，在形成量表初稿的过程中，根据研究目的，在参考相关文献的同时通过质化研究搜集资料，再对资料进行分析和整理，作为量表编制的依据。研究者对六位中小学教师进行了访谈，了解其课程观的基本内涵及构成之后构思量表内容并拟定初稿。其次，在形成预试量表的过程中，将量表初稿交给有关课程专家检审，并请专家针对量表的题项内容提出修正意见。研究者通过参考专家意见，对量表初稿的内容进行删改与完善，拟定预试量表。最后，在形成正式量表的过程中，对预试量表进行了小样本试测，并结合预试量表的分析结果，进一步修正量表内容，形成正式量表。预试样本共回收 230 份。

（2）量表内容概述

1）量表的题项

本书的量表分为三个部分：第一部分为个人的背景资料；第二部

分为个人的专业发展情况；第三部分为"中小学教师课程观的调查量表"。以下针对每一部分的内容分别加以说明。

量表的第一部分为个人的背景资料，包括教师的性别、学历、教龄、职务、所任教的学科，以及所在学校的类型、地区（乡镇或城市）、区域（东部、中部或西部）八项内容。从基本资料中了解被调查者的情况，以便做进一步分析。第二部分为个人的专业发展情况，包括参加教研活动与教师培训活动两部分内容。第三部分为"中小学教师课程观的调查量表"，内容包括学术理性主义、人文主义、折中主义、学习过程、生态整合及社会责任六个分量表，每一分量表下涵括6道题项，总量表共计36道题项。

2）填答及计分方式

本书采用量表调查法，以自编的"中小学教师课程观的调查量表"为研究工具，共36道题项。量表的所有题项都采用李克特5点量表计分方式，由教师根据自己对每道题项的真实想法，在"完全同意""基本同意""不确定""基本不同意""完全不同意"五个选项中进行勾选，"完全同意"计5分，"基本同意"计4分，"不确定"计3分，"基本不同意"计2分，"完全不同意"计1分。量表的所有题项均为正向计分题，在某个分量表上的得分越高，说明教师越认同这种课程价值取向。

2. 质化研究方面

质化研究的资料搜集方法很多，比如参与观察、深度访谈、档案资料搜集等，其中深度访谈最易引发受访者与研究者分享其所经历的故事，促使受访者与研究者形成对研究主题的理解。[1] 本书试图调查影响教师课程观形成的因素，探求这些因素究竟如何影响其课程观的形塑，进而发现教师课程观的形成归因。然而，这些因素通常关涉个人对事件的主观理解和诠释，而个人的内在心理思考是无法通过纯粹的观察所能发现的，这需要通过深度访谈的途径才能探其究竟。所以，本书考量以深度访谈作为资料搜集的方法。

---

[1] Crabtree, B., Miller, W. *Doing qualitative research*. London: Sage, 1999: 195.

（1）访谈大纲的编制

本书的访谈大纲在编制之前请教了有关专家，研究者对他们所提供的相关资料进行初步整理后，拟定了"中小学教师课程观的形成及其影响因素的访谈大纲"，来探查教师课程观的影响因素及形成归因。

（2）实施预试

为了确保拟定的访谈大纲能够真实有效地收集到关乎教师课程观形成历程的种种信息，使访谈大纲的内容覆盖更为周全，研究者在正式访谈之前进行了预试。研究者选取了两名具有多年教学经验的初中教师作为受试者进行了半结构访谈。研究者和受访者的实地访谈，是根据访谈大纲的内容依次进行的，同时及时捕捉受访者的反应来深化或拓广访谈的内容，以更好地洞察受访者的内心世界。每次访谈耗时一小时左右。

（四）信度和效度检验

1. 量化研究方面

（1）信度分析

信度是用以了解量表的一致性或稳定性的一种指标，常用的信度检验方法之一为 Cronbach's α（克朗巴赫系数）方法。因此，本书信度检验以 Cronbach's α 分析方法来检验量表的内部一致性。如果 α 系数越高，说明信度越高；α 系数低时，信度不一定低。其中，低信度：$\alpha < 0.35$；中信度：$0.35 < \alpha < 0.70$；高信度：$\alpha > 0.70$。一般说来，量表的 α 系数在 0.8 以上该量表才具有使用价值，达到 0.85 以上，表明量表信度良好。本量表的 36 道题项的内部一致性系数为 0.894，各分量表的 α 系数在 0.598—0.698，其中，学术理性主义为 0.698，社会责任为 0.606，人文主义为 0.598，学习过程为 0.632，折中主义为 0.636，生态整合为 0.630，量表的分半信度为 0.816，说明量表的内部一致性良好，也表明该研究工具具有稳定性与可信性。

（2）效度分析

效度在于检验测试数据的正确性，即研究工具能否有效地测量出所欲内容，或可将效度看作根据测验结果所做出的推断和解释，以及对所获得理论的支持程度。

表3-3　　　　中小学教师课程观调查量表的信度检验结果

课程价值取向	Cronbach's α
学术理性主义	0.698
社会责任	0.606
人文主义	0.598
学习过程	0.632
折中主义	0.636
生态整合	0.630
总量表	0.894

1）内容效度

本书先根据文献资料拟定测量内容分析表，再依照分析表内容进行量表题项的编制，以确保量表能够有效地测量想要考察的内容。在初步拟定量表内容之后，邀请了吕达、靳玉乐等五位专家进行审查并提供修改意见，根据适合、修正、删除的归类，对内容效度与所列题项进行适切性的评价，并提供题项的增删或遣词用字的修正意见，以建立本量表的内容效度。根据专家提供的修正意见对量表进行整理，通过反复修订形成了包含36道题项的"中小学教师课程观的调查量表"，这在一定程度上保证了量表内容能够如实反映当前我国中小学教师课程观的存在形态，所以本书采用的研究工具具有良好的内容效度。

2）结构效度

本书以因素分析方法检验量表的结构效度，验证量表是否与理论相符合。根据因素分析理论，因素之间应该具有中等程度的相关，如果相关度过高，表明因素之间具有重合；如果相关度过低，表明有的因素测量了研究并不需要的内容。表3-4的数据显示，本量表中的各维度间的相关在0.418—0.626，呈现了低、中度相关，表明各维度之间具有一定的独立性。各维度与总量表之间的相关系数在

0.734—0.799，达到了中、高度的相关。这表明，本量表的六个维度较好地反映了量表所要测量的内容，量表结构合理恰当，具有良好的结构效度。

表3-4　　　　各取向之间以及各取向与总分之间的相关分析

	学术理性	社会责任	人文主义	学习过程	折中主义	生态整合	总量表
学术理性	1.000						
社会责任	0.551**	1.000					
人文主义	0.418**	0.485**	1.000				
学习过程	0.621**	0.509**	0.497**	1.000			
折中主义	0.516**	0.626**	0.520**	0.542**	1.000		
生态整合	0.454**	0.555**	0.539**	0.577**	0.545**	1.000	
总量表	0.776**	0.799**	0.734**	0.797**	0.799**	0.774**	1.000

注：** 表示 $p < 0.01$。

2. 质化研究方面的信效度分析

（1）信度分析

本书采用实地访谈和电话访谈相结合的方法。研究者首先征得受访者的同意后再进行录音，访谈后将录音内容转换为文字稿，访谈结果如实呈现了受访者的反映。其次将访谈结果回馈给部分受访者，受访者除了对访谈结果进行审视并提出有无删改必要外，也审视了研究结果是否真实反映了其观点。最后由研究者对研究结果进行修正，以确保研究的可信性。

（2）效度分析

为了确保研究结果符合实际情况，研究者在研究前做了充足准备。其一，在访谈前，研究者向有关专家请教了访谈方法和技巧，避免在访谈中因为研究者主观意识的牵制而影响受访者的应答；其二，邀请专家对初拟访谈大纲的各项问题进行审查，提出修改意见，然后研究者再调整访谈大纲并预试；其三，将预试结果交给专家，让其审受访者是否回答了研究所要调查的问题，以确保研究的有效性；其四，研究者根据预试结果和专家意见，再次修正访谈问题的内容和顺序，让研究焦点更为集中、访谈问题更具逻辑性。

（五）正式施测

1. 量化研究方面

正式施测时，研究者通过委托人将量表发放给受试者，同时请委托人向受试者说明量表仅作为研究之用，量表填答完毕后即由研究者直接收回，绝不会让其他无关人员知晓填答结果，也不会作为其所在学校的绩效评定依据，以消除受试者的疑虑或猜忌。另外，为了避免受试者填答时疏忽或敷衍，研究者在量表上也作了特别说明。本书共向东部、中部与西部三类区域的中小学发放量表 1700 份，收回有效量表 1524 份，有效回收率为 89.6%。

2. 质化研究方面

访谈采用实地访谈和电话访谈两种方式。其一，研究者首先通过电子邮件或电话方式告知研究动机与研究目的，了解受访者对本书议题的理解程度，以及是否愿意提供丰富的资料。如果受访者愿意接受访谈，研究者与受访者约好访谈的时间和地点，在征得受访者同意后再对访谈过程进行录音。其二，采用半结构式访谈方法；每次访谈的时间为 30—60 分钟，必要时进行二次访谈，以更好地澄清受访者的价值取向；研究者不能和受访者进行实地访谈的，则通过电话方式进行。其三，访谈后将录音内容转换为文字稿，进行资料分析与整理，并写下反思札记。其四，将访谈的文字稿反馈给受访者，让他们审查内容是否具有真实有效性，在征求其意见后使用访谈材料。其五，访谈文字稿编码的方式为"一年一月一日一教师代码一编号一行数一页码"。

（六）资料分析

1. 量化研究方面

本书对收集的量表数据均采用 SPSS 16.0 统计工具，对所得调查数据进行描述性统计、方差分析、独立样本 t 检验以及多重比较等统计方法，以达成研究目的。

2. 质化研究方面

在每次访谈结束后，研究者即进行访谈资料的分析与整理。为保证资料的有效性，本书依循录音、单位切割、编码及分析、形成类别、将不同类别放入相应的问题中、撰写研究结果、检证效度等步骤进行。研究者将教师教龄划分为 5 个阶段，每一教龄段的跨度为 5 年，并各选取 2 名受访者，再根据受访者教龄的编码次序（A—E）对受访者进行编号，依次为 A1、A2、B1、B2、C1、C2、D1、D2、E1、E2，所有教龄段的受访者共计 10 位。访谈后，将访谈录音内容转换为文字稿，根据访谈大纲进行分析与整理并抽绎为概念，探究教师课程观的影响因素及形成归因，进而建立教师课程观形成历程的解释架构。

二 中小学教师课程观的现状调查及结果分析

（一）中小学教师课程观分布的总体状况

对抽样数据进行描述统计分析发现（见表 3-5），相对于量表的理论平均分 3 分，中小学教师在六种课程价值取向上的得分都高于平均分，其中生态整合取向的分值最高（4.19），其次是学习过程取向（4.12）、人文主义取向（4.08）、社会责任取向（4.00）和折中主义取向（4.00），学术理性主义取向（3.96）最低。

表 3-5　　　　　中小学教师课程观分布的总体状况

取向	M	SD
学术理性主义	3.96	0.62
社会责任	4.00	0.55
人文主义	4.08	0.53
学习过程	4.12	0.51
折中主义	4.00	0.53
生态整合	4.19	0.50

可以看出，中小学教师最为认同生态整合取向，但也不排斥其他的课程价值取向。这与之前的一些国外研究结果不一致。①② 探其究竟，可能与新课程改革的推广及教师的教育观念变化有关。长期以来，学校教育以传承人类文化知识、保存社会文化传统、维持社会存在及发展为根本旨趣，较少关注学生个体的生命价值与存在意义，造成教育的工具价值与人文价值的人为割裂。新课程改革的理念不是纠缠于"学生中心"、"知识中心"或"社会中心"的课程设计向度的优先取舍，而是在人性完满与社会发展的高度上审视课程，将学生、知识及社会之课程要素进行融合，而生态整合取向较能表征其核心理念。生态整合取向凸显了各种课程要素之间相互作用的特性，将学校或课堂视为整体、和谐、共生的存在。不同于其他课程价值取向，生态整合强调建构一种和谐生态，即根据具体的课堂教学情境对各种课程要素进行有机整合。新课程改革的逐步深入，可能促使中小学教师从整体意义上审视课程，认识到不同的课程要素的功能特点及形成有机整体来实现价值增值的重要性，因此普遍认同生态整合取向。

教师不仅高度重视生态整合取向，而且也较为认同学习过程取向。靳玉乐、罗生全的研究表明，中小学教师最认同认知过程取向。③这与本书结果在一定程度上是相符的，因为他们所使用的问卷是以艾斯纳（Eisner）和瓦兰斯（Vallance）于 1974 年所划分的学术理性主义、认知过程、人文主义、科技发展及社会重建五种课程价值取向为基础，并未涉及生态整合取向。而本书界定的六种课程价值取向是在艾斯纳和瓦兰斯分类的基础上，结合我国教育实情进行编制的。其中，所界定的学习过程取向统摄了认知过程与科技发展取向，且增加

① Beherts, D., Vergauwen, L. Value orientations of elementary and secondary physical education teachers in Flanders. *Research Quarterly for Exercise and Sport*, 2004, 77 (2): 156–164.

② Ennis, C. D., Chen, A. Teachers value orientations in urban and rural school settings. *Research Quarterly for Exercise and Sport*, 1995, 66 (1): 41–50.

③ 靳玉乐、罗生全：《中小学教师的课程价值取向及其特点》，《课程·教材·教法》2007 年第 4 期。

了生态整合取向。生态整合与新课程改革的理念共契，更能反映出课程改革语境下教师课程观的特点。

本书的研究表明，教师课程观中存在着"课程后设取向"（curriculum meta - orientation）的特点。克雷恩（Klein）曾预言，自我实现与科技发展取向是最难调和的。① 艾斯纳（Ennis）通过实证研究也指出，每一教师个体的信念系统中只存在一种主导的课程价值取向。② 这种假设或研究结果与本书结论不一致。本书发现，教师不仅高度重视生态整合取向，同时也不排斥其他五种取向，这一特点在其他的研究中也得到证实。③④ 事实上，教师所持的并不是单一课程价值取向，也没有人纯粹以某一种取向进行课程设计或实施，即便教师本人也认为他们通常持有两个或多个取向交织的取向，只不过其中有一个或多个取向为主导，具有综合化取向特征。这种综合化取向亦即"课程后设取向"。应该说，课程设计与课程实施是一个系统化过程，无论是课程目标确定还是教学方式的采用，都是各种课程价值取向外化并交织运用于课程实践的过程，它们之间并非彼此对立，而是共生依存的。沃尔克（Walker）和索尔蒂斯（Soltis）也指出，似乎具有一种潜在的协调功能来处理表面上冲突的课程价值取向。⑤ 米勒也认为，课程价值取向并非互为独立存在，它们联结成群并形成某种独特的后设取向。"事实上，我共事过的许多教师告诉我，他们会乐意采用几个取向。在多数情境下，他们运用两个或三个取向。"⑥ 课程后设取向

---

① Klein, M. F. Alternative curriculum conceptions and designs. *Theory into Practice*, 1986, 25（1）: 31 – 35.

② Ennis, C. D. The influence of value orientations in curriculum decision making. *Quest*, 1992, 44（3）: 317 – 329.

③ Cheung. Measuring teachers' meta - orientations to curriculum: Application of hierarchical confirmatory factor analysis. *Journal of Experimental Education*, 2000, 68（2）: 149 – 165.

④ Miller, J. P. *The education spectrum: Orientations to curriculum*. New York: Harper Collins, 1983: 3 – 10.

⑤ Walker, D. F., Soltis, J. F. *Curriculum and aims*. New York: Teachers College Press, 1997.

⑥ Miller, J. P. *The education spectrum: Orientatons to curriculum*. New York: Harper Collins, 1983: 181.

包括一组课程价值取向，教师会在一堂课中采用几种不同的教学和学习模式，我们很难将教师的整体课程行为与某种课程价值取向对号入座，因为"教师在教室中使用的每一种教学策略，其背后所持的信念并非相互排斥的"①。因此，杰维特（Jewett）等指出，教师个体秉持多元的课程价值取向看来是正常的。② 这表明，"课程后设取向"存在于教师的信念系统中，它是教师进行课程设计的指向标。

（二）不同性别的教师在课程观上的差异分析

表3－6的数据说明，不同性别的教师在社会责任取向上存在显著差异，在折中主义、生态整合取向上存在极显著差异。而在学术理性主义、人文主义、学习过程取向上不存在显著差异。

表3－6　　　　　　不同性别的教师在课程观上的差异性检验

取向	男（n＝618）		女（n＝906）		t	P
	M	SD	M	SD		
学术理性	3.97	0.61	3.95	0.62	0.74	0.46
社会责任	4.04	0.54	3.98	0.56	1.93	0.05*
人文主义	4.06	0.54	4.10	0.52	-1.22	0.22
学习过程	4.12	0.50	4.11	0.52	0.40	0.94
折中主义	4.02	0.50	4.00	0.55	0.75	0.00**
生态整合	4.14	0.55	4.22	0.57	-2.76	0.00**

注：＊表示 P＜0.05，＊＊表示 P＜0.01。

研究显示，男女教师都最重视生态整合取向，女性教师比男性教

① Mansour, N. Science teachers' beliefs and practice：Issues, implications and research agenda. *International Journal of Environmental and Science Education*, 2009, 4（1）：25－48.

② Jewett, A. E., Bain, L. L., Ennis, C. D. *The curriculum process in physical education.* Dubuque, IA：Wm C. Brown, 1995：39.

师更为重视。这与已有的一些研究结果不一致。①②③④⑤⑥⑦⑧ 这些研究
得出性别差异对课程价值取向影响很小的结论。女性教师比男性教师
更为重视生态整合取向，可能的解释是，性别差异导致了男女教师对
课程价值取向的认同差异，主要体现在心理特征及个人特质上。一般
来说，男女性的智力品质是有差异的，比如男性长于理性，思想方式
偏向于抽象和逻辑思维；女性长于感性，思想方式偏向于形象和具体
思维，且行为也更容易受到感情的支配，因为爱和母性是女性最深刻
的本能。另外，自主、独立和分离都是男性的特质，也是社会普遍给
予高度评价的特质；而女性强调关系、同理心、相互依存和情感依附
的发展历程则很少被视为是健康的成人发展轨迹。⑨ 但是，女性的生
命力更具韧性，适应各种环境的能力较之男性要强些，正如老子所
说，"牝以静胜牡""柔弱胜刚强"。在课程活动中，女性的这种韧性
更能发挥其独特作用。例如，女教师在教学过程中可能更长于与学生
对话，洞察学生的内心世界，了解学生个体的个性特征，以做出更好

---

① Curtner – Smith, M. D. , Meek, G. A. Teachers' value orientations and their compatibility with the National Curriculum for Physical Education. *EuropeanPhysicalEducation Review*, 2000, 6 (1): 27 –45.

② Cheung. D. , Wong. H. W. Measuring teacher beliefs about alternative curriculum design. *The Curriculum Journal*, 2002, 13 (2): 225 –248.

③ Beherts, D. Value orientations of physical education pre – service and inservice teachers. *Journal of Teaching in Physical Education*, 2001, 20 (2): 144 –154.

④ Beherts, D. , Vergauwen, L. Value orientations of elementary and secondary physical education teachers in Flanders. *Research Quarterly for Exercise and Sport*, 2004, 77 (2): 156 –164.

⑤ Ennis, C. D. , Zhu, W. Value orientations: A description of teachers' goals for student learning. *Research Quarterly for Exercise and Sport*, 1991, 62 (1): 33 –40.

⑥ Ennis, C. D. , Chen, A. Domain specifications and content representativeness of the revised Value Orientation Inventory. *Research Quarterly for Exercise and Sport*, 1993, 64 (1): 436 –446.

⑦ Ennis, C. D. , Chen, A. Teachers value orientations in urban and rural school settings. *Research Quarterly for Exercise and Sport*, 1995, 66 (1): 41 –50.

⑧ Martin, V. P. Educational value orientations and physical education goals. *Research quarterly for exercise and sport*, 1993, 64 (Suppl.): A –89.

⑨ Reeves, Patricia, M. Psychological development: Becoming a person. In M. Carolyn Clark & Rosemary, S. Caffarella (Eds.) . *An update on adult development theory: New ways of thinking about life course. New directions for adult and continuing education.* San Francisco: Jossey – Bass Publishers, 1999: 19 –28.

的教学决定；在面临选择教学问题解决方案时，女教师可能比男教师更为理智与淡定，长于以一种折中的思境审视之，并在轻松愉悦的教学氛围中巧妙地解决；长于将知识与学生的现实生活相衔接，更为巧妙地选择生活案例让学生以个人经验与生活履历为基础与知识对话，帮助他们建构自我知识体系，进而达成学校的培养目标。有研究也发现，与男教师相比，女教师对教学持有更坚定的信念和更好的实践。[1]因此，女教师在平衡学校、学科及学生的不同要求时，可能会表现出更高的精致性。生态整合取向重视学生、环境及知识等课程要素的和谐共生，而女教师的心理特质也决定了其课程设计的信念，比男性教师更倾向于生态整合取向。

在社会责任取向上，男教师的得分要明显高于女教师，这与贝赫茨（Beherts）和沃高温（Vergauwen）的研究结果相反。该研究发现，小学的女性教师比男性教师在社会责任取向上的得分明显要高。[2]这可能与不同国度的文化传统有关。在西方的文化脉络下，人们普遍认为女性具有养育儿童的天性，因此比男性更适合从事教师职业，尤其在小学层次。汉森（Hansen）指出，进入小学教学领域的男性发现他们自己"违反了主流文化的男性规定性"[3]，这样也就导致了男性和女性以不同方式看待特定的教育目的和性质。可见，在这一文化场域中，女性教师被赋予"天生是教师"的社会责任是不足为奇的。

长期以来，由于受我国传统文化和性别角色定位的影响，社会赋予男性女性的角色认同、角色期待有明显差异。女教师虽然普遍认同"男女平等"的观念，但是，认同还处于思想意识的表层，只有经过内化才能进入深层。因为"男女平等"并不是一个抽象的概念，在现实生活中具有相当丰富的内涵，需要女教师从根本上对它进行剖析与

---

① Su, S. H., Chan, H. G. A study of teachers' beliefs and behaviors regarding 1st – grade math teaching under the reformed curriculum. *Bulletin of Taiwan Normal University*, 2005, 50 (1): 27 – 51.

② Beherts, D., Vergauwen, L. Value orientations of elementary and secondary physical education teachers in Flanders. *Research Quarterly for Exercise and Sport*, 2004, 77 (2): 156 – 164.

③ Hansen, P., Mulholland, J. Caring and Elementary Teaching: The concerns of male beginning teachers. *Journal of Teacher Education*, 2005, 56 (2): 119 – 131.

内化。也就是说，女教师可能并未跳脱出"男治国，女持家""男主外，女主内"的社会文化心理格度，这一"刻板印象"是个体在社会化过程中形成的。有研究指出，女性和男性使不同的社会规范内在化，导致他们选择不同的职业类型。对于女性而言，社会化的过程导致他们进入辅助性专业领域，男性则被社会化进入商业和科学职业领域。[①] 在男女教师的早期儿童阶段，家庭是其性别社会化过程中最早的，也是最重要的因素。帕特里卡（Patrikakou）等的研究也发现，家庭对儿童的认知、社会化和情感的发展具有深远的影响。[②] 西格尔（Sigel）探讨了父母对儿童教养的信念与实践行为之间的关系，建构了信念—行为的基本模式。他特别说明了核心信念和实践信念与行为的关系。实践信念是由核心信念衍生出来的，所显示的是人们对某一种行动应如何做，比核心信念更能预测其所表现的行为。而核心信念是指我们除了对儿童教养特有的信念外，对其他宗教、政治及自我等领域都持有各种信念，较为广泛，较不可能预测其行为表现。[③] 由于受男女价值设定的"刻板印象"的影响，我国多数的学生家长可能没有超脱传统的性别价值观的影响，大多对男性的教养较重视其事业发展与专业发展，而对女性的教养则倾向于强调生活教育与家庭教育。这一传统的性别价值观通过家长的不断强化，逐渐渗入儿童的内心，或者说成为其价值结构中稳定的性别设定。当这些儿童成长为教师之后，男教师对社会责任取向的价值认同程度也就高于女教师。

（三）不同教龄的教师在课程观上的差异分析

表 3 - 7 的数据表明，不同教龄的教师在六个维度上都存在显著或极其显著差异。

---

① Smuylam, L. Choosing to teach: Reflections on gender and social change. *Teachers College Record*, 2004, 106 (3): 513 - 543.

② Patrikakou, E. N., Weissberg, R. P., Redding, S., Walberg, H. J. *School - family partnerships for children's success*. New York: Teachers college Press, 2005.

③ Sigel, I. E. *Parental belief system: The psychological consequences for children*. Hillsdale, NJ: Erlbaum, 1985: 358.

表 3 - 7　不同教龄的教师在课程观上的差异分析与多重比较

取向	1—5 年 (n=450)		6—10 年 (n=410)		11—15 年 (n=306)		16—20 年 (n=154)		21 年及以上 (n=204)		F	P	POST HOC
	M	SD	M	SD	M	SD	M	SD	M	SD			
学术理性	3.80	0.72	3.98	0.54	4.07	0.58	4.00	0.58	4.04	0.55	11.30	0.00**	A<B**，A<C**，A<D**，A<E**，B<C*
社会责任	3.87	0.59	4.06	0.54	4.05	0.53	4.12	0.53	4.01	0.49	10.08	0.00**	A<B**，A<C**，A<D**，A<E**
人文主义	4.04	0.54	4.10	0.47	4.16	0.50	4.15	0.55	4.00	0.64	4.28	0.00**	A<C**，A<D*，C>E**
学习过程	3.98	0.58	4.16	0.45	4.21	0.49	4.22	0.47	4.10	0.49	12.37	0.00**	A<B**，A<C**，A<D**，A<E**，C>E*，D>E**
折中主义	3.91	0.57	4.05	0.48	4.10	0.53	4.13	0.46	3.91	0.55	11.39	0.00**	A<B**，A<C**，A<D**，A<E**
生态整合	4.12	0.49	4.17	0.49	4.27	0.45	4.33	0.53	4.12	0.55	8.51	0.00**	A<C**，A<D**，B<C**，B<D*，C>E*，D>E**

注：* 表示 P<0.05，** 表示 P<0.01。

经事后检验发现，1—5 年教龄的教师和其他教龄段的教师在学术理性主义、社会责任、学习过程、折中主义取向上存在极其显著的差异，6—10 年教龄的教师与 11—15 年教龄的教师在学术理性主义、生态整合取向上存在不同程度的差异，11—15 年教龄的教师和 21 年及以上教龄的教师在人文主义、学习过程、生态整合取向上存在不同程度的差异，而 16—20 年教龄的教师与 21 年及以上教龄的教师在学习过程和生态整合取向上存在极其显著的差异。

1—5 年教龄的教师在学术理性主义取向上的得分明显低于其他教龄段的教师，而且，从他们在各种取向的得分上看，学术理性主义取向的得分也是最低的。可能的原因是，1—5 年教龄的教师在职前教育期间，正处于课程改革的深入发展阶段，教师教育课程结构也在根据新课程理念进行了不同程度的调整。同时，教师教育者从理论上对新课程理念的合理解读，也影响或改变了其课程观，为新课程的实施提供师资准备。研究数据也表明，1—5 年教龄的教师最认同生态整合与人文主义取向，这也反映了职前教师教育阶段对课程改革理念的贯彻力度。有研究调查了职前教师对教师教育的不同观点，发现通过教师教育计划，职前教师形成了关涉课程教学、学校成败的原因等类似或不同的信念，并认为教师教育计划建立了"高度的内在一致性的课程，因为持有共同观点的教师教育者似乎影响职前教师的观点向所期望的方向发展"[1]。因此，在课程改革理念的推广下，初任教师较为认同更具人文性关怀的课程价值取向。

6—10 年教龄的教师与 11—15 年教龄的教师在学术理性主义、生态整合取向上存在不同程度的差异，或许是由于成熟型教师经常被要求从事高年级的学科教学，导致他们比那些从事低年级学科教学的教师更为关注基本知能的掌握与智力因素的训练，例如初中的物理学科的课程标准，规定学生必须学习包括物质（物质的形态与变化，物质的属性，物质的结构与物体的尺度，新材料及其应用）、运动和相互

---

① Tatto, M. T. The influence of teacher education on teachers' beliefs about purposes of education, roles, and practice. *Journal of Teacher Education*, 1998, 49（1）: 66–77.

作用（多种多样的运动形式，机械运动和力，声和光，电和磁、能量的物理学）、能量（能量转化与转移，机械能，内能，电磁能，能量守恒，能源和可持续发展）三方面的基础知识。同时，从事高年级学科教学的教师，又要为升学考试做准备，关注点在于学科知识的精熟。达菲（Duffy）和麦斯尼（Metheny）曾假设，成熟型教师与新手教师相比，具有更广泛的、折中的信念，[①] 也更有可能持有积极的、自信的信念。[②] 这也反映了生态整合取向的特点，亦即在不同的学习阶段，对不同课程要素的重视程度也不同。斯基罗（Schiro）研究表明，从低年级教学到高年级教学的变化，推动了教师采用学术理性的意识形态（scholar academic ideology）。[③] 张善培的研究也发现，6—10 年教龄的教师与 21 年及以上教龄的教师在学术理性主义取向上存在显著差异，但其余教龄段的教师之间并不存在显著差异。[④] 虽然该研究结论与本书存在不同之处，但说明了教师的成熟期一般需要十年左右的时间，同时也检证了多数研究将教龄 10 年以上的教师界定为成熟型教师的观点。

研究表明，1—5 年教龄的教师与其他教龄段的教师在所有取向都具有不同程度的差异。或许是初任教师在职前阶段形塑的课程观具有理想化，以及教学经验较为不足等原因，表现出对自己教学能力的高度信心与不切实际的乐观，认为自己比他者更具解决日常教学问题的能力。蔡克纳（Zeichner）和戈尔（Gore）的研究显示，职前教师在

---

① Duffy, G. G., Metheny, W. *The development of an instrument to measure teacher beliefs about reading*. In Michigan State University. The Annual Meeting of the National Reading Conference. Michigan: Michigan State University, 1978. (ERIC Document Reproduction Service, No. ED163433)

② Chang, H. Y. *A study of education beliefs and teaching behaviors of teachers in cram school for the elementary and junior high school education*. Taipei: Tsaiwan Normal University, 2010.

③ Schiro, M. Educators' perceptions of the changes in their curriculum belief system over time. *Journal of Curriculum and Supervision*, 1992, 7 (3): 250–286.

④ Cheung, D., Wong, H. W. Measuring teacher beliefs about alternative curriculum design. *The Curriculum Journal*, 2002, 13 (2): 225–248.

培训项目的全过程中，也持有强烈的专业技能信念和完整的教学概念。[①] 这一自我认同由个人经验、知识结构和核心价值三个要素构成，影响其课程观的形态。然而，当教师进入现实的学校教育场域中，就会发现其形构的理想化的教学意象与现实并不相符，甚至存在冲突，这一冲突主要表现在学校传统文化及个人知识结构两个向度。一方面，一旦教学受到学校尤其是制度的左右，它对教师课程观的影响胜于教师自身的经验与价值观念的作用。教学传统尤其是学校传统可能是教师课程观与实践行动的主要影响。"传统可以被认为是具有高度效用的、理所当然的意义和实践，它存在于任何特殊的社会环境中……并在教师的可能行动范围中发挥着强大力量。"[②] 另一方面，尽管教师持有以学生为中心的教学和学习的信念，但是他们在课堂教学中可能不具践行其信念的能力，因为缺乏充分的实践知识。梅利亚多（Mellado）研究发现，教师关于教学和学习的概念和其课堂实践之间并不存在明显的因果关系。教师拥有的科学教育知识是理论化的、非个人性的和静态化的，它们与课堂教学需要的实践知识并没有多大的关联。[③] 西蒙斯（Simmons）等的研究也指出，教师信念和课堂实践具有非一致性。他将教师信念分为"学生中心"的信念与"教师中心"的信念两类。尽管许多初任教师持有"学生中心"的信念，但是只有10%的教龄为一年的教师实施以学生为中心的、基于探究的教学。[④] 因此，随着教龄的增长与经验的丰富，教师会在理想与现实中不断寻求一种平衡点，以保证课程活动的顺利进行。

同时我们也发现，21年及以上教龄的教师与6—10年、11—15

---

① Doolittle, S. A., Dodds, P., Placek, J. H. Persistence of beliefs about teaching during formal training of preservice teachers. *Journal of Teaching in Physical Education*, 1993, 12 (4): 355–365.

② Louden, W. *Understanding teaching: Continuity and change in teachers' knowledge*. London: Cassell Educaional Ltd, 1991.

③ Mellado, V. The classroom practice of preservice teachers and their conceptions of teaching and learning science. *Science Education*, 1998, 82 (2): 197–214.

④ Simmons, P. E., et al. Beginning teachers: Beliefs and classroom actions. *Journal of Research in Science Teaching*, 1999, 36 (8): 930–954.

年、16—20 年三个教龄段的教师，在学术理性主义、社会责任、折中主义取向上并没有存在显著差异，而在人文主义、学习过程、生态整合取向上存在显著差异，或许与教师生涯的发展阶段有关。21 年及以上教龄的教师群体中较多的是处于稳定但停滞的阶段。彼得森（Perterson）探讨了教师年龄的增长是否会对其教学工作产生影响，来说明生涯发展中的变化。研究结果发现，从 55 岁到退休这个阶段，因为生理的老化而逐渐消磨了教师的教学精力与热情，造成了"心有余而力不足"的状态。[1]

（四）不同学校类型的教师在课程观上的差异分析

表 3 - 8 的数据显示，不同学校类型教师的课程观，除了学术理性主义取向之外，在其他五种取向上都存在程度不同的差异。经事后检验发现，小学教师和中学、高中教师在社会责任取向上存在程度不同的差异，高中教师在学习过程、折中主义、生态整合取向上存在极其显著的差异；而初中教师和高中教师在人文主义、学习过程、生态整合取向上存在极其显著的差异。高中教师在社会责任、人文主义、学习过程、折中主义、生态整合取向上的得分最高。

表 3 - 8　不同学校类型的教师在课程观上的差异分析与多重比较

取向	小学 (n = 564)		初中 (n = 428)		高中 (n = 532)		F	P	POST HOC
	M	SD	M	SD	M	SD			
学术理性主义	3.94	0.70	3.92	0.59	4.00	0.53	2.60	0.08	
社会责任	3.94	0.57	4.02	0.56	4.05	0.53	5.67	0.00 **	A < B *, A < C **
人文主义	4.07	0.52	4.04	0.58	4.13	0.50	3.60	0.03 *	B < C **
学习过程	4.07	0.58	4.07	0.51	4.20	0.42	11.09	0.00 **	A < C **, B < C **
折中主义	3.96	0.55	4.00	4.57	4.06	0.48	4.67	0.01 *	A < C **
生态整合	4.12	0.49	4.15	0.55	4.29	0.46	17.94	0.00 **	A < C **, B < C **

注：* 表示 P < 0.05，** 表示 P < 0.01。

---

[1] Perterson, A. R. *Teachers' changing perceptions of self and others throughout the teacher career: Some perspective from an interview study of fifty retired secondary school teachers*. San Francisco: Jossey – Bass, 1979.

以往关于不同学校类型教师课程观之间差异的研究是不够的，尤其在课程价值取向的探讨方面。之前的研究多来自体育教育领域，该领域与本书所界定的课程价值取向虽然拥有一些相同的理论基础，但它们并非完全一致。研究发现，不同学校类型的教师在学术理性主义取向上不存在显著差异，而在其他五种取向上表现出程度不同的差异，这与埃尼斯等的研究结论不同。其研究表明，不同学校类型对教师的课程观影响很小。①② 张善培（Cheung）和吴本韩（Wong）的研究结果也是如此。③ 究其原因，可能与我国的课程整体设计理念有关。一般而言，中小学教师普遍认同课程设计的首要功能在于知识的承传，因此在学术理性主义取向上并不存在显著差异。同时，由于九年一贯制的课程设计，也导致了小学教师和初中教师在人文主义、学习过程、折中主义、生态整合取向上没有显著差异。但是，考虑到小学生心智发展的特征，小学教师会更为关注学生的兴趣、情感与意向，因此比初中教师更为重视人文主义取向。

本书发现，中学教师的社会责任取向的得分高于小学教师。这和贝赫茨（Beherts）和沃高温（Vergauwen）的研究结果一致。④ 这可能是因为中学和小学的培养目标各自有着不同的特点与关注面向。尽管中学和小学注重基础知识和基本能力的培养，但是，小学和中学的培养目标还是具有实质性的差异。一个显著的差异是利益集团在中学层次上的博弈，这些利益集团包括高校、工商业、金融业等，并共同影响学校的课程设置。尽管每一个利益集团的需要有着一定的重叠，中学课程必须考量它们之间的利益平衡。当不同的利益集团的影响力发

---

① Ennis, C. D. , Zhu, W. Value orientations: A description of teachers' goals for student learning. *Research Quarterly for Exercise and Sport*, 1991, 62 (1): 33 – 40.

② Ennis, C. D. , Ross, J. , Chen, A. Educational value orientations as a theoretical framework for experienced urban teachers' curricular decision making. *Jouranl of Research and Development in Education*, 1992, 25 (3): 156 – 164.

③ Cheung, D. , Wong, H. W. Measuring teacher beliefs about alternative curriculum design. *The Curriculum Journal*, 2002, 13 (2): 225 – 248.

④ Beherts, D. , Vergauwen, L. Value orientations of elementary and secondary physical education teachers in Flanders. *Research Quarterly for Exercise and Sport*, 2004, 77 (2): 156 – 164.

生变化，这一变动性可能会改变中学课程的关注面向。长期以来，我国的教育是社会取向的，学校教育必须要服从国家、社会的政治经济利益，学校首要的教育任务在于培养促进经济社会发展的人才，而初中阶段的结束也意味着义务教育的终结，学生面临着升学或就业的多元化选择，学生分流的趋势是现实存在的。同样，高中阶段也面临着同样的问题，这也就让中学教师有意识或自觉地承担起社会责任。这是社会责任取向中社会适应的向度。另一向度是社会改造，主要体现在学校课程与社会的互动，例如基础教育综合实践活动的课程形态。尽管从小学到高中都设置了综合实践活动，但是，小学生因为自身的特质、心智成熟程度不及中学生，对社会问题的认知、判断及解决能力也相对弱些。因此，他们参加社会活动的层次、范围、次数也不如中学生。在社会实践活动中，中学生参与社区的公益活动、文体活动等，虽然这并不必然与社会责任取向中的社会改造内涵完全吻合，但他们的行动表明了学校重视学生与社区的互动，它和社会责任的旨趣是相一致的。社会责任取向认识到个体协作参与社区活动以实现美好社会愿景的重要性，注重学校课程与社会的互动成为教师的职责。例如，中学教师可能通过承担监督学生社区服务活动的责任，确立了支持社会实践活动的立场。因此，中学教师可能认为自身应为社会发展目标担当更多的责任，从某种程度上说，对这一目标的认同与责任担当，可能是小学教师和中学教师之间在社会责任取向上存在差异的原因。

研究数据表明，高中教师在社会责任、人文主义、学习过程、折中主义、生态整合取向上的得分都高于小学与初中教师。这与靳玉乐、罗生全的研究结果不一致。他们发现，高中教师比小学和初中教师更为忽视科技发展、人文主义、社会重建和学术理性取向。这也许是由于该研究的取样来自四川省，该省在 2010 年秋季才正式启动高中新课程改革，而本书涉及全国东部、中部、西部地区的 17 个省（市、区），例如广东、山东从 2004 年即开始普通高中课程改革实验。高中新课程改革在启动之前都进行各种形式的培训工作。例如，教育部组织相关高校和研究机构对启动高中课程改革地区的教师进行培训。通过政策导向与实地培训的双重路径，让高中教师逐步认识与理解了新课程改革的理念，进而改变了他们对课程价值的理解。

（五）不同地区的教师在课程观上的差异分析

由表3-9可知，不同地区的教师在学术理性主义取向上存在显著差异，乡镇教师的得分要明显高于城市教师，在其他取向上无显著差异。

表3-9　　不同地区的教师在课程观上的差异分析与多重比较

取向	城市（n=1012）		乡镇（n=512）		t	P
	M	SD	M	SD		
学术理性主义	3.93	0.64	4.01	0.58	-2.29	0.02*
社会责任	4.00	0.57	4.02	0.23	-0.70	0.49
人文主义	4.10	0.52	4.05	0.24	1.88	0.06
学习过程	4.13	0.51	4.09	0.51	1.36	0.17
折中主义	4.00	0.54	4.02	0.52	-0.72	0.47
生态整合	4.20	0.49	4.15	0.53	1.72	0.08

注：＊表示 $P < 0.05$。

究其原因，首先，长期以来我国课程设计是知识取向的，即以各门学科知识为基准进行纵向逻辑组织，目的在于帮助学生储备知识以进一步研究相关学科领域，课程评价也就重在考核学生的知识量。因此，课程设计往往以专家编制的教科书为中心，教师的职责在于让学生掌握学科知识，培植学科认同的态度，以增强学生的学习成效。应该说，知识的储备是学生形成创新意识、创造能力的必要条件，同时也是升学考试首要的检验对象。加上农村中小学大多将升学率视为学校的命根，大多数家长和学生也把升学作为改变未来命运的法宝，认为只有考上大学才能进入城市生活，导致以知识教学、升学考试作为评价教学质量的唯一标准，教师自然也无法摆脱家长的期望与要求。有研究发现，家长对他们的子女及其教师具有高度期望，因为他们对

子女的学业成就具有高度期望。①为确保其子女的较高学业水平，他们
经常和教师保持密切联系。②梅耶（Mayer）的研究也表明，因家长对
学校教学的干预，教师不得不修正原来的教育信念。③在这种功利价
值取向下，学校更是以升学率作为唯一追求，"教师也将知识的传递
作为其唯一的职责，许多教师仅以教材为'圣经'，很少或几乎没有
哲学上的或理论上的指导准则"④。这样，学校以学生的分数及升学
率作为评价教师绩效的主要标准，也就要求教师加大学生的知识储备
量，满足学生的升学企盼。

其次，新中国成立后很长一段时间，苏联的凯洛夫教学理论一直
主宰着我国教育领域，并形成了一套较为完整、稳定的教学理念与原
理。而教学就是根据教学大纲规设的教学标准、教学内容、教学方
法、教学进程、教学评价，对学生施教的系统化活动。农村地区由于
教学资源、信息交流、师生素质、地理位置等不利因素，教师可能遵
循"复习旧课—导入新课—讲授新知—练习巩固—作业布置"传统的
"教学五步骤说"，缺乏对自己教学行为的反思。新课程改革倡导的基
本理念及其课程运作，要求教师的课程认知、专业知能和行为方式必
须随之改变。相比城市学校，农村学校的办学条件、经费保障、师资
素质等方面都存在差距，这对新课程方案的实施造成很大影响。一方
面，农村学校普遍班级人数较多，教师在教学过程中，不仅要兼顾不
同发展状态、不同学习水平的学生个体，还要达成学校设定的培养目
标。在双重的工作压力下，教师可能考量教学的便利性与效率性，因

① Cervantez, G. Effect of parent and teacher expectations on academic achievement of immigrant Mexcan youth. http：//www. sjsu. edu/socialwork/docs/298_ Assignment_ 4_ Example_ Cervantezx_ Griselda. pdf，2014 – 11 – 06.

② Sijuwade, P. O. A comparative study of family characteristics of Anglo – American and Asian – American high achievers. *International Education Journal*, 2001, 2（3）：161 – 167.

③ Mayer, R. *Recent research on teacher beliefs and its use in the improvement of instruction*. In American Education Research Association. The Annual Meeting of the American Education Research Association. Washington, DC：American Education Research Association, 1985.（ERIC Document Reproduction Service, No. ED 259457）

④ Bossé, M. J. The NCTM Standards in light of the New Math movement：A warning. *Journal of Mathematical Behavior*, 1995, 14（2）：171 – 201.

而直接参照现成的教案集或教学参考书所设定的教学步骤。如果调整、增删或重组课程内容，则需要付出不少的时间、精力、财力去搜寻并整合课程资源。一项研究也表明，因为班级人数过多，需要在班级管理上花费更多时间，在有限时间的压力下，教师转而采用传统教学方法。①加上期末考试带给教师的压力，这种测验不允许采用学生自主学习、反思与讨论的教学方法，迫使许多教师保持一种固化的教学进度。②长此以往，这也可能强化了教师对学术理性主义取向的高度认同。根据蒂宁（Tinning）的研究，教师会在自己的"行动理论"（theories – of – action）基础上运作教学，受到理论知识和实践知识的影响。这些行动理论是"实践者基于决定和行动的一套架构、信念和原理"③，是经验、直觉、思考的结果。所以，受现实环境、课程资源等因素的制约，如教师教育，教师背景，课程资源，包括管理者、家长和学生的观念在内的学校环境，以及授课备考等，这些都可能影响到教师课程观及其实践行为，导致农村学校教师偏重于学术理性主义取向。

另一方面，相对城市学校，农村学校中学习迟缓的学生要多，教师为照顾整体倾向于反复讲解让学生掌握知识。而城市学校中上述学生相对要少，教师所采用的教学方式也就更为多元。另外，新课程改革在强调学生获取基础知识和基本技能之余，还注重形塑其良好的情感、态度与价值观，并没有否定前者对于文化传承的重要性，在某种程度上也强化了农村教师的学术理性主义认同。

（六）不同职务的教师在课程观上的差异分析

表 3 – 10 表明，不同职务的教师，在社会责任和人文主义取向上

---

① Uzuntiryaki, Boz, Kirbulut, Bektas, O. Do pre – service chemistry teachers reflect their beliefs about constructivism in their teaching practices. *Journal of Research in Science Teaching*, 2010 (40)：403 – 424.

② Goelz, L. Teacher beliefs and practice：Consistency or inconsistency in the high school social studies classroom. http：//users. wfu. edu/goellj4/Research% 20Draft% 20Final. pdf, 2014 – 10 – 25.

③ Tinning, R. , Kirk, D. , Evans, J. *Learning to teach physical education*. Sydney：Prentice Hall, 1993：199.

存在程度不同的差异，而在学术理性主义、学习过程、折中主义及生态整合取向上不存在显著差异。这与埃尼斯（Ennis）和朱（Zhu）的研究结论不一致，该研究发现担任不同职务的体育教师对课程价值取向的影响很小。[①]

表 3 – 10　　不同职务的教师在课程观上的差异分析与多重比较

取向	校长/主任 (n=112)		教研组长 (n=110)		教师 (n=1302)		F	P	POST HOC
	M	SD	M	SD	M	SD			
学术理性	4.02	0.63	4.02	0.59	3.94	0.62	1.53	0.22	
社会责任	4.18	0.51	4.02	0.57	3.99	0.55	6.33	0.02*	A>B*, A>C**
人文主义	4.22	0.48	4.07	0.58	4.07	0.53	4.09	0.02*	A>B*, A>C**
学习过程	4.20	0.50	4.12	0.50	4.11	0.52	2.05	0.13	
折中主义	4.08	0.53	4.06	0.57	4.00	0.53	1.76	0.17	
生态整合	4.23	0.60	4.27	0.43	4.18	0.50	2.06	0.13	

注：* 表示 $P<0.05$，** 表示 $P<0.01$。

经事后检验表明，校长/主任在社会责任、人文主义取向上的得分明显高于教研组长、专任教师。究其原因，从学校层面上看，校长/主任具有落实课程改革理念的行政职责。新课程改革在注重统合社会发展和个人价值的基础上，对教育的本体价值与人文价值进行了深刻诠释。由于我国传统的教学文化很少明确倡扬人文性，人们往往关注的是教育的工具价值而忽视人文关怀，这种文化心理导致了教育的人文性严重缺位。在新课程改革推展之前，我国的教育目的基于社会对人才培养规格的要求来确定，强调的是"社会中心"的教育价值取向，仅仅体现出社会责任取向中的社会适应向度。而学校的培养目标也就缺乏普遍意义上的人文关怀，学生个体的个性特质、兴趣爱好、发展需求则被边缘化。因此，新课程改革在倡导社会责任之余，

① Ennis, C. D., Zhu, W. Value orientations: A description of teachers' goals for student learning. *Research Quarterly for Exercise and Sport*, 1991, 62（1）: 33–40.

同时关注学生个体的发展需求，启迪智慧、润泽德行、强健身心、形塑精神，以提升学生的内在心灵品性，体现了人文主义和社会责任的统合。新课程改革的精神与理念不仅需要教师教育者通过培训来宣导，也需要学校行政管理者向教师进行传达与落实，这就要求校长/主任对新课程改革的精神及理念进行合理而深刻的解读，同时结合本校实际进行创生与实践。因此，这些理念可能会嵌入其价值结构中并改变他们的思维方式。

　　另一个合理的解释是，教师在学校中担任的职务不同，所承担的职责也存在差异。作为行政管理者的校长/主任，既要从宏观上把握国家对人才培养规格的要求，以及科技界、企业界等社会领域的人才需求，又要从微观上做好教师管理、教学管理、学生管理等工作，解决学校在实施课程改革中出现的一些问题。而专任教师是具体课程与教学工作的承担者和实施者，也是教学活动顺利进行的保障者，包括课程目标的制定、课程内容及教学方法的选择、学生学业成绩的评价等工作。新课程改革不仅强调课程知识、教学方法要符合学生的能力，还推动校本课程建设并挖掘社区资源，与社会形成了紧密关系，必然导致教师课程观发生改变。需要指出的是，教师课程观在现实的课程情境中会受到很多外在与内在因素的影响。马克逊（Maxion）认为，教师信念是整全的教学实践的一部分。[①] 当外在和内在的影响因素补足了教师信念，教学实践和信念是一致的；当这些因素阻碍了教师信念，教学实践和信念是脱节的。外在因素包括生活经验、教育经验、课堂事件、学校课程要求、学生、行政的要求、理论知识、教育政策、家庭和同伴；内在因素包括个人的实践知识、文化、价值和人格、外在因素的内在化。课程活动是在特定的学校文化场域中展开的，对其影响最大的当属学校文化形态。然而，当前多数学校实施的科层化组织管理模式，用一系列严密制度控制教师的课程与教学活

---

　　① Maxion, S. P. *The influence of teachers' beliefs on literacy development for at - risk first grade students*. In American Association of Colleges for Teacher Education. The annual meeting of the American Association of Colleges for Teacher Education. Chicago, IL: American Association of Colleges for Teacher Education, 1996. (ERIC Document Reproduction Service, No. ED 392780)

动。康布莱斯（Cornbleth）认为，科层管理的学校文化在管理上强调"权威和地位"，这是对有意义教学和学习的首要不利条件。"权威和地位"意味着遵从学校制度，保持课堂、走廊和其他设施的整洁及安定。① 这意味着集权制度是教学和学习得以展开的先决条件。例如，统一的教学进度、结构化的教学素材、外在化的考试等阻碍了教师对不同教学观点的整合，也阻碍了有利于学生有意义学习、批判性思考的教学展开，进而影响教师课程观的实践转化。崇尚"权威和地位"的学校文化，不仅是个人、科层及森严管理的产物，也是由应试功利文化所造成的。事实上，社会、学生、家长等主体，更多的是以升学率的高低作为评价教育质量的依据。如果课程设计以人文主义取向为主导，不可避免会引起不同利益主体的价值冲突。例如，学生家长最关注的是其子女能否以高分升学而享有优质的教育资源。这样，课程设计必须在不同利益者之间寻找一个平衡点，来调和他们之间相互矛盾的利益诉求。换句话说，如果教师既要促使学生达成自我实现，又要确保其顺利升学是非常难的。各种考试是教师的主要压力源之一。迫使许多教师维持一种严密的教学进度，而不考量以创造性教学方法促进学生的学习、反思和讨论。马斯金（Muskin）也指出因为教师必须完成考试所要求的知识教学，他们只将极少的时间花费在建构主义的学习活动上。这也导致了一些乐于实施以"学生中心"的学习活动的教师，又回到许多教师不愿意但又往往采用的讲授方式。同时，班级规模也是影响非传统教学方式的负面因素。② 因此，上述因素可能是专任教师在社会责任及人文主义取向上得分低于校长/主任的原因。

（七）不同学历的教师在课程观上的差异分析

表 3-11 的数据显示，不同学历的教师在学术理性主义、社会责

① Cornbleth, C. Climates of constraint/restraint of teachers and teaching. In W. B. Stanley. *Critical issues in social studies research for the 21st century*. Greenwich, CT: Information Age Publishing, 2001.

② Muskin, C. *Constraint of teaching methods and opportunity to learn in high school history classes*. In American Educational Research Association. The annual meeting the American Research Association. Washington, DC: American Educational Research Association, 1990. (ERIC Document Reproduction Service, No. ED322038)

任、学习过程取向上存在程度不同的差异，在人文主义、折中主义和
生态整合取向上未发现显著差异。

表 3 - 11　　不同学历的教师在课程观上的差异分析与多重比较

取向	研究生 (n = 160)		本科 (n = 1020)		专科及以下 (n = 344)		F	P	POST HOC
	M	SD	M	SD	M	SD			
学术理性	3.79	0.55	3.97	0.63	3.98	0.62	6.22	0.00 **	A < B **, A < C **
社会责任	3.86	0.51	4.03	0.57	3.99	0.52	6.64	0.00 *	A < B **, A < C *
人文主义	4.14	0.52	4.08	0.53	4.07	0.56	1.61	0.31	
学习过程	4.07	0.45	4.14	0.52	4.06	0.52	3.88	0.02 *	B > C **
折中主义	3.96	0.48	4.03	0.54	3.97	0.51	2.52	0.08	
生态整合	4.23	0.52	4.20	0.51	4.13	0.46	2.89	0.06	

注：* 表示 $P < 0.05$，** 表示 $P < 0.01$。

经多重检验分析表明，研究生学历的教师在学术理性主义、社会
责任取向上的得分要明显低于其他学历的教师；在学习过程取向上，
本科学历教师的得分高于专科及以下学历的教师。靳玉乐、罗生全的
研究也发现，不同学历的教师在科技发展、人文主义、社会重建及学
术理性主义取向上存在不同程度的差异。[1] 而埃尼斯（Ennis）和张善
培（Cheung）等的研究发现，不同学历的教师在课程价值取向上没有
显著差异。[2][3]

研究生学历的教师在学术理性主义取向上的得分要明显低于其他
学历的教师，这可能与我国高等教育在不同学历层次上的培养目标有

---

[1]　靳玉乐、罗生全：《中小学教师的课程价值取向及其特点》，《课程·教材·教法》
2007 年第 4 期，第 4—9 页。

[2]　Ennis, C. D., Zhu, W. Value orientations: A description of teachers' goals for student
learning. *Research Quarterly for Exercise and Sport*, 1991, 62 (1): 33 - 40.

[3]　Cheung, D., Wong, H. W. Measuring teacher beliefs about alternative curriculum de-
sign. *The Curriculum Journal*, 2002, 13 (2): 225 - 248.

关。研究生、本科生及专科生的培养模式上存在着本质差异。本科生和专科生主要是通过课程学习、练习观察和实验操作等途径进行培养的。进言之，这些实践活动的主要目的在于增进学生对教育理论的认识与理解并转化为实践行为。研究生则主要是通过对教育理论及实践中的一些问题进行研究，培养其独立进行教育研究的意识和能力。因此，本科和专科教育更重视培养学生的实际操作能力，而对研究生的培养则更注重培养学生的科学研究能力。这也就要求研究生从学理高度上探讨一系列的课程与教学问题。因此，他们对人的发展这个教育的根本问题进行考察的角度也可能全面些，而不把教育价值仅仅框束在传递知识的单向度上。同时表明，研究生学历的教师在研究生阶段所经受正式的教师教育，较大地影响了其课程思维方式。舒尔曼（Shulman）指出，教师信念源自学科知识的累积、教育的素材与结构、正式的教师教育和实践智慧。[①] 罗蒂（Lotie）也认为，教师和课堂教学经验有助于学科教学知识（pedagogical content knowledge）的发展，然而，教师教育中提供的学科知识，有助于发展准教师的学科和课程知识。[②] 那么，为什么研究生学历的教师在社会责任取向的得分要低于其他学历的教师呢？可能的原因是，大多数高校过于注重培养研究生的学术能力，并未真正将研究生的素质教育置于要位考量。往往认为进入研究生群体的学生已具有较高素质，专心做学问是核心任务，而忽略了对其世界观、人生观、价值观及其他素质方面的教育，同时也缺乏组织研究生素质教育的有力手段以及系统有效的活动，这也可能导致研究生过分强调个体意识而忽略了社会责任。

从学习过程取向上看，本科学历的教师与专科及以下学历的教师存在极其显著的差异，前者的得分明显高于后者。究其原因，可能是本科学历的教师大多数是中学教师，普遍承担着较大的升学压力，而有限的教学时间，也导致教师在课程设计上更为注重与考试大纲要求

---

① Shulman, L. S. Knowledge and teaching: Foundation of the new reform. *Harvard Educational Review*, 1987, 57（1）: 1 – 22.

② Lortie, D. *Schoolteacher: A sociological study.* Chicago: University of Chicago, 1975.

的相关课程知识。布拉舍（Blasé）对小学、初中及高中的教师进行
调查后强调，时间是一个最重要的限制条件，但它往往被视为独立于
其他限制条件的、直接影响教师教学的时间。而学生管理、学生厌
学、学生逃课、不合理的教学进程、班级规模等，这都是约束时间的
条件。① 这些现象的交织导致了时间的耗散，使得中学教师将主要的
时间放在基础知识获取与认知技能的训练上，以迎合外在化教育评
价，导致本科学历的教师趋向于学习过程取向。而大专及以下学历的
教师多数为小学教师，义务教育阶段的升学直通车决定了他们并没有
承担与中学教师同等的升学压力，对课程设计的选择方案也更富自主
与弹性。

　　在折中主义、人文主义及生态整合取向上没有显著差异，可能原
因是形势所趋与教育现状的要求。新课程改革推行的决策主体多元、
决策权力分享的课程政策，由原来国家一统的课程模式走向国家、地
方和学校三级管理的格局，也赋予了教师更多的课程决定权。另外，
国家课程标准以统合学生的知识获取和自我发展为主要目标，为学习
成果应达到的目标规设了底线标准，不同于以前的教学大纲对学生的
知识和技能掌握设定最高、一统的标准。它承认每一个体存在与发展
的独特性和差异性，为学生个体经验和课程知识的联结及个体知识的
创生提供了保障。因此，一方面，教师在课程与教学活动中也可能较
为关注学生的发展需求，并对自我的课程实践进行批判性反思，促进
其专业发展；另一方面，新课程改革及终身学习的理念的普及，也可
能使教师经常通过教学观摩、教研活动、在职学历进修等多元的路径获
取教育知能，也在一定程度上改变了教师对课程的认识。还有，多媒体
使用的便利，教学资源的增多，也为教师专业成长提供了基础。

（八）教研活动对教师课程观影响上的差异分析

　　从表3-12数据可知，参与不同教研活动形式的教师，在学习过
程、折中主义、学术理性主义、生态整合和社会责任取向上存在不同

---

① Blasé, J. J. A qualitative analysis of sources of teacher stress: Consequences for perform-ances. *American Education Research Journal*, 1986, 23（1）: 13-40.

程度的差异，而在人文主义取向上没有发现显著差异。

表 3 - 12　教研活动对教师课程观影响上的差异分析与多重比较

取向	学校组织 （n = 1206）		自发组织 （n = 162）		不常参加 （n = 156）		F	P	POST HOC
	M	SD	M	SD	M	SD			
学术理性	3.98	0.62	3.96	0.54	3.79	0.69	6.46	0.00**	A > C**， B > C*
社会责任	4.03	0.55	3.92	0.57	3.86	0.57	8.35	0.00**	A > B*， A > C**
人文主义	4.09	0.53	4.01	0.57	4.10	0.52	1.99	0.14	
学习过程	4.12	0.51	4.15	0.48	4.02	0.57	3.03	0.05*	A > C*， B > C*
折中主义	4.02	0.53	4.00	0.48	3.90	0.57	3.65	0.03*	A > C*
生态整合	4.20	0.51	4.08	0.48	4.18	0.46	3.93	0.02*	A > B**

注：＊表示 P < 0.05，＊＊表示 P < 0.01。

经事后检验可知，经常参加教研活动的教师、参加自发组织的教学讨论的教师，在学习过程、社会责任取向上的得分高于不常参加教学组织活动的教师；经常参加教研活动的教师与不常参加教学组织活动的教师在折中主义取向上存在显著差异；经常参加教学组织活动的教师在学术理性主义取向上的得分高于不常参加教学组织活动的教师；经常参加教研活动的教师与不常参加教学活动的教师在生态整合取向上没有显著差异。

经常参加教研活动的教师在折中主义取向上的得分明显高于不常参加教学组织活动的教师，可能与教研活动利于改善教学品质、增进个人的批判性反思意识与能力有关。教研活动主要是通过教学观摩、教学研讨等形式展开的，其中，"教学观摩是教师获得实践知识的重要来源"[①]。通过教学观摩活动，教师可以在平等互利的基础上根据各

---

① Pailliotet, A. W. I never saw that before: A deeper view of video analysis in teacher educa-tion. *Teacher Educatior*, 1995, 31 (2): 138 - 156.

自的教学观点对观摩课进行批判性审视，汲取新的教学观念和有效教学的策略，检视自身各项教学技能的表现。可见，教学观摩的功效来自教师基于观摩后的反馈、讨论、反思与评析，为教师反思自我的教学理念及经验构筑了一个开放性平台。教师在教学观摩中获得的实践知识，可以迁移到自身的教学实践中。教学过程是一个动态、生成、复杂的系统，决定了教师要根据实际教学情境反思课程计划、课程内容、教学方式及教师角色等方面，并将反思结果运用于教学实践，培养学生问题决策与解决问题的能力。这体现了教师反思批判能力的重要性，这是折中主义取向所关注的面向。康奈利（Connelly）指出，通过反思去重构、重建一种叙事，来"再造"（remakes）我们既有的理所当然的、惯常的方法，以回应我们的课程情境。① 但是，不常参加教学组织活动的教师，可能缺乏对自我教学实践的反思，往往局限于自己的教学经验和知识的狭小空间内，缺少交流与对话，也就不能进行相互间教学经验的探讨及改进，也不能很好地处理教学过程中的突发问题及有效地培养学生解决问题的意识与能力。这样既难改进教学，也不利于专业成长。

在学术理性主义和学习过程取向上，不常参加教研活动的教师的得分是最低的，这可能与经常参加教研活动的教师注重对学生基础知识与基本技能的强调有关。新课程改革并不排斥学术理性主义和学习过程取向，而是强调根据学习阶段、学科内容、学生特点的变化，实现不同价值取向之间的优化整合。事实上，学生对基础知识的掌握及认知能力的发展是达成课程目标的重要面向之一，加上一些学校在绩效文化观照下的教研活动，也显在或潜隐地强化了教师的课程设计取向。这样，教师可能也就较为关注对学生的监控和教学进度的预期。奥尼尔（O'Neill）指出，监控和教学进度是互补的概念，教学进度的修正，需要依靠成功的监控学生学习表现。监控是指对于每个学生学习情形的检核，以及作业的辅导，而教学进度是指关注教学的行进

---

① Connelly, F. M. , Clandinin, D. J. *Teachers as curriculum planners*. New York：Teachers College Press, 1988：39.

速度或单元教材的比重，适当调整教学速度，使学生能有最佳的学习进度。① 因此，教师无论在学校组织的教研活动，还是参与自发的组织活动，可能在不同程度上都受到学校绩效文化的影响，因此也就将如何有效地达成"双基"的课程目标作为首要任务。

经常参加学校组织的教研活动的教师，在生态整合取向上的得分上明显高于经常参加自发组织活动的教师。这可能归因于学校组织的教研活动具有明确的目的性、计划性与组织性，它由特定的负责人组织，一般针对课程活动中的学校要求、学科知识、学生发展的一些实际问题，事先确立需要研讨的主题，鼓励教师深刻思考学校、教育、学生以及教师的内涵，分析理想和现实的差距，进而探求确切的解答。这一形式的活动更能从全局上处理学生、学科和学校要求的关系，容易对课程形成一种整体理解；而自发组织的教学活动，往往是教师之间探讨他们在教学中所遇到的一些教学困惑与课程问题。与前者相比，主题较不具有明确的目的性和系统性，甚至呈现自发性、随意性与零散性的特征，属于一种纯粹意义上的经验交流，也决定了教师很难对课程形成一种整体视角。那么，为什么在社会责任取向上，经常参加学校组织的教学活动的教师的得分最高？可能是由于学校组织的教研活动与教师自发组织的教学活动存在着实质性差异。从社会对教育要求的层面上说，前者一般从学校教育所承担发展社会的功能出发来探讨一些学校的课程与教学问题，它较为关注学校课程对于社会进步的责任担当，是国家意志在课程活动上的体现，具有规范性的特征，教师在其影响下也就强化了社会责任取向；而后者是教师自发地对于一些课程与教学问题的探讨，具有非规范性的特征，无论从问题探讨的高度还是广度和深度，可能都不及前者。

（九）新课程培训对教师课程观影响上的差异分析

从表 3-13 的数据来看，参加新课程培训次数不同的教师，在学术理性主义和社会责任取向上具有显著差异，在学习过程取向上存在

---

① O'Neill, G. P. Teaching effectiveness: A review of the review. *Canadian Journal of Education*, 1988, 13（1）: 162-185.

极显著差异。

表 3 – 13 新课程培训对教师课程观影响上的差异分析与多重比较

取向	从未参加过 (n = 142)		参加过 1—2 次 (n = 772)		参加过 3 次或 以上 (n = 610)		F	POST HOC
	M	SD	M	SD	M	SD		
学术理性	3.91	0.70	3.93	0.62	4.00	0.59	3.22	B < C*
社会责任	3.91	0.57	3.99	0.55	4.04	0.55	3.64	A < C*
人文主义	4.06	0.51	4.09	0.54	4.08	0.53	0.16	
学习过程	3.97	0.55	4.10	0.49	4.16	0.53	8.26	A < B**，A < C**，B < C**
折中主义	4.05	0.54	4.00	0.51	4.01	0.56	0.48	
生态整合	4.14	0.48	4.18	0.49	4.21	0.53	1.60	

注：* 表示 $P < 0.05$，** 表示 $P < 0.01$。

经多重检验显示，参加 1—2 次新课程培训的教师与参加 3 次或以上的教师相比，在学术理性主义取向的得分要低。从社会责任取向上看，从未参加过教师培训的教师的得分明显低于参加 3 次或以上的教师。而参加过 3 次或以上的教师在学习过程取向的得分明显高于从未参加过教师培训的教师与参加 1—2 次的教师。这与靳玉乐、罗生全的研究结果不一致。[1] 他们研究发现，参加新课程培训对教师的学术理性主义取向的影响很小。与童莉的研究结果不同，该调查发现，从未参加过新课程培训的教师与参加过培训的教师相比，更加认同学术理性主义取向，并随着参与培训次数的增加而支持率递减。[2] 研究结果的差异，可能与取样的范围广度相关。但是，不同的研究结果检证了一个共同的问题：新课程培训项目在形塑教师的"后设课程取向"方面成效不彰。

---

[1] 靳玉乐、罗生全：《中小学教师的课程价值取向及其特点》，《课程·教材·教法》2007 年第 4 期。

[2] 童莉：《初中数学教师的课程价值取向的调查分析》，《数学教育学报》2008 年第 2 期。

　　我国新课程改革是伴随着大规模、大范围及多层次的新课程培训
而推展的，意在促使教师转变传统的课程理念，重新对教育中的人的
价值进行设定，并统合人与知识、社会的关系，期望教师更新或发展
课程观来引导课程设计，因为基于"后设课程取向"的课程设计是全
球性课程发展的趋势。鉴于此，新课程培训的原意在于促使教师认
识、理解不同课程价值取向的价值内涵，并通过它们之间的优化整
合，从整体视野上进行课程设计。但是，我们发现，参加过新课程培
训的教师和从未参加新课程培训的教师相比，在学术理性主义、学习
过程及社会责任取向上不存在显著差异，而在人文主义、折中主义、
生态整合取向上存在显著差异，这与新课程培训促使教师形塑后设课
程取向的初衷相悖。究其原因，可能是教师教育者未能让教师体认到
后设课程取向的学理意义与对于课程实践的重要价值，也就是说，它
并未触及教师深层次的课程思维方式。这表明，教师培训项目自身存
在一些问题，它的主要表现有三：其一，正如蔡克纳（Zeichner）和
塔巴奇尼克（Tabachnick）所言，教师教育者提供的项目信息可能不
具持续性或稳固性。① 包括课程专家、师训机构的培训者等教师教育
者，从各自的前提预设出发，对新课程改革理念进行了不同的诠释，
导致参加培训的教师对新课程理念认识上的困惑，因为在解构了原有
的课程设计的合理性之时，并不能促使教师重构新课程改革倡导的课
程设计范型，使得教师仍旧缺乏将各种课程价值取向进行有机统合的
能力。其二，培训项目可能和参与培训教师的课程观不一致并产生认
知失调，致使他们拒斥培训项目提供的知能，因为它"不符合教师当
前的态度，拒斥改变就可能发生"②。有研究认为，因为教师教育者的
信念经常和被培训者的信念不同，所以就产生了这一情况。③ 斯米利

---

　　① Zeichner, K. M. , Tabacknick, B. R. Are the effects of university teacher education
"washed out" by school experience. *Journal of Teacher Education*, 1981, 32（3）: 7 - 11.

　　② Waugh, R. , Punch, K. Teacher receptivity to system - wide change in the implementation
state. *Review of Educational Research*, 1987, 57（3）: 237 - 254.

　　③ Doolittle, S. A. , Dodds, P. , Placek, J. H. Persistence of beliefs about teaching during
formal training of preservice teachers. *Journal of Teaching in Physical Education*, 1993, 12（4）:
355 - 365.

（Smylie）对经历一个教师培训周期的 56 名教师进行分析，得出了"教师的认知和信念是个人改变最重要的预报器"[1] 的结论。其三，教师教育者和参加培训的教师，都将项目视为改进教学行为的教学技能，而不是改变教师的核心信念。或许最可信的解释是，培训项目设计并非为帮助教师审视及直面自己的信念系统，而是为了保障学科教学的进行。尽管更多的教师教育者认识到教师前在信念的力量，这是他们认同并汲取培训项目所提供知能的关键所在。但是，很少有教师教育者具有充足的技能来帮助教师明确地表达、共享、讨论或辨识他们的课程观形态。辩证地看，新课程培训虽然在培养目标及运作机制上存在着一些问题，但在某种程度上改变了教师对课程的看法，而教师对课程认知的变化，也可能强化了他们对某些课程价值取向的认识，因此培训项目是具有一定成效的。

在参加过新课程培训的教师中，培训过 3 次及以上的教师与培训过 1—2 次的教师、从未参加过培训的教师相比，在学术理性主义、学习过程和社会责任取向上的得分最高，这和靳玉乐、罗生全的研究结果相同。他们发现，随着培训次数的增加，教师对某些课程价值取向的认同度在回升，坚持对中小学教师进行新课程师资培训是有成效的。[2] 例如，在社会责任取向上，从未参加过教师培训的教师比参加 3 次或以上的教师的得分要低得多，可能是教师通过培训重新定位了学生与社会之间的关系，不仅要求学生掌握基础知识和基本技能以适应社会生活，还倡导学生用所学知能来解决社会问题，促进社会发展，这与新课程改革理念是相符的。在人文主义、折中主义及生态整合取向上没有显著差异的情况表明，教师普遍认同这些课程价值取向的价值，对于从未参加过课程培训的教师而言，他们与不定时参加新课程培训项目的教师共事，也可能受到新课程理念观照下教师文化的

---

[1] Smylie, M. The enhancement function of staff development: Organizational and psychological antecedents to individual teacher change. *American Educational Research Journal*, 1988, 25 (1): 1-30.

[2] 靳玉乐、罗生全：《中小学教师的课程价值取向及其特点》，《课程·教材·教法》2007 年第 4 期。

涵化。一些研究结果支持了教师信念在教育培训项目中可能发生改变的事实，如费曼·纳姆塞（Feiman - Nemser）等对 91 名职前教师的研究发现，初涉培训项目的职前教师将教学简单地视为陈述，而经由培训后的职前教师则把教学视为更具复杂的过程。霍林斯沃斯（Hollingsworth）的研究也显示，进入教师培训项目的职前教师持有稳固的教学和学习的信念，并描述了职前项目提供的经验是促使那些信念和观念改变的结果。[①]

（十）不同区域的教师在课程观上的差异分析

表 3 - 14 中的数据说明，不同区域的教师，在六种取向上均存在极其显著的差异。

表 3 - 14　　不同区域的教师在课程观上的差异分析与多重比较

取向	东部 （n = 540）		中部 （n = 554）		西部 （n = 430）		F	P	POST HOC
	M	SD	M	SD	M	SD			
学术理性	3.91	0.59	3.88	0.67	4.11	0.56	18.91	0.00**	A < C**， B < C**
社会责任	3.95	0.52	3.98	0.54	4.09	0.60	7.29	0.00**	A < C**， B < C**
人文主义	4.04	0.57	4.03	0.48	4.21	0.52	16.69	0.00**	A < C**， B < C**
学习过程	4.11	0.51	4.04	0.54	4.23	0.47	17.56	0.00**	A < C*， B < C**
折中主义	3.93	0.53	3.95	0.53	4.18	0.49	32.67	0.00**	A < C**， B < C**
生态整合	4.14	0.54	4.10	0.49	4.36	0.42	36.31	0.00**	A < C**， B < C**

注：*表示 p < 0.05，**表示 p < 0.01。

① Hollingsworth, S. Making field - based programs work: A three - level approach to reading education. *Journal of Teacher Education*, 1988, 39 (4): 28 - 36.

通过事后检验发现，东部地区和西部地区的教师在学术理性、社会责任、人文主义、学习过程、折中主义、生态整合取向上都存在不同程度的差异；中部地区和西部地区的教师在所有取向上都存在极显著的差异。

教育的发达程度与区域的经济结构、产业结构有着紧密关联，教育投入高低体现在区域教育发展水平的差距上。近年来，国家通过一系列重大政策和专项工程的实施，有效遏制了城乡教育发展差距扩大的趋势，生均仪器设备、生均预算内经费和专任教师学历合格比例等逐步缩小。但是，由于西部的地理位置及经济发展状况的原因，不同区域的教育发达程度及教育投入的差距是客观存在的。2004 年，中部地区小学、初中生均拨款均低于西部地区，其中生均预算内公用经费约低 20%，与东部地区差距更大。全国尚有 113 个县（区）的小学、142 个县（区）的初中生均预算内公用经费为零，其中 85% 以上集中在中、西部地区。2008 年底，在全国尚未实现"两基"的 27 个县当中，有 24 个在民族地区。[①] 有研究显示，当前欠发达地区的课程改革"排在前三位的主要困难分别是缺少课程资源、时间紧和缺乏指导。缺少课程资源是教师实施新课程遇到的最突出问题，又以农村地区表现最为突出。时间紧和教师负担过重问题也很突出，对教师的专业支持和引领以及实施的政策和经费保障（尤其是评价制度）都是不容忽视的"[②]。因此，2012 年国务院颁布《关于深入推进义务教育均衡发展的意见》，教育部、国家发展和改革委员会与财政部于 2013 年联合颁发《关于全面改善贫困地区义务教育薄弱学校基本办学条件的意见》，统筹城乡义务教育资源均衡配置，加快缩小区域、城乡教育差距，促进基本公共教育服务均等化。

长期以来，由于"双基"理论一直主导着课程设计模式，并嵌入人们思想深层的思维方式，加之西部教育的落后及国家的教育政策导

① 陶西平、袁振国：《加强统筹协调促进教育公平》，《教育研究》2010 年第 7 期。
② 马云鹏：《基础教育课程改革：实施进程、特征分析与推进策略》，《课程·教材·教法》2009 年第 4 期。

向，教师将达成"双基"任务作为课程设计的重点与依托，"在日常
教学活动中，最受关注的仍然是应试的知识和技能的训练，探究能
力、批判精神、创造性、责任感与合作态度仍然被忽视"，"由于
'应试'导向，教师追求高、深、难的现象依然普遍存在"①。相比于
东、中部地区教师，西部地区教师更重视学术理性主义、学习过程取
向是有历史根源和现实依据的。同时我们也看到，西部地区教师对学
习过程取向的重视，也反映出他们对使用教育信息技术的期望，因为
信息技术与课程设计的整合，是实施有效教学、提升学生学业成绩的
重要手段，而西部地区学校的"教师缺乏基本的信息技术教学手段，
加上学校运行经费的解决渠道不畅，农村学校课改面临着许多困
难"②。计算机、多媒体等设备及设施的不足，使得教师和学生很少或
者只能与其他班级共用有限的信息技术资源。

　　然而令人困惑的是，西部地区教师在各种取向上的得分都明显高
于东部地区教师，假定解释是，西部地区教师课程观处于进退两难的
状态，反映在课程设计上，既难以摆脱传统课程观的影响，又不得不
面临新课程改革理念的挑战，在两者的碰撞中，他们的价值认同系统
产生了二律背反现象，也很难对基于各种课程价值取向的课程设计中
进行价值评判及有机整合。西部的地理位置、经济结构及教育发展水
平等不利因素，导致了西部地区教师的课程观相对滞后与保守，在新
课程改革的冲击下，教师长期秉持的课程观面临着极大挑战，重构教
师的课程观也就成为新课程培训的责任担当。尽管改革者在全国范围
内从不同层次、不同角度对教师进行新课程理念的宣传，但是，教师
教育者对教师原有课程观以及其效用的认识是不够的，同时也没有充
分考量培训项目与教学现实的适切性问题。教师教育者企盼教师通过
新课程培训以改变其原有的课程观及教学实践，既要在教学过程中满
足学生的不同需求，又要使课程活动合乎规范及提升学生学业成绩，

---

① 顾明远、张民生：《推进素质教育》，《教育研究》2010 年第 7 期。
② 马云鹏：《基础教育课程改革：实施进程、特征分析与推进策略》，《课程·教材·教法》2009 年第 4 期。

这也就加大了教师的工作压力。进一步说，这一艰巨任务的完成，不仅需要教师审视当前的课程实践，还要汲取创生课程的实践知能，才能在尊重学生个体差异的基础上赋予所有学生充分的学习挑战。事实上，参训教师的前在经验已形成了其不同的课程观，并会以多种方式抵制教师培训的内容。这些信念的持久性突出了教师前在信念的力量，对教师的学习内容选择造成极大影响。即使提供目标明确、一致性程度高的项目信息，但教师仍旧从项目中获取不同的信息，因为信念系统形构于早期并起到对项目信息的过滤作用。它不仅是教师判定教学优良与否的角色模型，并始终作为对教师教育所提供的观点进行评判的参照依据。布鲁纳（Bruner）指出，许多人拥有一种"民间教育学"，它反映了某些人的稳定的倾向及一些根深蒂固的信念。基于此，布鲁纳提出了一种新的甚至是革命性的观点：教师教育者在将课堂教育实践理论化的同时，最好考量那些从事教学及学习的人所拥有的这种民间理论。① 但是，当前的教师培训项目缺乏专业规范，教师教育的目的与学科知识、教学实践存在着较大冲突，即什么样的学习要被重视、如何包容课程的多样性，如何在实践中实施等问题是需要正视的。应该说，参加培训的教师可能与教师教育者追寻的理想教学持有不同的观点，致使教师很难在现实的学校环境中就如何实施当前改革要求的目标与教师教育者达成共识。奥恩斯坦（Ornstein）和霍金斯（Hunkins）认为，如果要推展课程变革，课程参与者必须接受及努力改变价值取向。如果教师不调整他们的价值结构而产生任何的改变，这将可能是短期的。② 新课程改革期望以教师培训项目促使教师课程观的转型，但是教师培训目标的理想设定与现实教学实践普遍缺乏一致性观点，这可能是导致西部地区教师的课程观出现矛盾与冲突的原因所在。

（十一）不同学科的教师在课程观上的差异分析

从表 3 – 15 的数据可以看出，不同学科的教师在学术理性主义、

---

① Bruner, J. *The culture of education.* Cambridge, MA：Harvard University Press, 1996：46.

② Ornstein, A. C., Hunkins, F. P. *Curriculum：Foundations, principles, and issues.* Boston：Allyn and Bacon, 1998：300.

学习过程和生态整合取向上存在极显著的差异，在折中主义取向上存在显著差异。

经事后检验发现，语文教师与其他学科的教师在学术理性取向上的得分要低于科学教师，语文教师在生态整合取向上的得分明显高于数学教师，在学习过程取向上，英语教师的得分明显低于科学教师。但是，科学教师在折中主义取向上的得分要高于语文教师、英语教师及其他学科的教师。

我国科学教师最重视学术理性主义、学习过程取向，可能的解释是，其一，长期以来，我国的学校课程采用理性化的课程设计模式，课程设计者对课程目标进行概述，并对学习目标进行分解和详述，围绕既定目标的课程实施也就呈现了技术化程式的特征。同时，也注重学生认知能力的发展，但这种发展是建立在为更好地获取知识的基础之上的。新课程改革强调学生是决定自我科学素养的重要角色。"学习科学是学生做某事，而非为学生做某事。"① 学生参与科学探究包括探寻问题、计划和实施调查、使用合适的工具和技术搜集数据，对证据和解释之间的关系进行批判、逻辑的思考，建构并分析可资选择的解释，相互交流科学的论证。然而，传统的课程文化对科学教师的课程观及教学实践的影响是根深蒂固的。正如托宾（Tobin）和麦克罗比（McRobbie）对制度化科学课程和阻碍初中科学课程改革的因素进行调查后指出，在现实的学校课程活动中存在着四种文化迷思（myths），它形成于教学过程中的师生关系，包括知识传递、有效性、维持课程的严密性和为学生顺利通过考试的教学准备。② 知识传递的迷思，表现为教师作为知识传递者和学生作为知识接收者；有效性的迷思，表现为教师持有控制学生、认为授教知识比学生学习更为重要的信念；维持课程的严密性的迷思，认为教师角色是辨识学习内容，以及决定更适合于学生的学习任务；为学生顺利通过考试的教学准备

---

① National Research Council（U. S. ）. *National science education standards*. Washington, D. C. : National Academy Press, 1986: 2.

② Tobin, K. , McRobbie, C. J. Cultural myths as constraints to the enacted science curriculum. *Science Education*, 1996, 80（2）: 223 – 241.

表 3－15　不同学科的教师在课程观上的差异分析与多重比较

取向	语文 (n=490)		数学 (n=320)		英语 (n=206)		科学 (n=220)		其他 (n=288)		F	P	POST HOC
	M	SD	M	SD	M	SD	M	SD	M	SD			
学术理性	3.97	0.59	4.01	0.61	3.70	0.78	4.07	0.48	3.96	0.59	12.11	0.00**	A＞C**，A＜D，B＞C**，C＜D，C＜E**，D＞E*
社会责任	3.99	0.55	3.99	0.53	3.93	0.66	4.08	0.47	4.03	0.56	2.25	0.06	
人文主义	4.12	0.52	4.09	0.47	4.03	0.56	4.09	0.57	4.06	057	1.25	0.29	
学习过程	4.13	0.51	4.01	0.51	4.01	0.51	4.20	0.46	4.13	0.56	3.96	0.00**	A＞C*，B＜D*，C＜D**，C＜E**
折中主义	4.00	0.56	4.04	0.47	3.98	0.60	4.09	0.50	3.96	0.51	2.38	0.05*	A＜D*，C＜D*，D＞E**
生态整合	4.25	0.46	4.15	0.50	4.13	0.49	4.21	0.50	4.14	0.57	3.68	0.01**	A＞B**，A＞C*，A＞E**

注：①科学学科包括物理、化学、生物、地理四个学科；其他学科包括社会、体育、音乐、美术等学科。
②＊表示 P＜0.05，＊＊表示 P＜0.01。

迷思认为，测验和考试是制度化课程的中心，导致了一种对低认知水平的学习类型的重视。

其二，可能是学科特点的原因，科学重在对客观事实的发现，具有严密的逻辑性与结构性。在我国及很多国度，"科学经常被视为学科知识及探究过程，而不是作为学生个体个人发展的工具"[①]。这些认识导致人们将科学视为发展学生的智力和理性思维的有效工具，从而淡化了对科学的人文价值的认识。科学课程的目标在于通过不同科学科目——物理、化学、生物、地理等——发展学生的理性思维能力。每个科目都强调严格的智力训练，教师在特定学科中是以权威者角色出现的，学生的学习任务在于理解重要的科学事实、原理、定律和理论，是知识的接收者。而课程内容也总是以相应学科知识的逻辑结构为基础来编排，较少关注学生的兴趣、意向及需求。因此，多数科学教师可能更注重学术理性主义和学习过程取向，并要求学生掌握抽象的、枯燥的、困难的概念，以及一系列"放之四海而皆准"的科学调查的过程技能。张善培（Cheung）调查了关于科学课程的教师信念，也发现了香港的科学教师趋向于忽视人文主义取向而更重视其他课程价值取向。[②]

其三，自新课程改革以来，课程设计非常重视信息技术在课程活动中的使用，且被认为是提升教学和学习效能的有效手段，它可以促使学生形构因应信息社会所要求的知识、技能和态度。大力推进信息技术在教学过程中的普遍应用，促进信息技术与学科课程的整合，逐步实现教学内容的呈现方式、教学方式和师生互动方式的变革，充分发挥信息技术的优势，为学生的学习和发展提供鲜活的教育环境和有力的学习工具。

为什么科学教师比语文教师、英语教师及其他学科的教师更为重视折中主义取向？或许是，科学教学过程中有较多的实验操

① Cheung, D., Wong, H. W. Measuring teacher beliefs about alternative curriculum design. *The Curriculum Journal*, 2002, 13 (2): 225 - 248.

② Cheung, D., Ng, P. H. Scince teachers' beliefs about curriculum design. *Curriculum and Teaching*, 2000, 30 (4): 357 - 375.

作，这些实验也不再是以往的教师演示、学生观看，而是强调学生亲历实验来体验科学发现的过程，这就要求教师在教学过程，善于发现学生探究过程中所存在的各种突发性的问题，根据现实的教学情境要求对学生进行指导，让他们获取科学知识和技能以增进问题解决能力。反映在课程设计上，科学教师也就更重视折中主义取向。

语文教师在生态整合取向上的得分明显高于数学教师，而数学教师在学术理性主义取向上的得分也较高。假定性的解释是，大多数中学教师似乎将数学视为更具自足性的知识，"是以抽象形式存在的一组逻辑关系，几乎与学生的日常生活相脱离"①。巴蒂斯塔（Battista）指出，学校数学被视为一组计算的技能；数学学习被视为按照精心描述的获取技能计划的进行过程。② 也就是说，数学仅仅是一组数字的问题，每一问题都只有一个正确答案，教师的任务是向学生展示解题过程。改革者期望教师促使学生将数学问题与日常生活相连接，鼓励学生以数学知能尝试解决现实生活问题。然而，这一改变并不是那么容易的，因为绝大部分的数学教师，持有数学是通过一组解题程序最终得出唯一正确答案的信念。相比数学教师，语文教师在职前培育阶段更多的是学习人文学科，如修习历史、文学、美学等课程，在一定程度上加深了他们对课程的整体理解。加上语文课程标准要求学生在学会文字运用与交流沟通的基础上，弘扬古今中外优秀文化，促进自身精神成长。这种注重工具性与人文性的学科性质，也更加强化了语文教师对生态整合的认同。

---

① Jennifer, A. *Teachers' beliefs about successful teaching and learning in English and Mathematics*. In Australian Association for Research in Education. The Annual Meeting of the Australian Association for Research in Education. Sydney: Australian Association for Research in Education, 2000. （ERIC Document Reproduction Service, No. ED453077）

② Battista, M. T. Teacher beliefs and the reform movement in mathematics education. *Phi Delta Kappan*, 1994, 75 (6): 462–470.

三　中小学教师课程观形成
历程的调查及结果分析

本书通过半结构式深度访谈方法，对包括任教语文、数学、英语及科学四个学科在内的 10 位不同教龄的中小学教师进行访谈，然后把访谈录音转为文字稿，访谈结果从影响因素层面上呈现出了教师课程观的形成归因。从访谈文字稿中发现了不同教龄的教师在课程观的形成上具有差异性和共通性的影响因素。

（一）研究结果分析

1. 1—5 年教龄的教师

A1 教师在西部农村的一所高中任教语文学科。首先她认为，学校的评价制度以及职称评审制度是其工作的压力源。她说，我是一名新教师，因为刚到学校任教，我必须拿出成绩让领导和同事认同我，所以只有努力工作来证明自己。……我又是班主任，为了跟早自习，所以每天不到 6 点就起床；晚上又要跟晚自习，到 10 点才结束，然后又到学生寝室巡查学生的情况，回来洗刷后都 12 点了，每天如此。如果跟班不勤，校领导和同事可能就会有看法。因为带的这一届学生今年要参加高考了，所以升学压力特别大。学校对每个升学班级都下了升学指标的死命令，高考升学率和奖金、评职称挂钩。如果升学率不高，你说自己书教得再好、有天大的本事也无济于事。这种制度就是以升学率的情况来衡量我们的教学质量，我只有投其所好了，否则在教师中就没有地位可言了。所以我很注重学生对课本知识的学习，他们的学习成绩好了，他们自己高兴，家长也高兴，我也开心。如果和我一起进校的同事评上了职称，我却评不上，我会感觉低人一等，甚至怀疑自己的能力。一句话，升学率决定一切。

其次，A1 教师的个人价值观也会因受到学校环境、个人经验等方面的影响而发生改变。A1 教师说，我大多数的时间都是在学校里度过的，因为工作忙也只能住在学校宿舍。学校环境对我的影响很大。我在从教前，对教师角色的定位是很美好的，总是想着凭我的实力能够把学生培养得很好，也预想学生都很聪明，也都会很配合我的教学，我的自我价值会在教学中得到体现。总之，是非常理想化的。但是真正开始教书的时候，才发现现实和理想是那么遥远。我很希望提高学生的综合素质，他们能够根据自己的兴趣学习一些想要学的知识，可是这样不行呀，如果都注重学生兴趣了，教学目标就很难完成；学生知识没有掌握好，就不能在考试中获得高分，而且每次月考、期中考和期末考后，各个升学班级都是以各科的平均分高低作为评价教师教学质量的标准，有时和别班的语文平均分差一点也说明你比其他教师教得差，哪怕是0.1分。

最后，A1教师表示学生的课堂表现也会影响其课程决定。学生上课不专心，老爱和其他同学讲话，或者发言不积极，这些都会影响到我的教学情绪。我的教学情绪不好了，就打乱了我的教学思路，也就不能按照我的原定计划来教学，有时候一生气就停下来给学生上"政治课"了，这肯定会影响到教学进度的。

A2教师在西部农村地区一所初中任教语文学科。首先他认为，学校文化影响着其教学形态。他说道，我平常在学校和同事交流得很少，这并不是说我人缘不好，而是因为工作的事情太多，比如要管好班级，不出乱子；考试成绩要突出，不被其他老师比下去，还要做一些学校安排的任务，比如写论文、集体备课、上公开课等，如果没有完成或者做得不好的话就要挨批，领导不高兴的话我年终奖就泡汤啦。

其次，在谈到学生能力与教材的时候，他说道，我们农村孩子和城市孩子的素质是没法比的。我的绝大多数学生从小在农村里生活，眼界比较狭隘；再说了，他们的家庭生活条件很一般，学习用品很缺乏，有时候叫他们买本课外辅导资料都买不齐，就没有办法实现我的教学计划……大多数学生家长受教育程度低，也无法检查其子女的作业。有的家长对我说："老师，我儿子放学后整天在外面玩，您怎么都不布置作业？"我当时傻了好一会儿。所以学生在家里做作业只能靠自己自觉，即使学生不完成作业，我也不能够体罚他们，万一出现问题我是吃不了兜着走的，学生的学习也不能全靠我们教师是吧。基本的作业都不完成，他的学习成绩肯定上不去啦，可是当教师的总想每个学生有出息，所以我为了照顾到每一位学生的学习，有的时候只能放慢教学进度……新课程的教材很需要一些教学辅助资料和设备来支撑，比如教学挂图、多媒体等，但我们学校的教学用具少得可怜，所以我平常也没有使用教具或教学资料来促进学生学习，基本上是把课本内容直接教给学生。日常教学就是赶进度，因为校领导很看重升学率，所以教学比较赶，更没有时间穿插一些游戏。

最后，学校领导的工作作风也是影响 A2 教师价值观的一个因素，制度的非人性化和领导官僚式的作风，让他感到缺乏应有的权利。他说，我对学校的激励机制不是很满意，比如职称晋升，很多时候职称评审只能靠"熬年头"，尤其是像我这种资历不深的教师更是难上加难。……备课、上课、作业批改、与家长打交道，工作内容日日重复，还要挤出不少时间去填写教务处、教研组等要求的各种表格，专业知识与专业能力很难提高，上升空间也几乎没有。从教后很少有机会参加教师培训或外出学习、听课的，报名参加市里的培训，得到的回复总是"名额有限"。不管是什么职业，不断进行知识的更新和能力提升是专业发展的必然要求是吧？但现实是，促进教师专业成长和终身发展的教师培训并没有被广泛开展。而学校领导很少站在我们的立场来全面看待问题，更多的是要求别人按照他们的想法和意图去做事，认为自己有资格指使或命令我们必须这样做或那样做。

2.6—10 年教龄的教师

B1 教师在东部地区的一所城市初中任教数学学科。他首先认为教材是影响其课程观的因素。他说，学生最重要的就是要掌握课本知识，不掌握好知识怎么行？像思维能力、创造能力、解决问题的能力等都是在知识的基础上形成和提高的，数学知识是经过人们长期实践形成的，教材是专家对数学知识的精华进行选择而编制的，学生掌握它可以解决很多生活中的问题。所以我在教学中很强调解题步骤，让学生理解后再做习题，巩固知识；让学生掌握一些方法，养成学习习惯，形成一定观点。

其次，B1 教师表示，个人价值观会影响其课程决定。他认为数学学科的结构非常重要，只要学生掌握了知识结构，就可以形成知识的系统性来解决实际生活中的问题。他以建造房子为实例对知识结构的重要性进行了说明。他说，每个学生的认知能力是不同的，导致他们的学习结果也不一样。学习结果就如房子的架构，也是多样化的。所以我很注重学生掌握知识的基本结构，这样学生就可以构建自己的知识框架，再把自己所学的知识放在框架中各个部位，最后搭建出来的房子也是具有不同风格的。我们不希望每个学生搭建的房子是一模一样的，要发挥他们的创造力。所以，学生在掌握了知识结构后，懂得对零散的知识进行整合，有利于把自己所学的知识和个人经验进行结合，这样学生就拥有了自己的知识。

再次，B1 教师认为校本课程的研发与"学习共同体"的形成会影响其课程观。他说，校领导那时候想开设一门"应用数学"的校本课程，我们大家就组成团队研发，目的是让学生感受到生活中到处存在着数学，它来源于生活。我们设计了很多贴近学生的生活实际、让学生运用已有的知识可以解决现实问题的生活实例。校本课程是我们大家一起研发出来的，大家都很有成就感，不管质量怎么样，它总是要在实施过程中进行检讨，不断修订。我们是每一年修订一次，让课程更符合学校和学生的实际。通过校本课程研发，我们大家达成了课程研发是教师职责的共识。B1 教师也表示，在"学习共同体"中，大家互相分享、共同学习的互动模式，有助于形成共同的课程目标和教学愿景，对他的教学影响很大。他说，如果想到提高教学质量的好点子，我通常会在课堂中做一些尝试，如果学生反应很好，教学试验的效果不错，我就会和同事分享；如果效果差，我也会和同事一起讨论为什么效果不好，并提出应该怎么去调整的想法和意见。

最后，B1 教师认为个人经验也是影响其课程观的因素。他说，我对上小学时候的数学老师印象特别深刻。她是一位美丽善良、知识丰富的老师，她很有爱心，对我们一向是赏罚分明的，但我们感到那是她对我们的关爱。我小时候数学成绩不大好，她在放学后就把我留下来做义务辅导，除了加强我的基本运算的数学能力，还帮助我复习以前不懂的部分。她不但让我开始喜欢上了数学，也让我学会了怎么做人。从我成为一名教师后，总是以她为榜样，对学习不好的学生我会时时地帮助他们，真的是这样！

B2教师在西部农村的一所小学任教英语学科。她首先认为学生个性会影响其课程观。她说道，现在农村小学普遍只重视语文和数学，因为它们是主科，英语只是副科，是陪衬。学生的看法也是一样的，只要学习好语文和数学就行了，所以上课时多数孩子很懒散。所以，我会尽量想办法激发学生的学习动机和兴趣，如果学生没有兴趣，我讲什么内容也没有用。我想，学生的个性和能力不一样，对知识的需求也不同。比如说，当一个人不想吃苹果的时候，你就是给他端上一大盘，即使他吃了也是很勉强；但是如果你在他渴了、饿了的时候，哪怕是给他半个苹果，他都会感到很满足。如果在学生想要学习的时候为他提供帮助，他的学习效果肯定不会差到哪里去了。上个学期我就带学生去野外，大自然中有很多动植物，学生看到后就问我："老师，鸟的英语怎么说?"有的学生又问我小草的英语怎么说呢？我不仅告诉了他们怎么说，还告诉他们学好英语的好处。通过亲近大自然，学生自然提高了学习英语的兴趣。在愉快的活动中，学生不仅掌握了知识，而且也愉悦了身心。如果我一味要求死记硬背单词，学生对英语就没有兴趣了。

其次，B2教师认为学校的科层化制度是影响其课程观的重要因素。她说，我们农村学校缺乏民主管理。比如，校工会应该是替我们说话的，但是其除了组织一些活动，并没有发挥职工维权或权力监督等作用。虽然每年教育局也会召集大家对校领导的管理水平和工作作风进行评议，但是我们的意见似乎不重要，也不会改变校领导的行事方式。……就说上次吧，我带学生去野外活动，因为事先没有得到领导批准，说真的，我当时也没有想那么多，就是想给学生创造一个好的学习环境，让他们能够提高英语兴趣。当我带学生回来的时候，校长把我叫到办公室就批评了一通："你怎么可以这样，无组织无纪律，没有我的批准你怎么可以随便带学生出校外，万一出现安全问题怎么办，你承担得了吗?"我说："李校长，我就是带学生在学校旁边应该不会出事的，我是为了提高学生学习英语的兴趣啊。""哪有那么多应该，这次算了，下不为例。"当时，我满腔热血瞬间凝固。虽然没有事先向校长汇报是我的不对，但毕竟这是出于提高学生学习兴趣的考虑啊，这种缺乏尊重与平等的管理方式和管理方法让我很不爽。

最后，个人经验也影响了 B2 教师的课程观。她说，我以前上中学时的英语教师教学特别认真和负责，经常在下课时间，她还留在教室检查我们的课文背诵情况，最后根据你的表现给你写评语。我在想，老师都这么努力，我当学生的应该要更用功学习才对得起她，才对得起自己。……老师教给学生什么知识，学生长大后可能就没有什么印象了，但是学生和老师相处的那段时间，老师对学生的态度和言行对学生影响很大。最后学生可能留在记忆中的就是老师为人处世的方式；至于老师教些什么知识，是不会留在头脑中的。

3. 11—15 年教龄的教师

C1 教师在东部城市的一所中学任教科学学科。第一，她认为课程制度影响了她的课程决定，而且大部分教师缺乏实施新课程的能力和准备。她说，新课程倡导教师是课程设计人员，自主设计课程，但是课程设计需要很多的课程理论和实践经验支持，我们很多同事都觉得自主设计课程好难，课程结构不是我们教师能够决定和讨论的，这应该是课程专家做的事情。再说了，我觉得改革缺乏相应的实践措施，我们大多只是通过培训来了解新课程理念的，但是怎么做却不知道，我们还没有做好准备就实施新课程了。……其实改革的理想和目标是很好的，我们是一线的教师，如果对改革理念和具体操作的东西都了解不透，也不知道怎么做就匆忙上阵，不仅难度大，而且效果也不好。

第二，C1 教师认为学生的学习表现是影响自己教学的另一因素。她说，有时候觉得我对学生的了解是不够的，缺乏从学生的角度来思考问题。我越是想操控教学过程，把自己会的科学知识倾囊教给学生，却越发现学生并不买账，他们的学习热情也不高。课后想想，可能是自己没有把握住学生的学习特点，因为学生有时并不喜欢我把什么东西都安排好，让他们自己只管拿去就行了。可能我只是从自己的角度出发思考这堂课应该讲什么、怎么讲，让学生也养成了依赖我直接给予问题答案的习惯。时间一长，他们也就认为学习是件苦差事，想要学习的动机也就没有了，这样学生学习效果自然也不理想。后来我想通了，并不是所有的科学问题在一次实验或一次讲课中就都可以找到答案，有时我必须给学生自己探究、寻找答案的机会，而我要做的就是让学生自己来回答问题。

第三，C1 教师表示，个人教学经验的累积会影响其课程决定，它会随着经验的丰富而不断对自己的课程行为进行反思与修正，形成了不同于以前的照本宣科的教学方法。她说，我在讲"浮力"概念的时候，心里老是在想自己是不是把它讲清楚了，是不是抓住问题重点了。我在课后会对这节课的总体情况在心中想一遍，如果发觉某些地方做得不够，我会想可能是我举的例子不太合适，或者是向学生提问的方式不对头，这样我就会考虑以后我应该怎么去教、怎么去问，这样我就知道了如何从某一个角度切入才能提高学生积极性的方法。

第四，个人成长经验也是影响 C1 教师的一个面向。她说，我在中学的时候有一次因为上数学课不专心，老师提问我没有回答上来，老师狠狠地批评了我一顿，因为我的学习成绩较好，老师"恨铁不成钢"啊，我当时哭了。事后，我想老师的出发点是好的，但是我以后当老师是不会用这种教育方式的。……我现在的教育方式是比较关爱学生的。她继续谈到人生角色的转变也进一步影响了她对学生的看法。她说，成为母亲以后，我不但对学生更有耐心，也更懂得欣赏和宽容，因为每个学生都有自己的优点和缺点，他们都是天真无邪的孩子。孩子嘛，思想不成熟当然也容易犯错。但是不管他们的性格如何，还是成长经历怎么样，相同的是每个孩子都有一分千金难买的童真，这和我们大人的世界是不同的，所以我喜欢用自己的真诚来感化孩子们。

第五，C1 教师在教学过程中强调学生的"快乐学习"，激发学生的学习兴趣和积极性，她的这种价值观也影响到其教学形态。她说，我们强调学生快乐成长，但是快乐有很多种说法，而且每个人的自我感受也不一样。有的学生觉得玩得 high 就叫快乐，有的学生觉得获得学习成就才是快乐的。所以，我坚持的"快乐学习"并不是学生体会到感官的、情绪的快乐，而是要创造机会让学生在学习中经历挑战自我、克服困难、肯定自我，对学习有一种成就感，这才是快乐学习的东西。这说起来简单，但其实是一件不容易的事情，所以我会根据课堂中的不同情况，再决定给学生提供什么样的帮助。

C2 教师在东部地区的一所城市中学任教语文学科。她首先认为新课程的教材强调知识的生活性和学生对知识的生成，这也影响了她的教学方式。她说，在教习古文和诗词的时候，我有时会让学生听我吟唱诗词，或者和学生一起有感情地朗诵课文来感受作者写作的原意，因为要求他们把自己的情感融入课文，学生读得很动情。你是不是觉得我很"八婆"呀。……我觉得课本内容和现实生活结合很重要，有的内容可能离学生的现实生活太远，因为学生可能对教材的某些内容缺乏生活经历，也就不能引起他们的情感共鸣，所以学生会对教材产生了一定的疏离感。比如在《雪儿》这一篇课文中，如果用成人的眼光进行解读，我们感觉到的是深刻又沉重的东西，这样就远离学生的现实生活了。如果这样教学的话，学生也仅仅把它当作一种应试知识来掌握。如果从孩子的角度出发，就可以让学生结合自己的生活经验解读课文，例如"雪儿"它是什么样的一只鸟？它为什么会来到"我"的身边而成为"我"生活中的一部分？它是怎么样为"我"的生活增添乐趣的，以及"我"是如何对待它的？只有我自己把课本意义弄清楚，才可能引导学生用自己的生活经验来解读，教师要有用孩子的眼光来看世界的能力，这样才能真正地把握教材的原意。所以，在课程实践中，我会清楚地告诉学生学习某一课本内容的重要性，并让学生体会到学习的好处，他们懂得了知识的用处后就会形成追求学业成就的动机了。

其次，C2 教师认为个人价值观会影响到其课程决定。她重视语文的知识结构，并通过其帮助学生形成知识框架，为他们今后的知识学习打下基础。她说，如果我在上课的时候能够预想学生今后可能要学习到什么东西，就能帮助学生搭建知识框架，他们以后就可以把学到的知识纳入知识结构中，这样学习就比较轻松，也很有效。所以我很注重学生对基本概念的掌握和运用的能力，学习语文就要学会文体、修辞、文章赏析。不同的文体，写作技巧也不一样。比如说明文、议论文和记叙文，学生必须了解它们的基本特点；在赏析文章的时候要理解作者写这篇文章的初衷，以及他（她）要表达什么样的思想等，我觉得需要考虑的方面很多，尽量让学生能掌握这些方面的知识和技巧，并让学生进行必要的写作练习。在设计课程目标的时候，我会根据课本内容的性质安排短文写作、剧本表演等，总之会根据每一节课的内容重点采用不同的教学方式。

最后，C2 教师表示自己在教学中会考量学生的需要来采用教学方法，以更好地促进学生的成长。她说，如果教学只是"教师中心"，学生的学习兴趣和动机可能会受到冷落；如果教学只是"学生中心"，片面地根据学生的兴趣安排教学内容，这样学生可能学不到系统性知识，因为知识的掌握对学生发展的作用是无不替代的。我在教学中很强调学生的地位，当然也不会忽视自我的地位，我就是倡导师生间的平等。所以我认为对话在教学中是很重要的，教学就是我和学生之间的对话，对话的结果就是知识的传递和生成。无论我是强调自己的地位还是强调学生的地位，都是各有利弊的，所以我一般都是根据学生的学习需要和课本知识的性质选择教学方法，该采用讲述法就着重；该让学生动手的，就采用探究法，是没有一成不变的教学模式的。

4. 16—20 年教龄的教师

D1 教师在中部地区的一所农村学校任教数学学科。他首先认为所在学校的制度强调学习型组织的构建，通过大家对教学的探索、反思、协商及修正的过程，拓宽了自己的教学眼界，以及思考的深度和广度，有利于形成自己的教学观点。他说，我以前所在学校的制度并没有把教师专业发展看得很重，平时教师上公开课只是为了应付领导的考核，而领导也是为了向上级汇报自己政绩的需要，也不在乎这个，反正有那么一个东西就行了。所以那时候的教学观摩非常形式化，目的是"作秀"，而不是在教学观摩后大家一起讨论来改进教学品质。……来到这所学校后，大家都很看重互动式的教学观摩，这对我影响很大。我们每个学期都有教学观摩活动，每个人都有"上台"

的机会，活动由学校领导监督，在教研组长带动下大家一起设计活动
流程。观摩课后，同事一起讨论、回馈教学情况，目的是对我们的常
态教学进行改良。……有了学习型组织和相关的措施，我们和学校领
导之间有了更多的沟通机会。我也感受到，学校实际上会考虑或接受
我们对教学的想法、意见和建议。

其次，D1 教师表示，个人价值观会影响到其课程决定。他认为
教师发挥主体性来把握课堂教学很重要，这主要在于教师要理解课本
知识的架构。他说，我认为教师最重要的是要在上课之前就要把握所
教知识的架构，这直接关系到课堂教学的品质。有时候去听其他老师
的课，发现有的老师的教学设计很花哨，但是实际的效果却不好，只
是把新课程倡导的理念生硬地放进教学。其实早些时候我也曾经这样
做，恨不得把自己会的东西都教给学生，可是在教学中发现，学生对
知识掌握得不好。课后我想想，可能是我教的东西偏离了教学的主
题，所以我深有体会，进行教学设计需要自己有较强的专业能力才
行，如果只是直接照搬人家的教案就使用，那个就不是设计了，那是
不考虑自己实际教学环境的"拿来主义"。所以说教学设计一定要考
虑到特定的教学对象、现实的教学环境。不这样的话，你就是设计得
再花哨、再完美，脱离了实际的教学环境，教学也就不能产生良好的
效果。因此，我平常都是以课程目标为准进行教学设计，再根据学生
的现状来补充相关资料，不然的话教学效果会很差。

最后，不同学生的能力差异和个人经验都会影响到 D1 教师的教
学方法。他说，有一次我在课堂上讲课的时候，一个学生突然说：
"老师，你能不能把问题的解题步骤讲得简单些，我觉得你讲得好复
杂哦。"我一下愣住了，原来我总是以为自己传授知识的方法是最好
的，这才发现自己原来很少从学生的角度来看教学，也没有考虑到学
生的真正需要。所以后来我在上课前就想，如果我是学生应该学些什
么，如何学，这样教学效果就有了起色。……虽然每个学生都有独特
性，都有自己想要解决的问题，但是有些学生可能智力有问题而导致
了学习困难，你是怎么重复他（她）都听不懂。在考试的时候，他
（她）就在试卷的所有答题空白处上照抄标题，有的非常简单的题都

不会。D1 教师在谈到个人经验对教学的影响时如是说，刚开始教学的时候，我是采用以前在学生时代老师教我的教学方式，后来我就慢慢发现，这不符合学生的需求。于是我就根据自己的教学经验来改变教学方式，在学生学习、教学组织、学生评价上和以前相比都有了不同的要求。比如，会把一些数学游戏，像七巧板等搬进课堂，让学生在愉快的气氛中学习，以获得学习成就感。

D2 教师在中部地区的一所城市中学任教语文学科。她首先表示新课程影响了其价值观，但并非单向度的，她也有自己的看法。她说，现在倡导学生发挥主体性，这不是只在教案上的课程目标中写上几句话就行了，必须开展一些有趣的教学活动。可是平常学生的学业压力很大，过于注重学生的兴趣也让学生失去加深和拓展知识的机会。我在课堂上会适当安排一些有趣的教学活动，但是会花掉很多时间，重要的是学生没有办法对知识形成深入的理解；再加上区教育局或市教育局每个学期期末都举行统考，有时候就必须要赶教学进度，所以在课堂中巩固学生的知识学习也是重要的。如果传统的习写、背诵等方式能够帮助学生提高学习效率，还是会酌情采用的。……刚接触新课程的时候，我也设计了很多花哨的东西，可是我发现，虽然表面看起来学生很高兴，但是他们并没有学到一些所必需的知识和基本技能，所以我有时会视教学情况的需要而采用一些比较传统的方法，该抄写的还是要抄写，该背诵的还是要背诵，但是我会把握好适当的度。

其次，教材和学生也是影响 D2 教师教学策略的一个因素。她说，我是比较反对那种制式化的教学流程，比如在开始上课的时候跟学生说："同学们，今天我们上某一节课，请大家打开课本的某一页。"我觉得，如果这样的话，基本是照本宣科了，老师必须在课前要先"消化"教材，只有自己把课本知识弄清楚了才可能让学生学得明白。因此，我在上课之前都会对所要讲的内容进行思考，想想怎样把课讲得生动有趣，也让学生掌握好基础知识。所以我上课时不会和学生说，我们今天要学习什么内容，然后就开始"唱独角戏"。我会先想课本内容怎么样才能和学生生活发生联系的事情，然后通过导入来激发他们的兴趣。万事开头难，如果你选择从某一个角度切入正题，能够引起学生的兴趣，这就是成功的一半了。我是一贯坚持自己先进入教材，读透后再走出教材，通过自己对课本内容理解与整理后再教学。D2教师指出，学生不断地成长对其教学的影响也很大。她说，在初一的时候，我不仅会给学生唱唱歌，讲点小故事，还包括我个人的人生经历（只是想让他们分享我的经验，希望他们少走一些弯路），学生这时会双眼发亮，很欢迎，学习语文的兴趣也随之提高。可到上初三的时候我发现这招不太灵，这时学生不一定买账，会有学生认为你是在浪费他们的时间。教学过程中你思维跳跃了，有学生会说你又在"扯"。学生面临升学的压力对老师的教学要求也不一样了。

最后，参加教师培训也会改变D2教师对课程的看法。她认为，如果都参与区教师培训中心举办的教师培训活动，我觉得学不到什么东西，举办者可能认为我们是中小学教师吧，不用请那些知名专家学者过来，一般就是请一些有教学经验的资深教师过来讲。贴近实际教学是好事，但是内容太技术化也不好，这只是我个人理解。因为我们不知道要采用这种方法的原因，就是你们所说的没有理论高度。D2教师指出，教师培训要有效改变其教学观点才是真正有意义的。她说，有一位大学的学者来我校讲座，他是中学教师出身，理论和实践都在行，他的讲座对我的影响很大。他说，你们可以自己设计多样的教案，因为每个教师、学生及教学环境都不同，具有不可复制性，不要总是按照你们的参考书进行教学。那时候我觉得简直难以想象，因为我们大都是按照课本内容上课的。他还说我们可以请学生之间互相批改作业，腾出时间来反思教学，做教科研；让课堂向家长不定期地开放，使家长能够了解教师的教学情况和学生的学习情况，这样可以利用家长的资源。我当时觉得特新鲜，怎么可以自己创造课程呢?！现在想想的确有很多资源可以利用，那次讲座让我感觉到教师其实很有自主权，对教学也可以有很多自己的想法，只是不知道或不愿意去利用罢了。

5. 21年及以上教龄的教师

E1教师在东部地区的一所城市初中任教科学学科。他首先认为个人的价值观会影响他的课程决定。他说，其实科学不是教给学生很多零散的知识，重要的是让学生学会科学探究的方法，形成科学态度。所以我强调学生在实验中如何去控制变量，怎么去操纵变量，而不是仅要求他们去做记录。……我比较重视培养学生的创造性思维和动手能力，对于不同课本内容的性质，我会进行不同的课程设计。我喜欢采用一些假设性问题激发学生的思考，通过师生对话和学生得到的实验结果，找出现象背后的原因；鼓励学生对假设性问题进行思考和解答，再将自己获得的答案在实验中验证是否正确，或者找出产生不正确答案的原因。只有这样，学生才是真正的思考者和实践者。如果学生按照我的讲课亦步亦趋，直接获得问题答案，那么学生是被动学习的，他们也就失去了学习的主动和兴趣。如果我采用一系列的假设性问题来鼓励他们思考，和学生一起做实验，他们就会开动脑筋思考我操作实验的目的是什么。比如在讲杠杆原理时，我会将课本内容转化成一些问题，让他们自己动手去挂砝码以操纵平衡，认识平衡是什么样的状态。学生动手能力的增强，就意味着他们脑筋的开动，这也提高了他们对科学的兴趣和对科学意义的了解。

其次，学生在课堂上的表现会影响其课程观。他说，有时学生在课堂上情绪低落可能是我的教学方法出现问题。由于怕学生掌握不好知识、想他们多掌握知识，我可能越俎代庖了，这反而打消了学生学习的积极性，因为享受不到学习的乐趣，还有可能是学生觉得这一堂课的内容较难。所以我会通过反思来了解学生的真正需求，而不会采取高压的态度。

再次，他也认为学生具有个性差异和个体经验的独特性，这也是其考量的一个面向。他说，学生是具有差异的，比如偏远农村的孩子没有电梯的概念，而城市的孩子也没有手扶梯的概念，这是因为生活环境的差异而造成了学生不同的生活经验。当讲解一个物理概念的时候，我首先要考虑学生的情况，有的学生可能会很快掌握，有的学生却觉得很难，他可能欠缺理解概念的能力，这样我就要考虑如何让所有的学生都能掌握。所以有时候我会采用分组教学，有时候则会采用把一个问题进行难易程度分解的办法，让接受能力不好的学生由浅入深地学习，他们也就有了学习成就感。

最后，E1教师表示，个人经验也左右了其课程观。他说，我小时候学习成绩平平，所以我对那些学习成绩不好的学生的痛苦也就深有体会。我很重视学生基础知识和基本能力的培养，从最简单的开始，要求学生掌握最基本的课本知识，让他们学得愉快但不纵容他们。……我也不会按照课本内容一字不落地讲，这样学生就没有必要听我讲课了，他们自己看书、自习就行了。所以我平常会结合一些自己的成长经验来考虑学生的真实需要，尽量把课本知识和学生的生活实际相结合，以不断改善自己的教学方式。

E2教师在中部地区的一所农村初中任教英语学科。他首先指出新教材影响了其课程决定，并对教材的更新有着自己的看法。他说，现在教材都有配套的备课用书或教学指南，所以即使是一个对教材不熟悉的教师，只要看了备课用书后就知道要教什么，按照教参上的流程，至少是不会偏离教材主题的。但是这只是对课本知识的传递，想要进行生成教学，那可就要看教师的个人经验和对教材的理解了。新教材想更加贴近学生、贴近生活，提高学生学习英语的兴趣，激发学生的学习动机。但是，我的这些学生在农村小学里的英语积累几乎为零，而且学生对课本中的如pizza、hot dog、soda等东西产生了很强的陌生感。所以上课的时候我会对教材进行适当处理，而不是全部按照教参上的提示进行教学。我会把课本的内容和学生的经验联系起来，让学生感到学好英语的重要性。比如设置情境，让一个学生扮演外国人来问路，另一个学生用英语回答，学生感到很新鲜也很有趣，就会认真学习。我很关注讲课的系统性和条理性，这些活动都是对课本有关的内容补充，而不是让学生在活动中玩得开心就行，重要的是让学生获得知识和技能。

其次，个人特质是E2教师教学态度的影响源。他认为其意志较为坚定，具有良好的环境适应力。他说，不管外在环境怎么样，个人特质对我的影响很大。我不会因为环境的变化而改变我正确的课程信念，任何情况下我都会保持教学工作的热情，履行我的教学职责。教学情况和我的情商关系很密切，不管外面的环境怎样，只要我是一个以教学为终身志业的人，在不好的环境下我也可以找到好的教学方法。……如果你愿意成为孩子成长中的重要伙伴或促进者，教学就会很有效，也就有很强的成就感了，我不会因为不好的教学环境或者行政制度的粗暴干涉就放弃教学。

最后，E2 教师表示，社会文化也会影响其教学形态。他认为真正的教育是具有整体性的，并不只是某一方面的知识才和教育相关，如社会、政治、经济等方面的知识。所以他比较注重以社会时事为引子，以树立学生的价值观。他说，社会文化不仅对我，还有对我的学生的影响都是很大的。学生涉世未深，是非判断能力差，加上现在社会上的一些不良风气对学生造成了负面影响，我作为班主任，当然有义务让学生树立正确的人生观和价值观。所以我平常会教导学生遇到一些问题时，怎样做正确的选择。比如我会讲西方学生的生活能力、家庭教养方式等积极的东西，让学生对自己所处的环境进行思考，还有讲一些诸如初中生堕胎对她今后幸福人生的恶劣影响、有的女学生因为轻信陌生人被拐骗而受到了极大的身心伤害、学生因为考试考得不好就自杀等案例，然后向学生摆事实、讲道理，并和学生一起讨论如何增强自我保护意识等问题，再让学生假设情境，如果他们自己遇到这些问题时会怎样处理，最后让学生回去以这些内容为主题来写篇英语小短文，学生通过了解社会对树立自己的价值观很有好处。

（二）综合分析

研究者通过对不同教龄段受访者的访谈后发现，不同教龄段教师的课程观形成受到了不同因素的影响。对于教龄为 1—5 年的教师来说，影响 A1 教师课程观的主要是学校评价制度以及职称评审制度的压力，而僵化的学校文化也同样影响了 A2 教师的教学形态。他们都表示会首先考虑学校的绩效考核制度，强调提升学生学业成绩的重要性，因此这也决定了其课程观的存在形态。另外，他们认为个人经验、学生能力、教材等方面也是影响其课程观的因素。

从教龄为 6—10 年的教师来看，他们都认为学校制度是影响其课程观的重要因素。在不同学校制度观照下的学校文化也是不一样的。人性化的学校制度让 B1 教师在学习共同体中提升了其专业能力，改变了对课程的看法；而科层化的学校制度让 B2 教师局限于自我狭小的空间，疲于应付升学率及一些形式化的活动而阻碍了其专业能力的发展。除了学校制度之外，教材、个人价值观、学生个性、个人成长经验等方面也是影响其课程观的因素。

对教龄为 11—15 年的教师来说，影响其课程观的主要是学生因素与个人价值观。他们都表示会根据自己的课程理念安排课程活动，强调以学生的个性、兴趣及需要选择恰适的教学方法，让学生积极主动地参与到学习活动中。另外，课程制度、个人教学经验、教材等因素会影响其课程观。

从教龄为 16—20 年的教师来看，个人价值观是影响其课程观的重要因素。他们对课程具有自己的看法和观点，都表示个人价值观会影响到其课程决定，因为他们已经形成了核心价值。因此，他们在教学中强调发挥自身的主体性来把握课堂教学，让学生在快乐的学习氛围中成长。另外，学校制度、学生的能力差异、个人经验、教材、教师培训等因素也会对其课程观产生影响。

对教龄为 21 年及以上的教师来说，对他们的课程观产生重要影响的因素是个人价值观。他们经过长期的教学经验积累，已经对课程与教学形成了自己的看法和观点，具有相当稳定的课程观。在访谈中他们都是以极为肯定的口吻应答了相关问题，同时也表达了自己对课程与教学的根本看法。另外，学生个性差异、教材、个人经验、个体特质、社会文化等因素也是其课程观的影响源。

根据研究结果，不同教龄教师的课程观在专业生涯的不同阶段中呈现出了一定的脉络性特征。教龄为 1—5 年的教师，影响其课程观的主要因素是职称评审及学校评价制度的压力；对教龄为 6—10 年的教师来说，影响其课程观的主要因素是学校制度观照下的学校文化样态；11—15 年教龄的教师，对其课程观产生影响的主要因素是课程理念及学生因素；教龄为 16—20 年的教师，影响其课程观的主要因素是个人价值观，而对于教龄为 21 年及以上的教师来说，个人稳定的课程信念是影响其课程观的主要因素。可见，在教师专业生涯中的不同阶段，教师个体经验的累积与外在环境等因素会影响其课程观的存在样态，并逐步形成个人稳定的课程观。研究结果表明，在不同的教龄段，对教师课程观产生影响的主要因素具有一定的差异性。但是，它们之间也具有一些共通性的影响因素，这些共性因素可以归类为教师、教材、学生、制度、环境五个面向。

（三）研究结果讨论

根据研究结果发现，教师课程观的形成是教师对课程的意义建构以及自我专业成长的历程。教师课程观的生成与发展具有多元性、非线性和动态性的本质，并受到文化、社会、历史和个体因素的影响，它是在与各种交织的因素中协商转化的结果。

1. 教师课程观生成与发展的文化体认

人是文化的产物，教师不但浸染在代表主流方向的社会文化体系中，也在学校文化的这种现实环境中不断建构自身的信念系统，其课程观就是这两者交互的产物。在不同的社会文化脉络下，人们对教育目的、教育制度、教育观念等不同要素的定位及期待，表现出对人的生命价值与存在意义的不同理解，决定了课程的逻辑、性质、价值与功能，包括课程设计、教科书的使用和教学方式等，这也将对教师课程观产生巨大的冲击力。正如西格尔（Sigel）指出，个人的信念会通过文化传递的过程而形成，既然教师的教学是在社会的文化下进行，而这个社会的文化就是游戏规则，是大众的规则，[①] 文化是决定人的思想观念演变发生的主要因素。因此，教师在实施课程时，隐含着对社会文化的认知、理解与体悟，并具体表现在课程活动中。新课程改革的持续推展，也促使教师对课程价值和功能的认识产生了一定的变化。C1 教师在教学过程中注意发挥学生的主体性，为学生创生个体知识创造机会。她说，科学教学中包括多种课型，如实验课、探究课和一般的讲述课，而且科学包括的内容较多，有天文、地理、动物、植物、物理、化学等学科知识，内容比较抽象，但是细细琢磨，又有很多的知识贴近生活。科学来自生活，生活中处处有科学。所以我在教学中不仅要教会学生课本知识，更重要的是让学生能用所学的知识

---

① Sigel, I. E. A conceptual analysis of beliefs. In I. E. Sigel. *Parental belief system*：*The psychological consequences for children*. Hillsdale, NJ：Lawrence Erlbaum Associate, 1985：347 – 371.

解释生活现象及解决生活中的一些简单问题，真正让学生学以致用，这样的课就要花更多的时间让学生讨论分析，解释生活中的常见现象，让学生联系自身经验进行学习，从而激发学生的学习兴趣，让学生感受到学习是一种乐趣，让学生喜欢上科学课。但是，我们也发现，由于应试教育文化深植于人们内在文化心理结构，导致部分教师很少质疑其存在的合法性，并成为一种"本然"的教育形态。正如柯孟斯（Combs）所指出的，在每一种文化中都深植一些迷思或独特的概念，使其中的成员信以为真地接受并相信。① A1 教师深受应试文化的影响，在谈到课堂教学时说道，现在的高考制度大概是影响我教学的一个最重要的因素。刚开始时我上课并不刻意要迎合高考，可一段时间后发现这样不行，学生平时上课能有所积累，可做题时就很吃力（高考题型历来变化不大，现在课改也是换汤不换药）。所以现在上课我会尽量以高考题的方式安排教学内容。比如让学生梳理情节，提取信息，进行汉语知识训练，还要让学生学会规范答题等。可见，应试教育文化的张力还很大，部分教师的教学行为更多的是以行为主义学习理论为基础进行课程与教学活动。行为主义理论强调基础的教材设计以及标准化测试，控制了教师的日常课程行为，也强调许多特殊的教育和行为管理策略。因此，教师的课程任务是将各阶段的学习目标适切地转化为课程方案与教学活动，更多地采用死记硬背课本知识、加大训练强度的教学方法，以帮助学生顺利通过各种考试。科特纳·史密斯（Curtner – Smith）的研究也发现，教师信念和实践深受文化的影响，它伴随着教师个体的信念与课程价值取向改变的全过程。然而，他也指出，许多教师更愿意调整课程来适应他们的课程价值取向，而不是发展他们的课程价值取向来适应任何课程的改变。② 当然，教师作为具有主体自觉及价值理性的生命个体，可能会通过自己的信念系统对社会文化进行过滤、吸纳与选择。但这些长期积淀的社会文

---

① Combs, A. W. *Myths in education*. Bsoton: Allyn and Bacon, 1979.

② Curtner – Smith, M. D. The more things change the more they stay tihe same: Factors influencing teachers' interpretations and delivery of national curriculum physical education. *Sport*, *Education & Society*, 1999, 4 (1): 75 – 98.

化形态，究竟会对教师产生多大强度或程度的影响，则倚重教师的个体因素。

学校文化或学校传统直接影响着教师课程观的生成及发展的具体形态。不同的学校文化对教师课程观的生成与发展的影响是有差异的。A2 教师对所处学校的文化做如下描述：我和其他教师很少交流，也没有时间，升学压力大，还有学校领导安排的工作又多，比如新课改要求教师是研究者，学校就硬性要求每个学期要交一篇论文，每天要向教科室上传第二天的上课教案，每周要参加一次教研活动。就说教研活动吧，说白了，也就是形式主义了，大家教学工作都忙，而且还要应付这应付那，只要不缺席就行了，至于在教研活动中说些什么，那是无关紧要的。教书嘛，反正是良心活，把知识教给学生并让他们能够顺利通过考试就 OK 了。学校的教室如同蜂巢式的结构设计，本身就限制了教师彼此间的交流，使教师长期处于孤立的境遇。而科层体制主导下的学校文化又缺乏团队互动，二者交互形成了封闭的学校文化。开放的学校文化强调学习型组织的构建，让教师之间相互合作、有效交流、共享思想、共同掌权，在学习共同体中发展课程观，并付诸实践。B1 教师认为自己所在学校的文化氛围较好，校本教研、教学观摩等活动的开展很有意义。因为"支持性的组织气候及相互学习氛围的形塑，会让参与者感受到学校的重视和认同"[1]。他说道，我们学校比较推崇"三人行，必有我师焉"的理念，我经常和同事交流怎么样进行教学设计会好些，怎么样让学生更能发挥积极性等问题，平常大家在网上下载比较好的课件，或者自己制作的课件会和大家一起共享。我们学校每个月举办一次公开课，让大家都有亮相的机会，课后的讨论会由教务主任或教研组长主持，大家都能够根据上课的情况各抒己见。一个学期结束后，学校对参加公开课的教师进行评奖，让我们更有上进心了……上课嘛，总有优点和缺点，人家指出我的缺点我接受，如果意见不中肯的我也持保留意见。我到这个学校

---

5 年了，我个人感觉，比我以前所在学校的氛围好很多，大家经常在一起交流，让我得到了一些教学的新想法和有效教学的方法，我现在对教学也形成自己的观点了。教师在学习共同体中，通过理论研究、校本教研、学科教研组研讨、教学观摩、练习回馈和课堂教学等活动形式，来探讨课程与教学理论、学习彼此新的教学模式或者改进既有的教学策略，让不同教师的课程观在对话、交流、沟通中碰撞、冲突、交融，其结果是同化或顺应的发生。所谓同化，亦即教师把所获取的各种新信息纳入自身既有的信念系统中，而顺应则是教师将新信息和既有的信念系统进行整合，形成新的价值结构。这样，教师个体在学习共同体中，不仅能够同化他人建设性的信念，而且可以发现自身信念的存在问题，在顺应中重组或更迭既有课程观，从而丰富及发展了彼此课程观的蕴涵。

2. 教师课程观生成与发展的经验系统

教师的经验系统由教师个体长期生活历程中所累积的信念系统和外部强化的知识经验构成，也就是说，教师的个体教育经验和成长历程中所强化的知识系统是其课程观生成与发展的根基。教师在学生时代就已对课程的价值与意义、性质与功能等形成或深或浅、或客观或主观的自我概念，虽然这些看法有着不成熟性与"半逻辑性"的特点，但是对于形塑课程观是具有解释性价值的。罗蒂（Lortie）认为，教师在从事教学决定时，会受到早期学习经验的影响，因为从小在教室与教师数千小时的接触中，每个人都已将教学模式内化成为心里的一部分，等到正式任教时，过去的潜在文化（latent culture）即开始发生作用，影响对教师角色及行为的观念。[①] 尼斯博（Nespor）也认为，教师的信念早在他们的学生时代就建立了，学生时代课堂的观察，包括有效能的教师是怎样的？学生应该如何表现等，虽然这些信念并非外显的，且过度简化，但它们还是被带入师资培育的课堂中。当教师真正开始教学，进入现实的教室中，对他们来说，这样的新环境并非全然是陌生的，因为早在他们的学生时代，对教室内的一切就

---

① 林进材：《教学的科学与艺术》，《国教之友》2002 年第 2 期，第 19—25 页。

已经非常熟悉，因此他们不需要重新定义新情境。① 可见，信念受到
教师经历的过去事件而形成的"引导意象"（guiding image）的影响，
以个人经验或日常生活中的事件为储存材料，这些事件会影响到个体
对将来事件的理解与组织。于是，教师就会把学生时代获得的课程经
验作为课程实践的参照框架与过滤系统。D1 教师认为自己在学生时
代所积累的经验，会影响其课程观，但是现实的教学情境也会促使其
不断地修正原有信念。他说，从小学起，我的愿望就是当一名老师，
因为和老师接触得最多，他们的言行举止对我的影响很大。我以前的
中学班主任许老师是一位女性教师，他不仅知识丰富，而且人又和蔼
可亲。记得有一次，我在用显微镜观察洋葱表皮细胞，但是切片后我
不知道怎么对光和调焦来观察洋葱表皮细胞。当老师走到我身边检查
我的实验情况时，我有点不知所措，这时许老师轻声问我有什么问
题，我告诉她后，她耐心地帮助我调焦，并和我一起谈论实验没做成
功的原因。在大学时，任教教师对我的教学观念的影响也很大，比如
授教育哲学的老师上课时对教育的本质做了深入的解析，而且结合
很多现实的案例。他也很幽默。通过大学的学习，我对教师的职业有
了进一步的认识，这时候我的头脑中已经形成了一个优秀教师的形
象。自那时起，我对自己今后的教学生活也怀有美好的憧憬。但是，
现实往往很残酷，我发现学生的素质和学校的教学设备不能实现我原
有的教学梦想，所以我必须根据学生和学校的实际情况进行教学，这
样才可以符合学生的现实发展需求。可见，教师在学生时代所获得的
个人经验，会在其头脑中建构理想教学的"意象"。但是，当教师带
着"引导意象"进入到真实的课程实践情境中时，就会发现某些阻碍
自己课程观践行的、不得不做出妥协的外在因素，而这些外在因素，
是他们进入正式从教阶段之前未曾考量或遭遇过的，造成了课程观与
现实的课程实践情境的冲突。布利特兹曼（Britzman）研究发现，新
教师进入正式从教中遇到现实的课程与教学问题时，充满迷惑和冲

---

① Nespor, J. The role of beliefs in the practice teaching. *Journal of Curriculum Studies*, 1987, 19 (4): 317 - 328.

突，开始质疑以前对自己和对学生所持有的信念。① 也正是因为冲突的存在，教师才有可能在教学信息回馈的基础上不断累积教学经验而进行反思性实践，调适、修正、完善既有的课程观，从而呈现出螺旋式上升的特征。

外部的知识经验系统对教师课程观的影响主要表现为我国以学科为基础的教师专业培养。我国的师资培养机制是以分门别类的学科专业来培育职前教师所必备的专业知能，以胜任今后的学科教学工作。因此，不同学科专业的教师所接受职前教育的差异，造成了对知识性质理解的分歧并形成不同的知识观，进而影响到其课程观。B1 教师对课程知识的性质有自己的看法。他说道，*数学学科知识具有自身的系统性和结构性，而且课本知识是由专家确认的，可以说是真理吧。我的教学责任在于清晰地解释数学知识，教会学生正确的解题步骤还有理解数学的概念，然后让学生获得答案，这样学生就可以掌握数学的基本概念和技能了……帮助学生发展思考技能和研究技能，让学生使用这些技能解决现实生活的问题，并作为其他学科的使用工具。*可见，教师如何进行数学教学的个人观点来自教师对数学本质的理解，而不是源自他或她认信的"最好的教学方法是什么"②。但是，D2 教师对知识性质有着不同的理解。她说，*比如说课本中的疑问句和设问句吧，不同专家对它们的解释都是不同的，并没有一个很完整的定义。所以上课时，我只能从中挑选一个教给学生，告诉他们，如果作者给你明确答案的，那就是设问；没有给出答案的就是疑问。我也只能这么笼统地跟学生讲了。*有学者认为，从事科学教育的教师倾向于客观主义认识论，往往把事物的发展用一种线性的因果关系加以解释，重思维的严谨，重实验的精确，重知识的结构，在认识方式上更多的是"联系性认知"。而从事人文学科的教师更倾向于对事物不确

---

① Britzman, D. *Practice makes practice: A critical study of learning to teach.* New York: Suny Press, 1991: 4.

② Hersh, R. Some proposals for reviving the philosophy of mathematics. In T. Tymoczko (Ed.). *New directions in the philosophy of mathematics.* Hillsdale, NJ: Erlbaum, 1986: 201 – 214.

定性的认识，淡化知识的唯一性标准，在认识方式上更多的是"分离性认知"。[①] 有研究也发现，在人文主义取向维度，英语学科教师较科学学科教师更为重视之，二者存在显著性差异。[②]

　　然而，同一学科内的不同教师，对知识本质的不同认知与理解，也可能形成不同的知识观，导致彼此之间课程观的区隔。长期以来，由于受本质主义知识观的影响，知识是作为客观性真理存在的，随着建构主义思潮的涌起，质疑并解构了本质主义知识观存在的合法性。建构主义知识观认为，知识是在课程实践中，学生主体与环境相互作用而不断建构、发展的过程，由于个体经验、生活履历、智力结构、情感体验的差异，其认识结果也不尽相同，所以知识具有理解性、生成性、境域性与个体性等特征。C1 教师在教学中甚为关注学生主体性的发挥，因此会根据学生不同的学习阶段而采用相应的教学方略。她说道，在七、八年级段的教学中，我会比较侧重于实验课和探究课，注重培养学生分析问题和解决问题的能力。比如实验课，我会尽量能让学生自己去设计实验，让所有的学生都参与到这项活动中，让他们学会思考。比如为什么要做这个实验，怎样做实验，实验中需要哪些注意事项，如何正确操作等；如果是探究课，就让学生根据"提出问题、建立假设、制定方案、设计实验、合作交流、得出结论"的过程进行探究学习，所以我比较注重让学生进行合作学习，通过任务分工、探究思考等过程完成实验探究。这个过程的好处在于能够查漏补缺，发现学生的不足之处，培养学生的动手能力，也更能体现每位学生的价值。通过生生互动，他们能够较为轻松、愉快地解决问题，这比我"唱独角戏"的效果要好得多，而且学生印象深刻，不易遗忘。而到了九年级，因为学生面临着中考的压力，所以我会更注重学生解决问题的能力，因此提供更多的时间让学生理顺知识点，并帮助学生整合所学知识与技能，提高学生问题解决的能力。可见，持建构

---

　　① 喻平：《教师的认识信念系统及其对教学的影响》，《教师教育研究》2007 年第 4 期。

　　② Cheung, D., Wong, H. W. Measuring teacher beliefs about alternative curriculum design. *The Curriculum Journal*, 2002, 13 (2)：225 - 248.

主义知识观的教师，多会采用自主、合作、探究的教学方式，让学生体验知识的发生与发展过程，使学生在与课程情境的交融中建构与创生知识。哈什威（Hashweh）的研究也表明，教师的认识论信念以不同的方式影响课堂教学，持有认知建构主义及知识建构主义信念的教师，更可能去察觉学生的选择性的概念，拥有一种选择教学策略的丰富技能，使用潜在且更有效的教学策略引导学生发生概念上的改变。他强调，相比于持有经验主义信念的教师，他们更频繁地使用有效的教学策略。[①]

3. 教师课程观生成与发展的专业体察

教师专业发展是教师在其专业水准及专业表现上，不断地自我提升与学习成长的历程，是一个工作领域的专业化与持续探究历程，而教师个体的心理因素则渗透于整个专业发展的过程，具有内在的操控力。教师的专业素养与其课程观是互为发展的，并体现出阶段性。A1教师在语文教学中强调课程目标的预设和达成，而不大关注学生的个人需求。她谈道，我一般课前做好备课工作，设计好了上课要讲的内容和要求学生掌握的技能，如果在课前缺乏周全的准备而在教学中做临时调整，一来会打乱自己的教学思路；二来可能会让学生茫然无措，这样会影响学生知识获得的连贯性和系统性。所以，我比较喜欢按部就班的教学，按照原定计划来教学，虽然在教学过程中会产生一些突发事件，比如学生反映一些内容在过去已经学过了，但是这时我已经不能对教学计划进行大幅度调整了，因为我在课前没有做好应对的准备。而E1教师则认为，教学活动应该是"预成"与"生成"的统一，他在科学教学中倚重个人的实践智慧解决一些突发的教学问题。他谈道，比如实验课，我的看法是要让学生掌握实验操作和动手能力，所以在教学前自己一定要先预设好实验方案，并对实验中可能存在的问题先进行预测，对于实验中可能会出现失败的问题也要有心理准备，因为学生是科学的探究者，所以他们做实验的时候不是每个

---

① Hashweh, M. Z. Effects of science teachers' epistemological beliefs in teaching. *Journal of Research in Science Teaching*, 1996, 33（1）：47–63.

人或每次都能成功，但重要的是让学生能学会分析为什么实验会失败，找出失败的原因。……实验课主要让学生掌握实验操作的正确性，培养正确分析实验现象及产生原因的能力，所以一定要让学生自己动手，而不是老师的演示实验来取而代之，应该让所有的学生都能参与到学习中，使课堂教学能面对全体学生，而不是个别成绩优秀的学生。……在教学中也可能随时有突发性的问题，这在课前是无法预设的，所以自己要有一定的应变能力来处理这些突发问题。因此，教师在专业发展生涯的不同阶段，其课程观的形态存在着差异。维斯特曼（Westerman）的研究也发现，专家教师与初任教师在知识统合、学生行为、教学过程三方面存在差异。在知识统合方面，专家教师在制订教学计划时，具备把学生既有知识与课程内容加以统合的能力，以帮助学生学习新知；而初任教师则以教学目标为依据而缺乏统合知识的能力。在学生行为方面，专家教师对于学习不认真的学生，会采取一些管理技能唤起学生的注意，知道怎样去激励与引导学生；而初任教师不仅忽视行为习惯较差的学生，而且在其干扰课堂教学时会施以惩罚，以避免影响其他学生的学习。在教学过程方面，专家教师把教学前、教学中与教学后视为动态关联的过程，而且在教学过程中以学生为依归并保持积极互动；而初任教师则对教学过程缺乏整体上的把握，较为关注自己的教学表现而不是学生的学习状态。[1]

教师在专业生涯的成长历程中，教师的专业知识、专业伦理等方面所提供的教师角色定位都是教师课程观的来源。首先，教师知识是形构教师课程观的前提。教师知识是教师思考的历程，它包括个人知识和专业知识两部分。个人知识是建基于个人经验的基础之上，将教师看作具有知识及认知的个体。个人知识由教师的过去经验、现在的认知及教师未来的计划和行动所构成，它是在教师的专业实践活动中建构的，"每一教师个体在教学实践中，都以特定的方式重构过去和

① Westerman, D. A. Expert and novice teacher decision making. *Journal of Teacher Education*, 1991, 42 (4): 292-305.

未来的意向来应对当前的教学情境"①。专业知识包括专业社群、教育政策及学科领域的知识，它是教师在和这些场域的不断交互中而形构的。其次，教师敏锐地体察课程实践及周遭的课程问题并解决之，在反思性批判实践中发现其意义，这是形塑教师课程观的动能。反思生发于问题情境或教师个体的信念与知识受到挑战，是个体内在思考与外在情境、过去经验与当前活动交互的过程，借此促发深层次的思考与进一步的行动。因此，只有对个人的假设、价值和经验的反思，才能不断地检思自己的课程观与实践行为，在自我的生命情境与专业实践场域的交互中不断完善其课程观，进而成为一位有能力、有思想的专业人员。吉登斯（Giddens）指出，反思性是形成自我认同的最重要部分，反思的过程描绘了自我如何通过不断重组自我的叙事而形成自我认同，再根据知识或理性思考进行自我调适或自我修正。②

　　作为渗透于教师专业发展全过程的个体心理因素，尤其是其中的认知与情感要素，对教师课程观的形塑具有重要影响。从认知心理学的角度来看，个体信念通常作为"潜隐理论"的形式存在，在很大程度上是通过教师个体的认知、理解和体悟所形成的，具有缄默性与独特性。C2 教师表示自己在教学的前、中、后会经常反思自己的教学行为和学生的学习情况，以更好地促进学生的成长。她说道，我经常会反思自己教学上的得失，我发现"快乐教学"——我当老师的教得轻松开心，当学生的学得轻松快乐——这一方法是不错的，但美中不足的是我处于主角地位，课堂上主要是我讲学生听，学生充当了配角却参与不够。能不能既坚持"快乐教学"又让学生成为课堂的主角呢？经过我的不断思考和教学经验的累积，决定把课堂交给学生，让学生成为课堂的主体，在课堂上主要是学生自主学习、合作探究学习，而作为老师的我则由原来的知识灌输者转变为课堂教学的组织者，学生会的我不讲，学生不会的我先不讲，让学生自己思考讨论。

　　① Connelly, F. M. , Clandinin, D. J. *Teachers as curriculum planners*. New York：Teachers College Press, 1988：25.

　　② Giddens, A. *Modernity and self - identity：Self and society in the late modern age*. California：Stanford University Press, 1991.

当学生努力了但还不能解决问题时，我才适当点拨讲解。学生成为课堂学习的主体，在课堂上学生自主学习、合作探究，我成为课堂教学的组织者，这种教学法充分调动了学生学习的积极性，让他们的思维动起来了，让他们的智慧在思考与交流碰撞中得到升华。因此，教师对课程活动的内在思考，是在其课程观观照下对课程的主观认识，是课程观转化为课程实践的介质，影响着教师的课程决定与教学行为。可以说，教师的课程观和课程计划及教学过程中的思考决定是一种双向建构的关系，其形构了教师的思考过程。因为教师对课程价值、师生地位等的观点及看法，必然左右了他们对于课程计划、教学过程及师生关系的思考和决定，而这些又反过来影响了教师课程观形态。谢弗森（Shavelson）和斯特恩（Stern）的研究发现，教师教学的内在心理过程，包含许多教学判断与教学决定的过程。教师需要先对有关学生、教材、教师和学校环境的信息加以整合，形成教学判断与决定，并作为其教学行为的基础，从而产生教学计划、教学互动等各项教学行为。[1]

　　教师个体在课程认知的过程中，情感是在场的，它影响了教师对课程认知的广度与深度。然而，以往的很多研究都重认知因素而轻情感因素，事实上，教师的情感因素在其信念系统中的地位是举足轻重的。D2 教师认为语文教学应该是鲜活的，应该和学生的个人生活情境相联系，这样才能活化静态的知识。她说，我比较注重学生创造性思维的培养。在语文教学中，我让学生先对某一篇文章进行个性化理解，再要求他们用图画表达文章的思想，这样既可以帮助学生理解课程内容，又可以涵养其艺术才华，何乐而不为呢！我还让学生在自己所绘的图画上做一简短陈述，因为这是对这篇文章思想的整体概括，从中就可得知他们是否理解文章所要表达的核心思想。在我看来，学生在根据文章的内容进行绘画之前，就应该理解了文章的核心思想，因为在这个基础上才能对图画的内容进行构思并展现出来。可以说，

　　① Shavelson, R. J., Stern, P. Research on teachers' pedagogical thoughts, judgments, decisions, behaviors. *Review of Educational Research*, 1981, 51 (4): 455–498.

每个教师的情感生活都是独特的，因此影响他们对课程价值的体认，并转化为具体的课程行为。尼斯博（Nespor）的研究也表明，教师会对课程内容中的不同价值产生自己的见解，这些见解影响着他们如何授教课程内容，影响着学生的学习。例如，历史教师对历史人物的评价、对史实或情节存在的偏见，甚至对历史教学的重点也有着个人独特的偏好，这对教学的影响十分明显。① 因此，教师个体的情感因素影响对课程的价值判断，不仅是对课程目标的确立、课程内容与教学方式的选择、学习活动的组织，还影响其倾注于教学工作的精力多寡及效能感的高低。可以说，教师专业素养的不断提升，意味着对课程理解的逐步深入，从而能够从哲学角度检审其信念系统，强化正确的信念并修正、弃绝不合宜的信念，逐步完善其课程观，而其课程观的发展，又为教师专业素养的提升提供方向指引与行动依据。

4. 教师课程观生成与发展的环境觉知②

（1）学生

学校教育主要是以课程为载体展开的，课程的目的在于促进学生的全面发展与个性化成长。学生个体具有独特性，他们具有各自的学习态度、兴趣、个人特质、家庭背景以及前在经验等差异。在教学活动中，这些差异主要体现为学生能力和学生努力的不同。学生不同的认知能力和文化背景，将影响教师课程观的形塑。"教师对于学生的情感特质及人格的解释，也影响到教师如何反馈、领导的功能定位及计划管理策略"③，以及教学方式和课程结构。B2 教师认为学生的素质及在日常教学中的表现会影响其教学思路和教学方法。她说，学生的基本素质和我预想的相差太多，让我必须加强学生的口语和背读能力，而不是强调原先在课程设计的重点。如果那样的话，学生的学习

---

① Nespor, J. *The role of beliefs in the practice teaching*：*Final report of the teacher beliefs study.* Austin：Texas University，1985：156. （ERIC Document Reproduction Service，No. ED 270446）

② 这里的"环境"主要是指教师的任教环境。

③ McCaughtry, N., Kulinna, P. H., Cothran, D., Martin, J., Faust, R. Teachers mentoring teachers：A view over time. *Journal of Teaching in Physical Education*，1985：24（4）：326 – 343.

兴趣会不高，也就不会积极地参与到教学中……我提问的时候学生发言不积极，如果学生不专心听课，或者当他们在做小动作的时候，看到他们那样，我上课的情绪就会波动，同时干扰了我的教学计划。因为我老想着把他们带回到我们正在做的事情上来，这肯定会打断我的教学思路……后来我想通了，学生都是有自己想法的，于是有时我也会站在学生的立场上换位思考，如果我处在学生的位置，我会做些什么呢？我想他们也在想如果是我，他们会怎么教。所以，我会尽量按照学生的兴趣需求进行教学。我认为学习意味着我去诱导学生去思考和行动，学生应该自己去思考和创造，如果他们只是被动地接受知识，那么学习就变得毫无意义了，只要他们充满热情地参与到课堂中来，我就能引导他们学习，课堂也就充满生机了。

梅耶（Mayer）研究发现，任教环境会强迫教师以特定方式形塑其教学信念，例如课堂上学生的不良行为会影响教师的教学，原本教师希望以小组讨论的方式进行教学，就不得不放弃改以讲授的方式。[①]奥斯朋（Osborne）在了解学生学习回馈的情况后指出，我知道要教什么、怎么教，以及为何这样教，但是在教学情境中，由于学生的反应和实际的教学情境，我开始质疑自己拥有的知识。我在过去获得这些学科知识与教学知识的情境与现在要应用这些知识的情境存在着差异，让我舍弃了一些价值观和目标。同时，这也促使我对学生有了新的了解，拓宽了我以前的想法，或者促使我在新的情境中重新思考这些问题。[②] 可见，学生因素是影响课程观的重要面向，如果学生因素与教师的期待相符，教师的课程观就能付诸实践；如果学生因素与其课程观相悖，教师也只能调适或改变其课程观因应学生的需求。因此，教师在教学过程中必须"意识到学生经常有困难的主题，以及共

① 　Mayer, R. *Recent research on teacher beliefs and its use in the improvement of instruction.* In American Education Research Association. The Annual Meeting of the American Education Research Association. Washington, DC: American Education Research Association, 1985. (ERIC Document Reproduction Service, No. ED 259457)

② 　Osborne, M. D. Teacher as knower and learner: Reflections on situated knowledge in science teaching. *Journal of Researchin Science Teaching*, 1998, 35 (4): 427–439.

同的错误"①，了解学生学习的现实表现以调适自己课程观，进而通过创设适度的挑战来激发学生的学习动机与兴趣，发挥他们的主体性。只有学生积极主动地参与学习活动时，学习才能发生。

从这一程度上说，学生因素与教师课程观是一种互为构建的关系，教师在与学生的互动中获得学生学习情况的回馈信息，加深了对教学任务性质的理解，并将这些资料进行统整，经过信念系统的过滤与筛选，对学生的学习能力、动机及行为的情势进行评断，进而做出各种教学决定。进一步说，教师的课程观虽然具有过滤教学信息、做出理性决定来导向教学行为的积极功能，在界定与课程活动有关的各种行为、确定教学任务时具有重要的作用，但学生因素的制约，对教师的课程观与教学行为具有相关程度的影响。因此，教师课程观会影响学生行为和成就，后者也会对教师课程观及教学行动产生较大制约。

（2）教材

学科知识是通过教材来呈现的，教材是课程活动得以展开的主要载体。教材可以为课程活动提供内容翔实的课程资源，却不能直接联结学生的已在经验，以培育学生的思考能力与创造精神。但是，教师通过对教材的理解及采用相应的教学方式，可以改变教材的静态性，赋予教材以生命与意义。因此，教师是创生教材的主体，教材是否适用，取决于有效地使用，亦即教材的品质决定于教师在具体教学情境中的使用方式。"相同的教材，而持不同课程观的教师，可以产生不同的教育实践，形成不同的学习经验。"② B1 教师认为当前无论是社会舆论还是家长诉求，大都是以升学率高低作为衡量学校办学质量和师资水平的标尺，所以在教学过程中强调学生对课本知识的掌握，这也体现了"忠实取向"的特征。他说，虽然现在新课程倡导新的评价方式，但是学生还是要经过像以前一样的考试选拔，如果学生的升学

---

① Shulman, L. *Those who understand: Knowledge growth in teaching*. Education Researcher, 1986, 15（2）: 4-14.

② Apple, M. Power, meaning and identity: Critical sociology of education in US. *British Journal of Sociology of Education*, 1996, 17（2）: 125-144.

考分达不到一些重点高中的录取线，甚至就差 0.5 分，也就享受不了优质的教育资源；如果捐资的话最少要 3 万元，而且还要找关系。况且升学考试是以教科书的内容作为考试范围的，你说我们不照本宣科行吗？所以我在教学中就是围绕考试的知识点要求学生牢记课本内容，这样学生才能考出好成绩，说实在话，学生能力的培养是在其次的。可见，多数教师认为只要认识现成的教材内容，然后慎选适用于教学情境的内容即可，只是将教材的文字进行口语的转换，并没有提升自主发展课程的能力。相反，有的教师却持有不同的观点。E2 教师认为现在的数学教材有点难，编排结构也有问题，有的简单内容却放在难度较大的内容之后，而且有些内容很枯燥，因此他不会照搬课本而会做些改动。他说，我教初中英语都快 20 年了，说实话，在新课改前我是根据自己的教学观点教学的，那时候只要让学生掌握了知识就行了，但是现在的英语教材无论是对我，还是对我的学生来说，都是一个挑战。现在的教科书比较适合城市学校的学生，而我在农村任教，生源和城市学校相比肯定是有差距的，再说了，我今年教的是七年级英语，班级上的学生也大部分都是在农村小学就读的，他们从小学三年级开始学英语，但是学得很不好，甚至连英语字母有多少个都不知道……现在的课本是和小学阶段相衔接的，课本内容对学生来说难度较大，而我们学校的教学资源又很缺乏，没有语音教学室，上课时唯一可以用的就是录音机，但是录音机播放磁带的效果又不好，坐在后排的学生经常喊听不见。我发现学生的学习效果很差，上课睡觉的、讲话的比较多，通过考试发现学生的英语知识和口语能力很差，所以我必须进行反思呀……我对教科书的内容进行调整，根据教学情况适当地降低难度，同时创设一些虚拟的场景激发学生的学习兴趣。比如，让学生在课堂中扮演顾客和商家，在购物中要求学生用英语交流。因为和学生的生活比较贴近，他们的兴趣也就很高，遇到不会的单词或者语法问题就会主动问我，在愉快的氛围中获得了知识和技能。这样，教师不仅将教材视为教学活动的主要资源，而且根据教材内容、形式与顺序进行变通或增删，同时"通过学生的眼睛、心理和心灵来洞悉教材"①，注重教材知识与学生生活经验的联结，并鼓励学生以所学知能来解决实际问题。奥尼尔（O'Neill）的研究发现，有效能的教师采用前导组织体（expository organizers）或者说是结构性说明，亦即在学习教材之前，对教材进行介绍，以建立新教材知识与学生前在经验的联结。② 有效能的教师会强调教材内容的重要层面、举例说明教材内容、评价学生学习情形并对教材做适当处理。③

　　除了教材难度之外，还有教材与教师课程观的适切性问题。如果地区性指定的教材与教师的课程观不相符合，就不可避免地对教师产生冲击，因为教师必须重新审视以往在专业实践中已被检核和肯认的知能和信念，对教材进行新的诠释和转化，调适或改变课程观及行为因应现实的教学情境。C2 教师表示，教材的更换影响了她的教学方式，她会根据教学环境对教材进行调整。她说，在过去，上课时我一般就是根据教材内容补充相关的材料，做的变动不多。新课改后教材更换了，我发现以前上课采用的教学方法不能适应教材内容的安排，新教材对教师的素养要求很高，所以我就根据课程目标尽量吃透教材。比如，通过查询资料、向资深教师请教、了解学生的现状等，对教材内容进行增删和调整，在教学中尽量激发学生学习的积极性，让学生感受到学习是快乐的事情。我发现，这一招还真挺灵的。如在教学郭沫若的作品《雷电颂》时，我首先让学生自主选择喜欢的阅读方式阅读课文。开始有的人大声朗读，有的人无声默读，有的人慢读，有的人快读，可是后来默读的、慢读的、快读的、轻声读的同学先后不约而同地加入到大声朗读的行列。

　　等到他们读完课文后，我就提了一个问题："你们先前轻读的、

---

　　① Ball, D. L. What to students know? Facing challenges of distance, context, and desire in trying to hear children. In B. J. Biddle, T. L. Good, & I. F. Goodson. *International handbook of teachers and teaching.* Kluwer Academic Publisher, 1997: 769–818.

　　② O'Nell, G. P. Teaching effectiveness: A review of the review. *Canadian Journal of Education*, 1988, 13 (1): 162–185.

　　③ Hines, C. V., Cruickshank, D. R., Kennedy, J. J. Teacher clarity and its relationship to student achievement and satisfaction. *American Educational Research Journal*, 1985, 22 (1): 87–99.

默读的、慢读的、快读的同学，后来为什么都改为大声朗读了呢？说一说你们当时的感受和想法吧？"话音刚落，同学们纷纷大声回答：

A 同学：老师，这篇课文大声朗读感觉好，特棒！

B 同学：老师，大声朗读有气势。

C 同学：先前我是默读的，可我旁边同学那种大声朗诵的特爽感觉感染了我，所以我也跟着他一起大声朗读了。感觉比先前默读有劲有味道。

D 同学：对！对！对！老师，就像 C 同学说的那样。我们被感染了。大声朗诵我觉得我就是在呼唤风雨雷电的屈原。

……

我接着问："那同学们觉得这篇课文最适合怎样读？"

全班异口同声回答："大声朗诵。"

我乘兴追击，"那么，同学们有感情地把课文大声朗诵一遍，好吗？"

"好！"。

有感情朗读课文的教学目标，就这样在学生自主学习中实现了。

梅耶（Mayer）也认为，如果"指定教材与教师信念中原初设想的教材存在差异，教师也就不得不修正既有的教学信念"，"教师可能改变行为来适应环境，要不就是改变其信念系统来配合行为"。[①] 可以说，教材是静态的，而教学是人与人、人与环境之间对话的动态过程，只有教师对教材的诠释与转化，才能充分发挥教材的内涵并澄清其价值，正如奥尼尔（O'Neill）所言，有效能的教材是有趣的、具有挑战性及配合学生程度的。[②] 而有效能的教材是在教师课程观的观照下生成意义的，因此教师是教材知识与意义的决定者和传递者。

---

① Mayer, R. *Recent research on teacher beliefs and its use in the improvement of instruction*. In American Education Research Association. The Annual Meeting of the American Education Research Association. Washington, DC, 1985. （ERIC Document Reproduction Service, No. ED 259457）

② O'Nell, G. P. Teaching effectiveness: A review of the review. *Canadian Journal of Education*, 1988, 13 (1): 162 – 185.

5. 教师课程观生成与发展的制度规约

（1）学校制度

学校制度具有结构性的强制作用，是规范组织成员的专业行为、调节实践场域中各种关系的价值规范与行动准则，是教育活动得以有序进行的保障。学校作为一个教育组织，是松散结合的组织，它具有组织的科层化和教学的专业化特征。在科层制下，任何决定都要遵从制度的规范与类型的规约，但是教学的专业化却强调教师的教学自主权，两者往往发生冲突与矛盾。① 行政者通常从科层制立场出发对教师提出教学要求，让教师陷入工作与任务之间的两难困境，科层制导致了教师很难体行其课程观。B2 教师认为其所在学校具有浓厚的科层制色彩，行政制度的压力让她的工作负担加重，而不是将自己的主要精力放在提升教学品质上。她说，学校的检查就像是儿童的游戏，领导开心就来查一查，不是看你的课堂教学是否有效，而是看你写在教案上的东西是不是合格。刚开始许多老师为了上课方便，把很多上课要讲的东西写在书本上。领导说："这不是你的教案，你这是在偷懒。"后来无奈，我们只好把要讲的、不讲的都写进教案，这样领导倒是满意了，可我们上课时就有一点脱节了，这一点我们也克服了。……现在还要教师参加一些教研活动，如果有助于提升我们的教学水平也罢，但是好形式啊，就是由学校的一些领导、老师来上课，其他老师就做笔记、写心得；说是学习，其实就是为了搞个形式，照几张相，为的是在上一级领导面前显示一下自己的功劳，其实就是个地方保护主义。这不仅害了学生，影响了老师，更是让地方教育停滞不前。上级领导如果看到进步不大，就换领导，新领导又换方法，新官上任又几把火，不把老师烧着誓不罢休。可见，这种科层制受到技术理性及实证主义范式的影响，强调预测、效率与控制，关注手段理性而忽略目的理性，导致了对本真教育的曲解。在这种强调效率与控制、推重手段理性而不是目的理性的语境下，学校制度的目的在于管

---

① Sergiovanni, T. J. *The principalship: A reflective practice perspective*. Boston: Allyn & Bacon, 1991: 50.

理、效率及控制，通过森严的等级划分，赋予不同等级相应的权力来控制教育实践活动。这样，教师与行政者就处于一种不平等的关系，而教师也只能遵从行政意志进行课程活动，不仅很难践行自我课程观、发挥专业自主，也很难有效参与到课程发展中来，进而陷入"殖民化的心理状态"（弗莱雷语）的窠臼。"教师所工作地方的制度，对教师信念产生的影响胜于教师自身的经验与价值观的作用。"① 同时，科层制管理下的教师也为权力地位而相互竞争，导致了教师之间的各邦自主，缺乏彼此间的对话与交流，使教师个体局限于狭小的自我空间。这样，教师也倾向于采用传统的课程实践而很少对自己的课程观及实践行为进行反思性批判，造成课程观的固化与老化。哈格里夫斯（Hargreaves）和麦克米兰（Macmillan）在对英国中学教师文化的研究后也发现，中学教师之间存在着一种所谓的"巴尔干文化"（balkanized culture），教师在学校并不是独立工作，也不是进行团队合作，而是在学校群体中的次级团队中工作，彼此为了权力地位而竞争着，甚至彼此敌视。②

而重视以人力资源开发为旨趣的学校制度，强调赋权于教师，发挥教师的自主权，是教师专业发展及体行其课程观的重要影响源。教师赋权"是对传统的科层化教育行政领导的颠覆"③，其强调自下而上、权力共享的决策模式，旨在提升教师的地位、发展其知能及赋予参与决策的机会，将教师视为促进学校发展的主体。D1 教师认为所在学校的制度较为人性化，教师具有自我专业发展及参与决策的机会。他说，我们学校很关注提升教师的专业能力，经常会组织一些教研活动让我们参与，主管的校领导及教务主任事先会拟定活动方案，让参与的教师熟悉活动的整个流程。如果我们对哪个环节不是很明

---

① Tabachnick, K. M., Liston, D. P. *Reflective teaching*: *An introduction*. New Jersey: Lawrence Erlbaum Associates, 1996: 10 – 16.

② Hargreaves, A., Macmillan, R. The balkanization of secondary school teaching. In L. S. Siskin, J. W. Little. *The subjects in question*. New York: Teachers College Press, 1995: 141 – 171.

③ Reitzug, U. C. Diversity, power, and influence: Multiple perspectives on the ethics of school leadership. *Journal of School Leadership*, 1994, 4（2）: 197 – 222.

白，校领导会请专家来指导，帮助我们解决一些课程设计的实际困难。我们在教研活动中，采用自评和他评相结合的方法，教师既可以自由选择听课对象，也可以自行邀请其他教师来听课，并对自己的教学情形进行评价。大家的地位是平等的，都可以相互观摩对方的教学，而校领导不参与，这让我们心里很有安全感，因为不是校领导自上而下地对你的教学质量进行评断……校领导对教师关于学校制度所提出的不同意见，会以实际行动表示尊重，例如对一些刚性的、不人性化的制度和规定，都会召集教师进行讨论并定案。如果有的教师还有不同的意见，认为应该要添加或删除某些条款，校领导会利用下一次会议，就一些教师提出的问题再和大家进行商讨，看是否需要再次修正，比较尊重我们的看法和意见。可见，人力资源开发制度提升了教师参与学校发展及课程决定的积极性和主动性。因此，改变学校制度的权力结构，赋予教师参与决策的权能，提升教师的专业地位和能力，倡导学校成员以合作方式参与课程发展，使教师能够不断对自身的课程哲学进行检视，充分发挥课程观的实践功能，引导并促进教师沿着专业自觉与专业自主的方向发展。

（2）教师培训制度

教师培训制度旨在促成教师的专业化，以成为发展学校课程、学校实务和教育政策的专业人员。当前主要存在以认知主义和建构主义为理据的两种教师培训制度，而在其观照下的教师培训模式也存在差异。理性主义的教师培训模式讲求行为目标、能力本位、忠实取向的课程设计与评价方式，强调技术控制、效率管理，认为教师的课程实践是线性的、明确的及稳定的，教师课程观的更新也不排乎其外。但是，这种制度受到了社会建构主义观点的质疑。基于建构主义理论上的教师培训模式则认为，教师的课程实践是非线性的、不确定的、生成建构的，因此强调以人为主体的"缔造取向"的课程设计与评价方式。在培训课程中，强调参训教师应通过合作学习的途径进行反思性实践，涵养实践智慧，进而发展其课程观。因此，不同理论观照下的教师培训制度影响着教师课程观的存在形态。D2 教师对教师培训制度具有自己的理解，她认为现在的培训活动很多，但是存在着理论与实践偏执一隅的情况，二者之间并没有得到很好的统合。她说，我一年中最少要参加 3 次教师培训，有涉及教学方法的，也有教师德育等主题。先说师德培训吧，我们每个暑假都要参加区教育局组织的为期 3 天的师德培训，区局邀请某些大学教授或资深教师在主会场演讲，全区学校的教师在其他的几个分会场看同步演讲视频，因为讲的东西离现实太远，而且又是观看视频，缺少互动，大家普遍上很反感。在下面讲话的、写教案的（因为无聊）的教师不在少数，为的是不缺席而拿到学分，因为这个和评优与评职称挂钩。我就很纳闷，师德能够培训吗？人的思想可以通过训练吗？……有时候我也参加一些有关教学方式的培训，专家在上面说在教学中应该采用什么教学方法，并且介绍了详细的流程，我们就知道某种教学方法应该怎么样贯彻，但是对为什么这么做是不清楚的。我也尝试过使用这些教学方法，但是和以前的教学模式相差太大，我和学生都很难适应。可见，理性主义的教师培训模式认为，向教师提供一套新的理论或技能课程，让教师接受培训之后就能够将所学知能迁移到其工作场域中。但是，这种模式只重视具体知能的灌输和授受，并不能促使教师课程观的转型，自然也就难以对课程形成系统的理解。正如阿普尔（Apple）所言，教师在系统化的概念中，面临"去技能"（deskilled）的问题，教师的角色是被忽视的。① 同时，这种模式所倡导的理念也不可避免地与教师的原有课程观产生冲突。事实上，教师在进入专业领域时也已经建立了较为稳固的课程观。博伊考特（Bodycott）、卡根（Kagan）的研究发现，教师在参与培训项目之前，已经形成"好教师"（good teacher）的自我意象，以及学生时代的自我记忆存储的个人信念。②③ 因此，当培训课程的理念挑战教师原有的、较为稳固的课程信念时，会遭到教师的前在信念结构的排斥。肯尼迪（Kennedy）的研究也显示，

---

① Apple, M. *Education and power*. London: RKP, 1982: 146.

② Bodycott, P., Walker, A., Lee, C. K. J. More than heroes and villains: Pre – service teacher beliefs about principals. *Educational Research*, 2001, 43 (1): 15 – 31.

③ Kagan, D. M. Implications of research on teacher belief. *Educational Psychologist*, 1992, 27 (1): 65 – 90.

教师的原有信念往往对教师培训项目所倡导的新教学理念进行评价。教师认可与其原有信念相符应的那些教学理念，而挑战其信念的那些教学理念则被视为纯理论的、不可行的甚至完全错误的而招致忽略。①

建构主义观照下的教师培训模式基于对教育目的、课程价值的全面理解，注重培植教师的课程观，将教师的自我效能、自我反思、实践知识、自我发展的态度等专业知能的形成视为一个动态生成的过程。C2 教师谈到了她对教师培训的看法，她认为不定时地参加教师培训活动，对增进自我专业素养很有帮助。她说，平常我参加的一些培训活动的组织形式各有不同的特点，有的是专家在介绍新的教学理论和教学方法；有的采用主题式讨论法，无论是哪种形式对我都有帮助，关键是要学会学习，现在不是倡导终身学习嘛……在培训中，大家在一起合作学习让我很感兴趣，因为我们探讨的主题都是平常在教学中感到比较困惑的问题。大家围绕主题查资料，结合自己的教学观点"指点江山"、各抒己见，让我的眼界宽广了许多……我在参加完培训后一般会对自己所获得的经验进行总结，反思自己日常教学活动中存在的一些问题，将所学理论和自己的教学情况进行对比，发现自己的不足和优点，并写一些具有教育意义的案例……以前我认为探究学习就是给学生安排一个主题，让学生围绕它进行自我探究，目的在于让学生学会探究学习的方法，虽然现在我觉得这个目的还是重要的，但是我会向自己提问更多的问题，比如探究学习的最终目的是什么？我在弄清楚后会告诉学生。教师通过合作学习的路径，让彼此间的教学观点得以碰撞与交融，提升了主动解释、反思课程事件以及环境影响因素的能力，在人际互动的社会化过程中发展了其课程观。桑格利多（Tsangaridou）和奥沙利文（O' Sullivan）研究指出，教师对某个课程问题的反思，是他们信念系统所关注的问题。据此，他们提出了"宏观反思"（macro‑reflection）的理论，这种反思形式说明了教师的实践是无时不在的，是改变课堂实践和教师专业发展的影响

---

① Kennedy, M. M. *Defining an ideal teacher education program.* Washington, DC: National Council for the Accreditation of Teacher Education, 1997: 13‑14.

源。它关乎教师的教学思想和信念，修正、重构和改变教学专业理论及价值，以形成可资利用的新信息，并改变环境。[①] 这决定了反思性实践是关注、改变教师个体课程观的关键。凯莉（Kelly）也认为应该倡导动态、反思及合作的教师角色。教师不应是被动地学习新知识和技能，而应该期望教师通过培训，进行主动、动态的反思，同时将其所学应用到实践情境中来。[②] 可以说，这种模式将教师视为实践知识的主体，认识到教师个人反思意识与能力的重要性，有助于教师课程观的发展和完善。

四　研究结论

本书对教师课程观的构成、特点、影响因素与形成归因的研究结果进行讨论后，得出如下结论：

（一）量化研究方面

本书的研究结果显示，教师在性别、教龄、学校类型、地区、职务、学历、学科、区域等统计变量上，以及参与教研活动、新课程培训情况的不同，其课程观也存在程度不同的差异。本书的研究结果与先前的一些国外研究结果存在着较大差异。这表明，不同的历史文化及社会条件对教师课程观的形塑具有决定性的影响，同时也彰显了我国中小学教师课程观的存在样态具有历史性、独特性和境遇性。

（1）中小学教师最重视生态整合取向（4.19），其次是学习过程取向（4.12）、人文主义取向（4.08）、社会责任取向（4.00）和折中主义取向（4.00），学术理性主义取向（3.96）最低。在六种课程价值取向上的得分都高于理论平均分（3分），这表明了教师虽然最为认同生态

---

① Tsangaridou, N. , O' Sullivan, M. The role of reflection in shaping physical education teachers' educational values and practices. *Journal of Teaching in Physical Education*, 1997, 17 (1): 2 – 23.

② Kelly, P. What is teacher learning? A socio – cultural perspective. *Oxford Review of Education*, 2006, 32 (4): 505 – 519.

整合取向，但也不排斥其他取向，教师课程观中存在着"课程后设取向"（curriculum meta - orientation）的特点。

（2）不同性别的教师在社会责任取向上存在显著差异；在折中主义、生态整合两种取向上存在极显著的差异；而在学术理性主义、人文主义、学习过程取向上没有显著差异。男女教师都最认同生态整合取向，但女教师比男教师更为重视。在社会责任取向上，男教师的得分要明显高于女教师。

（3）不同教龄的教师在六种课程价值取向上都存在显著或极显著的差异。1—5年教龄的教师和其他教龄段的教师在学术理性主义、社会责任、学习过程、折中主义取向上存在极显著的差异；6—10年教龄的教师与11—15年教龄的教师在学术理性主义、生态整合取向上存在不同程度的差异；11—15年教龄的教师和21年及以上教龄的教师在人文主义、学习过程、生态整合取向上存在不同程度的差异；而16—20年教龄的教师与21年及以上教龄的教师在学习过程和生态整合取向上有着极显著的差异。

（4）不同学校类型教师的课程观，除了学术理性主义取向之外，其余都存在着不同程度的差异；小学教师和中学、高中教师在社会责任取向上存在不同程度的差异，高中教师在学习过程、折中主义、生态整合取向上存在极显著的差异；而初中教师和高中教师在人文主义、学习过程、生态整合取向上存在极显著的差异；高中教师在社会责任、人文主义、学习过程、折中主义、生态整合取向上的得分最高。

（5）不同地区的教师在学术理性主义取向上存在显著差异，农村教师的得分要明显高于城市教师，而在其他取向上无显著差异。

（6）不同职务的教师在社会责任和人文主义取向上存在程度不同的差异；在学术理性主义、学习过程、折中主义及生态整合取向上没有显著差异；校长/主任在社会责任及人文主义取向上的得分明显高于教研组长、专任教师。

（7）不同学历的教师在学术理性主义、社会责任、学习过程取向上存在不同程度的差异；在人文主义、折中主义和生态整合取向上未发现显著差异；研究生学历的教师在学术理性主义、社会责任取向上的得分要明显低于其他学历的教师；在学习过程取向上，本科学历教师的得分高于专科及以下学历的教师。

（8）参与不同教研活动形式的教师，除了在人文主义取向上没有发现显著差异外，在其他的五种取向上都存在不同程度的差异。经常参加教研活动的教师、参加自发组织的教学讨论的教师在学习过程、社会责任取向上的得分高于不常参加教学组织活动的教师；经常参加教研活动的教师与不常参加教学组织活动的教师在折中主义取向上存在显著差异；而经常参加教学组织活动的教师在学术理性主义取向上的得分高于不常参加教学组织活动的教师。

（9）参加新课程培训次数不同的教师，在学术理性主义和社会责任取向上具有显著的差异，在学习过程取向上存在极显著的差异。参加1—2次培训的教师与参加3次或以上的教师相比，在学术理性主义取向的得分要低些；从未参加过教师培训的教师在社会责任取向上的得分明显低于参加3次或以上的教师；而参加过3次或以上的教师在学习过程取向上的得分，明显高于从未参加过教师培训的教师与参加1—2次的教师。

（10）不同区域的教师，在六种取向上均存在极显著的差异，而且西部地区教师在每一种取向上的得分都最高。东部地区和西部地区的教师在六种取向上都存在不同程度的差异；中部地区和西部地区的教师在所有取向上都存在极其显著的差异。

（11）不同学科的教师，在学术理性主义、学习过程和生态整合取向上存在极显著的差异，在折中主义取向上存在显著差异。语文教师与其他学科的教师在学术理性主义取向上的得分要低于科学教师；语文教师在生态整合取向上的得分明显高于数学教师；在学习过程取向上，英语教师的得分明显低于科学教师；科学教师在折中主义取向上的得分要高于语文教师、英语教师及其他学科的教师。

（二）质化研究方面

本书的研究结果表明，影响中小学教师课程观的共性因素涵括教师、学生、教材、环境、制度五个面向。

1. 文化影响着教师课程观生成与发展

在访谈中发现，教师课程观的形塑不仅受社会文化的影响，也在学校文化的现实场域中不断建构自身的信念系统。不同的文化和社会因素影响了教育信念和教育价值的变化，因此形成了不同的教育系统。教师是在社会化过程中逐渐形构教师角色的，他们"通过学习、遵从社会规范的过程，让特定时代的社会的可持续发展与文化传播成为了可能"①。新课程理念是时代文化精神的表征，它的推展让教师在一定程度上改变了对课程价值和功能的认识。但是，教师作为一线的教育工作者，其课程活动是在特定学校场域中展开的，因此，其课程观又极大地受到学校文化的影响。学校文化的不同，对教师课程观的影响也不一样。我们发现，封闭的学校文化重在效率和控制，仍然固守传统的教育模式，教师之间缺乏团队互动；仍然奉行以行为主义作为课程设计与教学活动的理论基础，更多的是采用死记硬背课本知识、加大训练强度的教学方法，以确保高升学率，并没有突破应试教育的文化心理格度。有学者认为，学校文化经常竭力反对反思性实践的发展，因此弱化了任何反思的影响。朝向专业实践的反思立场需要培植和支持，需要激励教师通过行动中的反思来获得理解并进行实践。② 而开放的学校文化则强调学习型组织的构建，让教师通过相互合作、有效交流、共享思想、共同掌权，发展他们的课程观并付诸实践。研究表明，开放的学校文化能促进教师课程观的不断更新和发展，因为教师是在社会化的过程中不断"习得恰适的脚本，这是一个积极的过程，教师不仅倚重个人与其所学到的东西协商，也倚重与如何成为一个成功社会化的教师的必要性进行协商"③。

2. 个体经验系统影响着教师课程观的生成与发展

本书发现，教师的个体教育经验和成长历程中所强化的知识系统

---

① Abercrombie, N., Hill, S., Turner, B. *The penguin dictionary or sociology.* London: Penguin Books, 2000: 28.

② Calderhead, J., Gates, P. *Conceptualizing reflection in teacher development.* London: Falmer Press, 1993.

③ Templin, T. J., Schempp, P. G. *Socialization into physical education: Learning to teach.* Dubuque: Brown and Benchmark, 1989: 3.

是影响其课程观生成与发展的主要因素之一。教师原有的教学和学习经验不仅能够帮助他们如何管理班级以及处理学生的学习，还可以获得更多、更广泛的教学经验。① 在个体教育经验方面，学生时代的任课教师等有关人员对教师个体的课程观会产生较大的影响，"这些信念可能关涉教师和学生、学生学习和教学方式、课程"② 等方面，直接影响着他们对课程价值、学生地位、师生关系的认知和理解。教师的学生时代对其课程观的影响很大，同时强调"学生自我"的声音会主导着"教师自我"的声音。③ 而在正式从教之后，教师却发现其课程观与教学情境存在偏差，因此引发了认知的矛盾与冲突。但是，教师会根据现实情境及教学信息回馈进行反思，不断地修正其原有信念，并通过改变实践行动以因应教学实际。另外，教师个体经验包括教师身为家长的角色转换、和同事对话的经验，以及教师生涯中的许多生活事件等，这些都可能改变教师的课程观。正是通过教师的个人经验与外在环境的持续交互，课程观才成为一个动态持续的发展过程。有学者研究发现，教师会在教学前就拥有其教学信念，因此教师会发展相应的教学行为，不同的教学信念会导引不同的教学行为，所以教学信念是预测教师教学成效的指向标。④ 只有当教师的知识与教学受到外在冲击时，这种态度和行为才有可能发生改变，同时也会促使教师在教学中对教学行为做出关键性的反应。

在知识系统方面，不同学科专业的教师所接受的职前教育是有差别的，造成了他们对知识性质的理解分歧并形成了不同的知识观。研

---

① Karimvand, P. N. The nexus between Iranian EFL teacher' self–efficacy, teaching experience and gender. *Canadian Center of Science and Education*, 2011, 4 (3): 171–183.

② Pajares, M. F. Teachers' beliefs and educational research: Cleaning up a messy construct. *Review of Educational Research*, 1992, 62 (3): 307–332.

③ Holt–Reneynold, D. *The dialogues of teacher education: Entering and influencing preservice teachers' internal conversations*. East Lansing, MI: National Center for Research on Teacher Learning, 1991. (ERIC Document Reproduction Service. NO. ED337459)

④ O'Loughlin, M. *The influence of teachers' belief about knowledge, teaching, and learning on their pedagogy: A constructivist reconceptualization and research agenda for teacher education*. Philadelphia, PA: the annual symposium of the Jean Piaget society, 1989. (ERIC Document Reproduction Service. NO. ED339679)

究显示，不同学科的教师对知识性质的看法可能存在差异。例如，数学学科的教师较倾向于将知识视为具有客观真理性的存在，强调培养学生的逻辑思维。而语文学科的教师更倾向于认为知识具有不确定性的特征，不大关注知识的绝对标准性。但是，任教同一学科的不同教师，对知识本质的不同理解也可能形成不同的知识观，导致彼此之间的课程观区隔。有的科学教师强调发挥学生的主体性，因此会根据学科的特定内容和学生能力的情况，采用合作学习及探究学习等多种教学方式，让学生体验知识的发生与发展过程，促使学生建构个体知识。

3. 个体专业能力影响着教师课程观生成与发展

在访谈中发现，受访教师的专业素养与其课程观是互为发展的。在专业生涯的不同阶段，其课程观也存在着差异，体现出了脉络性特征。受访的初任教师较为强调课程目标的预设和达成，缺乏知识统合的能力，倾向于关注自己的教学表现而不是学生的个人需求，没有把教学视为一个动态关联的整体，体现出反思能力的不足。有研究也发现，专家教师认为学生具有从自身兴趣发展出问题的足够动机，以进行问题解决的探究。因此会组织学习环境，向学生提供有趣问题，并让他们以小组合作方式进行探究。而初任教师认为，学生只有得到教师的解释才能了解旧知识与新主题之间的关系，学生聆听教师讲解题目的过程与方法，是学习数学的有效方法。[①] 莱恩（Ryan）将教师专业发展分为幻想期（fantasy）、生存期（survival）、精熟期（mastery）及影响期（impact）。[②] 教师在正式任教后即进入生存期，往往要面对专业工作、价值观、认同感以及教学上的各种问题而努力，关注点在于是否能够胜任教师工作的问题，而无暇关注其他。教师反思能力的形成需要具备三个条件，包括自我的觉知、明了自己的教育价值观以

① Beswick, K. Teachers' beliefs about school mathematics and mathematicians' mathematics and their relationship to practice. *Educational Studies in Mathematics*, 2011, 79（1）: 127 – 147.

② Ryan, K. *The induction of new teachers.* Bloomington: Phi Delta Kappa Education Foundation, 1986. （ERIC Document Reproductions Service. No. ED268117）

及对自己所在教学情境的深入了解。① 这些能力是通过教师的课程观
与教学情境的持续交互，对课程或教学事件进行深层次思考并采取进
一步行动获取的，进而涵养了个人的实践知识，提升了专业能力。而
教师专业素养得到发展的同时，也逐步修正、完善了其课程观。根据
研究得知，受访教师所秉持的不同课程与教学观点，都是源于不同课
程要素重视程度的差异，这一倾向或偏好关涉教师个体的认知与情感
的心理因素。每个教师的认知能力和情感生活是独特的，各自的个人
特质和课程经验也不同，这就影响到对课程价值内涵的认识，并逐渐
形成自己认同的核心价值。研究进一步发现，教学经验的积淀与丰富
可能会促使教师对学科知识与学科教学知识产生自己的看法和观点。
而教师个人观点融入课程，则会促使教师根据自己的观点来选择题
材，采用包括穿插游戏、情境对话、自主探究等个性化的教学方式，
并决定了学生的学习形态。教师课程观是伴随着教师专业素养的发展
而逐步完善的，它们之间是互为条件、动态生成及双向建构的，是个
体内在思考与外在情境、过去经验与当前活动交织互动的结果。

　　4. 任教环境影响着教师课程观生成与发展

　　任教环境主要包括学生和教材两个层面。在学生层面上，研究发
现，学生因素对教师课程观的影响主要表现在学生的身心发展、个性
差异、能力特点、学习需求四个方面。多数受访者认为，课程设计应
该注重学生身心发展阶段的不同特点与学习阶段的特定关系，通过了
解学生的能力差异、学习需求及学习表现来调适课程观，给予学生适
度的挑战，激发学生的学习动机与兴趣。只有学生积极主动参与学习
活动时，真正意义上的学习才会发生。有学者研究发现，如果将教学
失败归因于教师自己，教师就可能会采取行为改进教学；如果归因于
学生，则不会有这样的行为。内在归因的教师比外在归因的教师更能
创设有组织的学习环境，更能运用新的学习技巧来激发学生的学习动

---

① Pollard, A., Tann, S. *Reflective teaching in the primary school: A handbook for the classroom.* London: Cassell, 1993: 5.

机。① 在访谈中也发现，尽管受访教师之间的课程实践存在不同程度的差异，但是他们都确信教师是不应该放弃任何一位学生的，要以学生的快乐成长为重。多数受访教师重视学生的个性差异与多元，关注学生的个体经验，在认识上加深了对学生的理解；同时也认为课程是在真实的社会文化环境及教学情境中，通过师生对话与反思的动态交互作用所共同建构的经验，这与课程改革的理念是相符的。研究表明，学生的能力、行为和成就会影响教师的课程观和实践行动。教师也开始重视学生的身心发展、个性差异和学习需求，学生的主体地位在教育中逐步受到重视。

从教材层面上看，不同教师对同种教材的理解不一样，会产生不同的课程实践，形成不同的学习经验。研究发现，有的受访教师往往是采用"忠实取向"的教材观，倾向于原样传递课本知识。因为在课程改革之前，课程目标、内容、方法及评价都有一套明确的标准。由于部分课程权力的下放，教科书的严谨程度也不如以前，给教师余留了更多的发挥空间。因此，教师必须清晰地了解学科架构，恰适地处理教材并补充相关的教学资料来达成"三维目标"。但是，长期以来课程发展一直是由上而下的，教师缺乏应有的课程决定权，也不能有效地参与到课程发展中来，加上行政制度规约及考试制度的影响，可能导致了教师对教科书膜拜。但是研究也发现，一些受访教师能够与教科书进行理性对话，既尊重教材而又不囿于教材，他们会对教材涉及的知识、能力及思想等方面进行诠释并做出必要的延伸，关注知识多面向、多层次的联系；对教材涉及的概念和观点进行深挖，根据学生的能力状况及教学情境的需要调整课程目标的难易程度。因此，对教材的理解也让他们更能驾驭如活动式课程、探究性课程、趣味化课程、统整课程等课程实践方式。

5. 制度影响着教师课程观的生成与发展

在这里，制度主要包括学校制度与教师培训制度两个面向。从学

---

① Kremer, L., Lifmann, M. Locus of control and its reflection in teachers' professional attributions. *College Student Journal*, 1982, 16 (3): 209-215.

校制度上看，不同的学校制度规约着教师课程观的形态。研究发现，有的受访教师表示，其所在学校要求教师在教学前要理解教学架构，强调他们的课程设计及自主运用弹性课程的能力，这对发挥教师课程自主权是有助益的。但是，他们认为自己以往缺少课程设计的相关训练和经验，担心专业能力不足而影响教学质量。而学校的科层制强调效率与控制，并不是诉求构建学习型组织来帮助教师发展专业能力，而是借助强制的行政命令要求教师达到某一标准，这种形式主义导致了教师耗费大量的时间在填写资料与建立文档，以及参加一些并无实质性意义的活动上，反倒加重了他们的工作负担，而无法将主要精力投入到课程发展中。同时，科层制导致了教师之间的权力之争，致使教师之间缺乏应有的专业对话与交流，也很少对自己的课程观进行反思。但是，人力资源开发观照下的学校制度有助于学习型组织的构建，有助于教师课程观的更新与发展。研究发现，有的受访教师表示，其所在学校的制度较为人性化，他们不仅具有参与学校决策的权力，而且具有较多的专业自主权。学校经常会邀请一些专家来校讲学，并组织一些有成效的教研活动鼓励教师参与，让他们在学习共同体中交流思想、分享经验、共同提高，从而能够不断对自己的课程观进行审视，提升了他们参与课程发展及学校发展的积极性和主动性。

从教师培训制度上看，当前主要存在着以理性主义和建构主义为基础的教师培训制度，不同的培训制度也导致了培训模式的不同。在访谈中发现，受访教师平常主要是参加教育行政单位、教育事业单位、自己所在学校举办的一些讲座形式的培训。这些培训活动一般都只是重视教学知识和技能的灌输和授受，强调教师课程与教学行为的改变，但内容针对性不强，既不能切实提升教师专业能力，也不能有效改变其课程观。"舆论一般认为教师教育对改变教师信念影响甚小"[1]，实践的改变并不一定伴随信念的改变，而实践及信念的改变并

---

① Weinstein, C. Teacher education students' preconceptions of teaching. *Journal of Teacher Education*, 1989, 40 (2): 53–61.

不必定通过不同学科的教学而发生。① 这就要求建构科学合理的教师
培训理论基础及实践机制，促进教师课程观的更新和发展。建构主义
观照下教师培训已经关注教师的认知及思想过程的改变，促使教师体
现其教学的社会建构性。研究发现，有的受访教师表示，有的教师培
训确立了明确的共同目标，提供了合作学习机会，让他们在学习共同
体中与教师教育者、培训参与者之间进行建构性对话，并对教育理论
进行深度检审，"使做好专业准备的、开始拥有这些观点的教师获取
更多的成功机会"②。一旦教师的课程观发生改变，将促进他们在具体
的教学情境中与学生、环境、知识等要素的互动中建构不同以往的课
程，从而促进学生的成长与自我专业发展。一些研究者也发现，教师
积极的改变依赖对其原有信念、态度及经验的关注。③

① Prawat, R. Teachers' beliefs about teaching and learning: A constructivist perspective. *American Journal of Education*, 1992, 100 (3): 354 – 395.

② Marria, T. T. The influence of teacher education on teachers' beliefs about purposes of education, roles, and practice. *Journal of Teacher Education*, 1998, 49 (1): 66 – 78.

③ Florio, R. S., Lensmire, T. Transforming future teachers' ideas about writing instruction. *Journal of Curriculum Studies*, 1990, 22 (3): 277 – 289.

第四章　中小学教师课程观的实践转化

调查发现，新课程改革下教师的课程理解发生了变化，在一定程度上改变了课程观。但是，任何课程观只有转化为实践行动，并改进课程教学、提高教学质量才具有实质性意义。仅有课程意识而不采取实践行动那是理想中的乌托邦；仅有课程实践却缺失反思批判性的课程意识，将使教学纯粹成为一种技术存在。因此，教师课程观与实践行动之间并非一种线性关系。教师除了明白课程观的内涵与特点外，具备将课程观进行实践转化的能力是非常重要的。

课程观作为课程的"世界观"存在，是人们对课程的认识、观点与主张，我们将其概括为三种形态：理论形态课程观、制度形态课程观、个体形态课程观。简言之，理论形态课程观是课程专家在其专业场域中的理性建构；制度形态课程观是教育行政主体在政治与制度场域中的协商建构；个体形态课程观或者说教师课程观是在富有鲜明特色的教学场域、社会文化场域中的现实建构。理论形态课程观是通过教育媒介的传播、教师教育等途径得以实现；制度形态课程观吸纳了理论形态课程观中的积极合理的因素，具有强制性、合理性与规范性的特点，其通过课程制度并依靠行政力量来实现；个体形态课程观则是作为一种潜隐理论而存在，是教师对课程价值的自我认同，具有缄默性、个体性和独特性。但其中既有积极的信念，也不乏消极的信念，它们对教师的课程实践会产生直接或间接的影响。从制度形态的课程观与个体形态的课程观之间的关系来看，表征时代精神的制度形态的课程观强制、规范着教师课程观，并要求转化为课程实践。也就是说，从表层上看，无论教师认同与否，都必须在课程实践中体现其根本旨意，二者是融为一体的；从深层上看，二者建构于不同的场域，对课程理解存在可能的差异。这样，在课程观实践转化过程中，它们之间必然会产生矛盾与冲突，导致课程观实践转化过程中出现异化现象与行为。本书的研究结果表明，新课程改革在一定程度上影响了教师课程观的改变。但是，课程观在实践转化中出现了各种问题。有研究也证实，一些教师的教学信念与他们的教学实践之间是不一致的。①② 当教学信念在教学理想与教学实际产生矛盾时，教师为了完成教学任务会做出一些改变。③ 欧内斯特（Ernest）指出，教师信念与教学实践很难一致的原因有二：其一，社会环境的强烈影响，不仅体现在学生、家长、同事和行政主管等人群的期望，也体现在制度化课程所采用的教科书或课程计划、评价系统乃至整个国家的学校教育生态。这让拥有不同信念的教师，在同一学校中通常会采用相仿的教学实践。其二，教师对于自我内在信念的觉知，以及对其教学实践的反思程度。④ 因此，探讨课程观实践转化的问题，对澄清教师课程观的价值与功能、提高教学效能非常有必要。

那么，什么是转化呢？转化这个概念具有十分广泛的含义。从哲学意义上看，对事物来说，是指某种事物转变为另一种事物，或者是事物的一种形态转变成另一种形态。简言之，就是转移变化。反映在课程领域，促进课程观向实践转化，首先是制度形态课程观向个体形态课程观（教师课程观）转化，其倚重后者对前者的价值内在化，然后才是个体形态课程观向实践转化。也就是说，教师对制度形态课程观的价值认可，是课程观实践转化的基本前提和重要环节。基于此，判断课程观实践转化效果的尺度在于：其一，制度形态课程观是否实

---

① Judson, E. How teachers integrate technology and their beliefs about learning: Is there a connection? *Journal of Teachnology and Teacher Education*, 2006, 14 (3): 581 –597.

② Tolukucar, Z., Demirsoy, N. H. Tension between old and new: Mathematics teachers' beliefs and practices. *H. U. Journal of Education*, 2010 (39): 321 –332.

③ Khonamri, F., Salimi, M. The interplay between EFL high school teachers' beliefs and their instructional practices regarding reading strategies. *Research on Youth and Language*, 2010, 4 (1): 96 –107.

④ Mansour, N. Science teachers' beliefs and practice: Issues, implications and research agenda. *International Journal of Environmental and Science Education*, 2009, 4 (1): 25 –48.

质上改变了教师课程观；其二，教师在课程活动中的行为是否符合制度形态课程观的规定性。然而，制度形态课程观能否真正实现实践转化，受文化、社会、制度、教师、学生等诸多因素的影响。因此，正确定位课程观、辨识矛盾冲突、充分观照实践，是课程观向实践转化的内在逻辑与实现保障。

一　正确定位：课程观实践转化的逻辑前设

诉求课程观的实践转化，隐含着对某种变化的期待，而明确课程观实践转化的性质、目的及价值，是促动这些变化产生的保证。它不仅为转化指向，而且提供了方法论的基础，有助于教师在实践中践行课程观。相反，如果课程观性质不清、目的模糊、价值不明，将造成教师对课程活动的盲目性、挫败感与无助感，从而影响课程活动的顺利进行。

（一）廓清实践转化之课程观的性质

课程观自身必须具备时代性、未来性与可能性的特质。不明确课程观的性质，就不能确定转化的意义和任务，也就难以形成恰适的转化策略与路径。新课程改革要求教师形塑与之精神相符应的课程观并转化为课程实践，而教师恰恰对其性质缺乏深刻的理解，导致他们对其课程观的实践转化缺乏方向感及其意义、任务和方略的自觉把握，从而遏制了实践转化进程。因此，立足时代性、指向未来性与把握可能性，是课程观实践转化的质询前提。

1. 时代性

课程观要具有时代性，人们的价值取向因时代而变化，表现出发展性与多元性的特征。人作为文化的产物，他们的课程观深受特定时代文化与社会条件的影响。时代迁变与社会发展，改变了人们对教育目的、教育制度、教育观念等不同要素的定位及期待，体现出对人的生命价值与存在意义的不同理解，从而决定了课程的存在形态，同时也对课程实践提出了更高要求。而用以指导课程实践的课程观也必须体现时代的特质。例如，杜威的实用主义课程观、布鲁纳的结构主义课程观等，都具有时代性和理论性依据。当前，我国正处于社会转型期，转型期的教育反映了社会对人的素质的要求，而课程作为实施教育的根本途径，担当着人类发展与社会进步的神圣职责。课程活动的展开不是自发、无序与散乱的，而是倚重社会核心价值观照下的课程观指导，以明确课程价值并培养时代要求的人。但是，时代的不断发展也必然导致社会核心价值观的变化，必然对课程领域产生冲击，进而对课程价值形成不同的诠释，并通过社会意识层面影响课程观的内涵。从这个意义上说，没有一种课程观是具有绝对真理性或普适性意义的，也没有一种理论能够为其提供绝对正确的理据。因此，不同的课程观植根于特定时代，是特定的时代孕育了与其价值理想相对应的课程观。但它又不是恒定不变的，而是随着时代的发展而不断展演的。可以说，如果人们缺乏一种对时代特质的历史性观照，以凝固化、化约性及断裂性的眼光来看待时代发展，漠视历史的变动性与人的发展的永恒性，进而构建一种具有普遍主义性质的课程观，势必会陷入形而上学的窠臼，而这种课程观也必定不具生命力。因此，我们必须明确课程观的时代性特质，廓清课程观的发展性与多元性的价值。

2. 未来性

课程观既要立足时代现实，又要指向未来理想，体现出了一种未来性。未来性是课程观的生命力展现，是人们力图不断探求人的价值与生命意义，以及对课程发展的希冀。它既立足于现实又不满足于现实，通过批判反思课程现实，形成理想的课程价值结构，实现对课程实践的预见、导向和激励的作用。历史地看，无论是斯宾塞的"教育为完满的生活做准备"的功利主义取向，还是杜威的根植于当下生活实际的实用主义取向，都体现了科学主义与人文主义的价值诉求，不同之处在于其立场与出发点的不同，但都反映了人们对人性完满与教育本真的永恒追求，体现了厚重的未来性。在现实中，教育承负着为未来社会培养人才的重任，而课程作为学校教育的核心，其目标也应该是指向未来的。课程要想达成育人目标，必须以未来性的课程观进行指引，发挥其高屋建瓴的作用，并贯穿于整个课程系统的运作。而沉迷于现实且缺乏未来性特质的课程观，非但不能发挥课程的应有功能，而且可能导致指导课程实践的乏力而不能成为推动力。课程是变动发展的，在发展中必然产生诸多新问题，这就需要教师以未来性的眼光辨识新问题的实质并有效解决之。相反，如果教师秉持一种绝对主义的课程观审视并处理不同时空特点的课程实践问题，结果是非但不能有效解决问题，还会成为鲜活课程实践的羁绊。在课程改革逐步深入的语境下，培养学生的创新意识与实践能力是课程的主要目标，这就要求与之相应的课程观进行指导；如果教师还是以一种绝对主义的课程观指导课程实践，就不能实现学生发展的宏愿。需要强调的是，课程观的未来性是根植于现实基础之上的终极价值关怀，并非脱离实际的主观臆想，它指引着人们迈向理想的未来。

3. 可能性

课程观的实践转化，需要明确内在与外在条件的可能性存在。也就说，需要有充分、合理的内外在条件的支持。首先，要"顶天立地"，所谓"顶天立地"亦即课程观必须是基于现实的超越，这是内在条件；其次，要有社会、文化环境等方面向教育提供物质与精神层面支持的可能性；最后，教育对象认同、适应课程观的可能性。后两方面是外在条件。缺乏支持性条件的课程观就会成为无源之水、无本之木，最终也将因本身逻辑起点的虚无与缺乏现实条件的支持而被弃绝。明确课程观实践转化的可能性条件后，才能将课程观转化为现实行动来改善课程实践，形成促进学生发展的教学系统。当然，课程观实践转化的过程并不是一蹴而就的，其间必然会遇到许多困难与阻力。目前，人们对课程改革倡导的课程观在实践转化中遇到的阻碍问题，简单归咎于时代条件的不成熟，例如教育资源的失衡、社会舆论的乏力、教师专业素养的不足、学生素质结构的欠缺等。辩证地看，这些是课程观实践转化的重要影响因素。但需要指出的是，任何课程观的实践转化都具有过程性，是在实践检验中逐渐修正和完善的，而不是受到某些公众舆论的诘问与诟病就改弦易辙或重起炉灶。从这个意义上说，"条件论"关注的是现实环境的成熟性，而"可能性"不仅关注现实条件，还强调创造条件，指向未来。可能性"作为认识的一个维度，所关注的不只是对时代性在普遍向特殊转化中的不可或缺性，同时也强调可能是潜在的，是可变的，是指向未来的"，它是课程观实践转化之时"需要开发和拓展的方面，因此是一种积极的而不是消极的取向"。① 认清这一点有助于我们把握课程观的时代性、未来性与可能性的统一，是研究课程观之性质的实质任务和必然要求。

（二）明确课程观向实践转化的目的

廓清课程观性质，为明确课程观实践转化之目的提供了前提。实践转化的目的不在于廓清科学主义与人文主义孰执话语权的问题，而是诉求课程观观照课程活动，并转化为恰适的实践行动，进而促进学生全面发展、教师的专业发展以及课程观研究的深入。

1. 统合教育的目的性价值与工具性价值

人作为精神性的存在，是通过自己的目的与意志来改变自然、社会与自身精神生活，形成有别于动物的生存方式。课程正是因人的生存发展需要而产生，其存在依据与根本使命在于育人，或者说"使人成之为人"。从这个意义上说，教育无外在的目的，其目的在于人的发展与完善。人性的内涵是随着人们对人的本质认识的不断深入而被不断揭示的，如"人是万物的尺度""人是形而上学的动物""人是符号的动物"等，深刻说明了丰富的人性内涵。明确了这一点，有助于我们认清课程活动是以现实生活中的人为起点。学生个体作为未完成性的生命存在，会在生活中不断地创造可能的生存方式与生活形态，这就决定了课程活动的复杂性与独特性。课程活动不同于一般意义上的社会实践活动，它们既有联系又有区别。课程活动具有直接影响人的身心发展的内在基质；但是，一般意义上的社会实践活动目的本身并非在于影响人，而是以活动结果作用于人的发展。可见，二者的区别在于影响的直接性与间接性。课程活动的独特价值在于将间接影响转变为直接影响，指向人的身心发展，赋予不同实践活动的教育性价值，而开掘它的育人价值恰恰需要正确合理的课程观并转化为实

---

① 叶澜：《清思　反思　再思——关于"素质教育是什么"的再认识》，《人民教育》2007年第2期。

践行动来实现。长期以来，人们在课程价值系统中目的性价值与工具性价值之间摇摆不定，尤其在19世纪后自然科学的迅猛发展与社会大工业化生产的需要，课程的工具性价值独领风骚，课程也因此异化为一种工具性的存在，人们关注的是对知识经验的占有以更好地宰制自然，而无视人的自由解放及人性完善的目的性价值。因此，课程观在实践转化过程中，必须要处理好工具性价值与目的性价值的关系，明确工具性必须建立在目的性价值之上才具有育人价值，避免两种不同价值取向在教育价值体系中的错位。

2. 提升教师专业素养重塑其事业观与生命观

任何课程观从观念层面转为行为层面，都依赖教师对自身课程观的清晰认识，不澄清自身的课程价值取向特点，就很难认识课程实践中问题产生的归因并有效解决，而教师对其课程观的澄清，又在于其专业素养水平。换句话说，只有教师具备良好的专业素养，才能够促成其课程观转化为现实行动，形成价值与行为结构，构筑促进学生发展的教学系统。教师专业素养主要由教育知能、专业自主、专业伦理、专业能力等方面组成，教师的专业素养与其课程观的实践转化之情势是互为影响的。教师在课程实践中，必须通过自我课程观对实践行动的导引，来统合自我与他人、内在与外在二元对立的思想。因为教师的专业发展并不只是教学技能的臻进以更好地传递知识，还应该是学生创新意识及实践能力发展的促动者。因此，教师应该时刻对自我的课程观及其课程实践进行反思，例如教什么、追求何种目标、怎么教等问题。只有教师对其课程实践从批判角度进行审视，质疑、挑战习焉不察的课程实践和课程现象，并对习以为常的价值、信念甚至错误的意识进行反思，教师才能发现其课程实践所存在的问题。通过教师内在视野的拓展，内心声音的聆听，教师才能进行哲学思考，使自我对教学的复杂场域有了批判意识，[①] 以具体行动改变课程实践。可以说，教师专业素养的不断提升，意味着对课程理解的逐步深入，

---

① Greene, M. Curriculum and consciousness. In Flinders, K. J. , Thornton, S. J. (Eds.). *The curriculum Studies Reader.* New York: Rooultedge Flamer, 2004: 43－56.

从而能够在哲学层面上检视其信念系统，强化正确的信念并修正、放弃不合理的信念，逐步完善课程观，而课程观的发展，又为教师专业素养的提升提供方向指引与行动依据。多少年来，在制度化教育的语境下，教师职业是与"教书"相等同的名词，"教书"意味着教师的职业生活是唯书本、唯权威的，其教学任务是将课程标准的要求适切转化为教学目标，依此选择教学策略与评价标准，而对法定知识的质疑与批判能力也随之消解。因此，帮助教师转变"教书匠"意识，树立教师职业不仅是一种提升人类素质的神圣事业，还是一种体现自身生命意义与价值所在，并以之作为个体的生活方式与存在状态，促成其个人生活的完满。

3. 课程观的理论形态与课程实践的共契

课程观的理论形态是以改善课程实践为归旨的，但它必须经受课程实践的检验，以体现对课程实践的指导作用。这样，课程观的理论形态与课程实践的共契，就成为检验课程观效度高低的价值尺度。课程观的理论形态不是自发、自足与自成的，而是根植于课程现象与课程实践活动，以教师的课程观及行为结果为研究对象。人们通过厘析课程实践中的课程现象和课程问题，弄清其生成归因与表现样态，并运用理性能力进行辨识、判断、归纳、演绎与综合，进而形成理论架构。从这个意义上说，课程观是以课程"世界观"的形式观照普遍存在的课程问题，从而进行抽绎并形成理论，具有普遍性和一般性。这一理论形态不仅从哲学、文化学、社会学与心理学等视角对实然的课程观进行分析与概括并形成概念，而且从应然层面提出对课程观的价值期待。因此，它是实现课程观变革与发展的一个重要特征，这个特征的具体表现就是课程观的现实化，它是基于课程实践前提的反思和批判。然而，当前的问题恰恰是，人们热衷于课程观的理论探讨与建构，却丧失了实践根基，亦即缺乏以现实的课程实践问题作为前提进行实证研究，并对研究结果进行理性诠释以明确背后原因，这反映出理论形态课程观的苍白与实践转化的无力。更为糟糕的是，这种理论形态的课程观往往是通过行政指令"嫁接"到教师课程观之上的，而不是教师的现实需要，呈现了外源性和强制性。必须强调的是，课程实践的主体是具有鲜活生命的、具有主体性人格的教师和学生，其文化、社会、教育及个人背景的特殊性和差异性，决定了课程实践的独特性与境域性，任何理论形态的课程观是否具有生命力最终要经受实践的评判。因此，关注实践、回归实践，在实践中检验课程观的合理性与合法性，进而达成课程观的理论形态与课程实践的契合，就成为一个课程观研究迫切需要解决的现实问题。

（三）澄清课程观向实践转化的价值

1. 利用课程观形塑其个性化的教学风格

教师课程观具体体现为不同的课程价值取向，鉴于不同研究者对课程价值取向的分类差异，以及不同学科和不同教师个体的价值取向差异，教师的课程观呈现出了多元性特征。基于我们的理论检审与实践调查，我国教师主要持有学术理性主义、社会责任、人文主义、学习过程、折中主义与生态整合六种课程价值取向。简言之，学术理性主义强调学科知识的学术性和系统性，重视学生掌握基础知识和基本技能；社会责任强调课程与社会制度、社会议题及公民责任的关联，培养学生适应社会和解决社会问题的能力；人文主义关注学生的兴趣需要与生活经验，让学生在活动的经验中学习与成长；学习过程强调根据课程目标实施分步教学，发展学生学会学习的心智能力；折中主义强调根据现实情境选择课程内容，培养学生的决策技能与解决问题能力；生态整合强调对学生当下及将来生活有意义的知识，重视其个人发展、环境适应及社会互动的统一。每一种课程价值取向都是教师对课程目标、课程内容、课程组织及课程评价具体的、个性化认识，是个体在文化体认、经验增长与专业素养培植过程中不断形成的，是教师在课程行动过程中不断与自身的行为对象及社会意识的不断互动中建构的，进而造成教师不同的教学风格。

进一步说，当教师秉持某种课程价值取向的时候，会基于自身的哲学信念审视整个教学活动，采取符合自身课程观的教学策略与评价标准。从这个意义上说，课程观是教师一切教育教学工作的指向标，并聚焦于课程行为，形成自身特定的价值与行为综合系统。换言之，教师的一切课程活动都规设于该系统之中，以相对稳定的和可持续发展的课程观指导其教学行为。教学不仅是一项技术，更是一种艺术，而这一切的实现需要教师不断形成自身的教学风格，并在课程终极价值的观照下形成个性化的教学形式。正如艾斯纳（Eisner）指出，"如果要求教师来形塑他们的教学个性，他们则更倾向于将之描述为一种艺术或工艺，而不是作为一种科学应用工序，或者甚至是一种技术"，"教学的艺术性是一种教学品质，我们应该珍视并尝试去培育。形构理想形态的教学艺术，要求我们不能放弃有助于促成其实现的科学资源"。① 据此，课程观作为一个价值与行为的综合系统，更要求我们去帮助教师廓清其秉持课程价值取向之特点，形成具有个性化的教学艺术，以建构促进学生成长、自身专业能力发展的教学系统。

2. 转换核心取向以促进新课程改革的不断深入

研究表明，教师所持的并非单一的课程价值取向，没有人纯粹以某种取向进行课程设计或实施。教师课程观结构中通常具有两个或多个取向交织的取向，只不过其中有一个或多个取向为主导，体现出"课程后设取向"的特点。有学者研究指出，中小学教师对认知过程取向的认同度最高，但也不排斥学术理性主义、科技发展、人文主义、社会重建四种取向，呈现了课程后设取向的特征。② 教师所持有的后设取向或综合性课程价值取向组成了教师的信念系统。佩詹斯（Pajares）认为，人类拥有不同的信念，且这些信念具有不同的强度和用来决定其重要性的复杂结构。③ 也就是说，并非所有的信念对每个人都具有同样的重要性，因此在层次上有核心信念与边缘信念之分；越是核心的信念，就越是坚定或恒久，越能抵御外在的冲击；越是处于核心的信念发生变化，整个信念系统的反应或受到影响的程度

① Eisner, E. Is "The Art of Teaching" a Metaphor?. In Michael Kompf, W. Richard Bond, Don Dworet, Terrance Boak. *Changing research and practice: Teachers' professionalism identities and knowledge.* London: Falmer Press, 1996: 9 - 19.

② 靳玉乐、罗生全：《中小学教师的课程价值取向及其特点》，《课程·教材·教法》2007 年第 4 期。

③ Pajares, M. F. Teachers' beliefs and educational research: Cleaning up a messy construct. *Review of Educational Research*, 1992, 62（3）: 307 - 332.

也越为广泛或深入。① 据此，上述的各取向或者说子信念在教师的信念系统中，只是依据信念强度的不同而处于核心或边缘的地位，但是，二者的地位并非恒定不移，而是动态变化的。随着教师课程观的发展与完善，先前的核心信念可能转变成边缘信念，边缘信念也有可能上升为核心信念。可以说，各取向在信念系统中不是分庭抗礼而是交融共生的。

长期以来，很多人秉持新课程价值取向与传统课程价值取向二元对立的观点，使得新课程改革呈现一度的混乱状态。为了持续推进新课程实践，教师是关键，教师课程观是核心；鉴于教师课程观的综合性特点，我们只有明确当前新课程的核心取向，并以之为主导整合新课程与传统课程的其他边缘取向，形成主流价值主导下的多元价值共生的价值生态。同时，通过改变教师的核心取向并统整其他取向，形成与主流价值相符合的信念系统，并落实到具体课程活动中，从而提升新课程的实践效果。

3. 课程观与课程行为的双向构建促使课程实施有效性的提升

课程实施作为一种有目的、有计划、有组织的过程，教师所持的课程观操控着其活动进程与行为方式，并决定最终的课程成效。一般说来，个体的信念与行为是一致的，教师的课程观为其行为提供一种目的感和方向感。没有课程观观照下的课程行为是难以想象的或不存在的，但这并不表明课程观与课程实践之间是一种线性、简单的关系，其中也可能涉及教师对课程活动的情感、态度和意向等内在心理体验，以及外在环境的影响。教师个体基于某种相对稳定的课程观，在理论学习与课程实践中接纳、认同、内化相关信息，从而影响对课程行为的情感、态度和意向，最终做出课程决定，指导课程行为。例如，一个秉持人文主义取向的英语教师，在课堂中的表现却是严格与权威的。或许该教师的严格态度是基于要求学生养成坚韧及遵守纪律的品性的信念而来，对他来说，这较之对待学生所表现出的亲善及情

---

① Rokeach, M. Beliefs, attitudes and values: The theory of organization and change. San Francisco: Jossey - Bass, 1980: 2 - 3.

感更为重要。同时，校长和学校也秉持这种态度，使其认为顺服学校和管理者较之于个人哲学来说更为重要。① 可以说，教师的课程观在教育生活中产生冲突时，他们会在某种程度上表现出只是与信念系统中的某个信念相一致的行为，这也说明了信念的关联性及凸显了核心信念的重要地位。

事实上，教师的课程观具有双面性，积极面能够提升课程实施的有效性，消极面则会对课程实施产生负面影响，阻碍学生的健康成长与教师的专业发展。在课程实践中，教师不断地对来自学生的学习成果、内在需求、学习方式等方面的教学反馈信息进行辨识与审思，不仅强化、发展有利于学生成长与自身专业发展的积极信念，还发现了自身信念系统所存在的问题，探寻改进的可能性与必要性，并落实到课程实践中来。例如，某一持学术理性主义取向的农村初中英语教师，通过教学信息回馈发现，其教学不能满足学生的学习需要及通达课程目标要求。经反思后发现，现有教材的面向对象倾向于城市学校的学生，这些学生往往在小学阶段就具有了较高的英语素养，而农村学生的英语整体水平则与之有较大差距。同时，所在学校的教学设备也难以因应现有教材的要求。因此，他就针对学校与学生的现实情况，改变既有的课程观，因材、因地、因时地施教，而这种教学行为，则体现了折中主义取向为核心的课程观。也就是说，信念与行为的关系决定着，教师首先应认识和转变其自身信念，才能促动课程行为的有效改变；教师也只有在充分认识影响其课程观改变的因素的基础上，采取澄清、探讨、反思等方式明晰自身的课程观，并根据课程实践的要求不断更新和发展自身的信念系统，才能提升课程实施的有效性。

二 内涵异化：课程观实践转化的实然问题

从理论意义上说，教师经过新课程培训，学习接受先进的教学理

---

① Pajares, M. F. Teachers' beliefs and educational research: Cleaning up a messy construct. *Review of Educational Research*, 1992, 62 (3): 307-332.

念，应该带来教学行为的变化，但实际却不是这样。20 世纪 90 年代初期，美国国家教育机构研究发现，由于教师的教育观念和认识水平不同，其教学行为方式也各不相同。但最为突出的一个问题是，先进教育理论的学习并不能必然带来教学行为的转变，甚至有可能出现能说而不能做，或者说一套做一套，言行脱节等现象。① 这是因为在课程场域中，不同利益集团的价值观冲突、制度文化对课程活动的钳制、教师专业知能的不足等，都会影响课程观的有效落实。教师课程观的生成是个体与历史、社会、文化等因素持续协商的动态过程。课程改革对课程观的形塑要求属于教师对社会文化的体认维度，这一革命性的课程观可能会与教师的原有课程观及教学实践发生冲突，而在行政力的推动下又不得不接纳，从而导致了课程观在实践转化过程中的异化。

（一）课程观在实践转化中异化的特征

1. 理想化

诉求实践转化的课程观，无论是从核心理念、价值诉求的宏观层面，还是从课程实施逻辑及实践运演机制的中微观层面，都表现出了不同于传统课程观基质的超越性，并力图提升课程活动的有效性。但是，在课程改革的进程中，课程观的实践转化始终存在着明显的理想主义情结，主要表现有二：

其一，现实把握不准，教师对课程观实践转化的效能存有过度期待。教师期待课程观的实践转化能够解决自身课程设计面临的所有问题，例如课程目标的生成、课程内容的创生、改进传统的教学方式与教学组织形式、变革终结性的评价形式等，在头脑中构建了一幅完美的课程图景。但是，这种过于理想化的追求，缺乏对传统教育的基质进行客观、全面与深入分析，是对课程观实践转化中的过程性、复杂性的理解偏差。认识的表浅化导致其追求的是过于理想化的课程设计而缺乏实践的根基，不能根据实际教学情境、学生发展情势等进行创造性发挥，不仅很难将其课程观有效落实，而且异化了课程价值蕴

① 段作章：《教学理念向教学行为转化的内隐机制》，《教育研究》2013 年第 8 期。

涵。这样，易于使教师的理想"预设"与学生的实际和需求产生断裂，在教学过程中往往让理想落空并造成对教学实践的困惑，进而影响到学生学习活动的真实水平。布朗（Brown）在研究了学生对教学的认知后发现，课堂教学形态与学生学习形态是否相似，是师生互动作用中学生评价教师的一个中间变量；如果教师的教学形态与学生的学习形态一致，学生对教师的评价较佳，学生的成就表现也较好。[1]诺兰（Nolan）的研究也显示，对于不同学习形态的学生，教师应该如何调和其领导形态与教学模式来提升学生的学习效能是一个重要课题。[2]

其二，缺乏对现实条件与可能条件的辩证考察，期待在短时间内实现课程观实践转化的高效能，体现了短期化的特征。课程观作为教育观念的子系统，与教师观、学生观、教学观、知识观等系统因子以及教育制度等有着紧密的内在关联。也就是说，它的实践转化有赖于其他子系统的转变与支持，在与它们的互动中逐步完善转化机制。但是，积淀已深的传统教育文化心理格度，决定了教育制度以及教育观念的变革是一个历史性的过程，需要在实践中不断地发展与完善，这也就决定了课程观实践转化的条件性和过程性。但现实是，教师在课程观实践转化的过程中，明显存在对现实条件与可能条件估计不足、认识不深、理解不透的现象，表现出短期化、激进化的问题与现象，企盼在短时间内实现其课程观的实践转化，并能够彻底改变传统的师生关系、教学模式、课程行为等问题，从而建立起促进学生发展的教学系统。然而，冒进的心态不仅使课程观实践转化过程中因支持性条件的不足而屡遭失败，而且导致了教师陷入课程观与课程实践的二律背反的困境，不能达成其转化的有效性目标。

2. 形式化

课程观实践转化的形式化主要表现为以下两方面：其一，教师对

---

① Brown, R. Perceptions of teaching – learning style: The mediating process in student evaluation of instruction. *CEDR Quarterly*, 1979, 12 (4): 16 – 18.

② Nolan, A., Carmen, A. *Improving classroom communications through accurate perceptions*. The meeting of Association for the study of perception and Association of Teacher Educators, 1978. (ERIC Document Reproduction Service, No. ED167538)

课程观的意涵缺乏深刻的理解，导致其课程行为只追求形式的创新而无实质上的变化。虽然教师力图在课程实践中体行课程观，但并不能真正体现课程观的核心旨趣来促进学生的知识创生、能力的增强、精神的丰沛乃至人格的健全，从而不能根本上变革传统的课程实践范式。在课程实施中，教师将对话教学表现为浅层次的师生问答。在这里，学生回答仅仅是一些不言而喻的、具有固定答案的"是什么"问题，不是为了策励学生追问"为什么"而激发其思维力并创生知识。在自主、合作、探究学习中，学生的"灵动"异化为缺少主题、核心价值的引领下的自由学习，课堂上虽然气氛活跃、学生发言积极，但是并没有达成知识创生与发展学生创新意识与实践能力的目的。有研究发现，有的课堂教学虽然表面上气氛活跃，学生也积极展开讨论、探究、合作，但是往往对于形式上的东西过于看重，过多地追求活跃的课堂教学气氛，学生并没有得到实质性的发展和提高，教学缺乏有效性。① 教师由于误读了"生本"的内涵导致过分注重学生的自主活动，缺乏必要的规范及秩序与教师适时的指导，以作为学生学习活动的"旁观者"来标示其对学生人格的尊重，异化了师生平等的内涵。另外，教师将这些学习方式一并"嫁接"到不同性质的知识学习上，不检审其使用的合理性与必要性。而许多综合实践活动则明显缺乏目的性与教育性，组织散乱、纪律涣散，近乎处于"放羊"之境。这样，教师也就成为一个"蹩脚的导演"，导致课程实施陷入一种形式化、标签化的困境。因此，要改变教育实践者的行为，恰恰不能只从行为的意义上，还必须在理论观念的意义上促使实践者的头脑——思想和价值观等发生变化，形成新的参照系，从而使实践者能用新的理论眼光反思已有实践，重新认识自己的行为，并尝试将自己认同的新理论观念转化为自己新的行为。②

其二，教师对课程观实践转化持有漠视的态度，缺乏从哲学层面

① 马云鹏：《基础教育课程改革：实施进程、特征分析与推进策略》，《课程·教材·教法》2009 年第 4 期。

② 叶澜：《大中小学合作研究中绕不过的真问题——理论与实践多重关系的体验与再认识》，《教育发展研究》2014 年第 20 期。

对其价值进行理性反思与追问，未形成一套合目的性的、可行性的转化方略。课程观随着时代的变迁而改变，任何赋予课程观恒定不变的定位、解释都不具辩护性，且不符合教育逻辑与时代要求。因此，教师对课程观实践转化的价值意蕴进行审思并形成积极的态度和情感，是决定课程实施有效性的保证。然而，教师在长期的职业生涯中，已形成一套对其来说行之有效的、作为指导其实践行动的信念系统。在多数境域下，教师不愿改变既有的课程观与行为，或者至多在课程行为上予以微调，采用一些貌似不同而实质相差无几的课程行为，并没有在真正意义上改变其课程观。这样，教师在课程实践中依然因循旧有课程的运行逻辑，对课程观中表征时代精神特质的教学范式、课程行为、师生关系等"束之高阁"，导致其课程观的实践转化滞留于表浅化与形式化的层面。

3. 功利化

课程观实践转化的功利化主要表现在以下两方面：其一，急功近利。学校将课程观的实践转化作为一项政治性任务、构筑形象工程的平台，而不是为了切实改善课程行为以提升教学效能。制度形态的课程观必然要转换为教师的课程观才能真正落实到课程实践中，而这一过程往往是通过自上而下的、行政指令的途径成就的，许多学校往往将其作为一项政治任务来贯彻并要求教师执行。在日常的课程活动中，教师不仅要完成学校要求的各项指标如升学率、各种评比竞赛活动等"规定动作"，而且要完成表征其课程观实践转化成效的"自选动作"，教师的工作量较之过去大为增加。有调查显示，新课程改革以后，教师的工作量明显增加，70%以上的教师反映工作量比以前增加了。[①] 但是，作为上述"动作"的评价主体的教育行政部门与学校，却往往秉持结果式思维方式，不大关注实现目标过程中的困难和"智慧火花"，对于师生的成长与发展过程不甚关心，重视的仅仅是目标是否达成。这样，评价主体也必须以某种可量化、可操作的指标来

---

① 马云鹏：《基础教育课程改革：实施进程、特征分析与推进策略》，《课程·教材·教法》2009 年第 4 期。

观察课程观实践转化行为的切实发生，而最能标示课程观的实践转化的外在形态，莫过于一些程式化或技术化的教学表现。迫于这种行政指令的压力，教师往往在对课程观的基质未作深入理解、课程观没有改变的情况下仓促地进行实践转化，过多的是将课程观的丰富意涵化约为形式化的东西，并在课程实施过程中生搬硬套、舍本逐末。在这里，"实践转化"确实发生了，但却不是真正意义上的实践转化，而是课程观转化为实质意义空乏的师生的外在表演。

其二，利益驱动，课程观的实践转化成为其获取名利的途径。这就是说，如果课程观实践转化的结果能够得到学校等评价主体的肯认，将关乎教师个体的专业地位、职称评定、福利津贴、社会声望等功利问题，是影响他们今后发展前景的关键因素。这样，课程观实践转化也就异化为功名利益的竞逐场。在功利化思维方式的主导下，教师迎合学校急功近利的科层化管理理念，例如，要求教师尽快实现课程观的实践转化，并对其在课程实施中的效度进行评价等。于是，就催生了教师因追逐功利的需要而在课堂中"导演"虚假的表演课。这种功利取向的思维方式也导致了教师在教学中只关注学生的学习结果，课程实施就是展现学生学习结果并对其评价的过程，没有把学生在学习过程中思维的灵动与发展作为教学的重要内容，也未曾考量其对促进学生发展的多方面意义。这种违背教育逻辑的表演课，只会异化课堂教学的应然形态，带给学生成长与发展的消极影响。这不仅是对课程观实践转化意义的亵渎，也无法对教学品质的提升起到应有的作用。

（二）课程观在实践转化中异化的根源

1. 教师专业素养的欠缺

课程观的实践转化倚重教师个体的思维方式、情感态度、行为方式、素质结构等专业素养。从现实来看，教师的专业素养现状并不能很好地支撑课程观的实践转化，主要表现有二：

其一，思维方式的僵化。实现课程观的实践转化，要求变革教师的价值观念、思维方式，在此基础上才能深刻地理解课程观实践转化的目的与逻辑。然而，教师群体中普遍存在着的二歧思维、点状思维、结果思维阻碍了课程观实践转化的有效性。二歧思维让教师以绝对化的观点来看待实践转化过程的内涵与性质，或者全面否定、弃绝以前其秉持的课程观，抑或拔高与美化欲求实践转化的课程观，造成两种课程观的截然对立，消解了二者兼容并蓄、互为吸纳的可能性。点状思维使教师很难形成对课程观的整体关照，将课程观的意涵与实践转化视为互不关联的存在，而不是一件事情的两个面向。这样，在课程观实践转化的过程中，必定会出现教师的课程观与实际课程行为相错位的"两张皮"现象，亦即"知行不一"。而结果思维则导致教师仅仅关注实践转化的结果，而忽略这一过程生发的意义，对教学过程中学生的思维、情感、行为的变化不甚关注，仅聚焦于实践转化所导致的学生学习结果情况。

其二，专业能力的欠缺。课程观的实践转化不仅需要教师认识到位、态度正确与行动积极，还需要掌握科学合理的方略来提升实践能力，以增强课程观实践转化的效果。教师的认识能力与实践能力是互为条件、交融共促的，而认识能力的不足也必然导致实践能力的缺失。因为任何实践活动都必须要内涵明确、指向具体且操作性强的方案来指导。可以说，教师积极地参与发展课程的活动，是提升认识能力的有效路径。有调查显示，72.6%的教师由于"工作负担过重而不愿参与课程开发……自身知识技能局限构成了教师参与课程发展、运用课程权利的一大障碍"[1]。这样，在课程观实践转化的过程中，教师既缺乏有效方略及实践能力的支持，又缺乏实质、有效的教师培训来提升其认识与能力。认识不深与方法欠妥，不仅使教师意识不到课程观实践转化对促进学生发展、自身专业素养提升与课程创生的重要价值，而且不能形成恰适、有效的方略付诸实践。这样，容易导致教师主体性的消解，形成依赖权威的认同性思维。因为教师在课程观实践转化过程中缺乏自主探究的意识与能力，对转化过程中所产生的问题缺乏检审与反思，这必然会依赖外在权威来解决自身问题，从而不加

----

① 周正、温恒福：《教师参与课程发展：调查与反思》，《课程·教材·教法》2009 年第 7 期。

批判地接受专家提供的权威结论与技术方案。认为遵循给定程式就可为转化问题出具良策，进而遮蔽了教师自身的批判、反思与创新精神而导致实践能力的不足，大大降低了课程观实践转化的成效。

2. 不同利益集团之间的博弈

课程观实践转化是诉求不断地提升教学品质，以实现学生的全面发展与个性成长为归旨的。但是，实践转化并非只涉及学生发展、课程创生的问题，而是处在一个复杂的博弈场域中。有学者认为，课程改革是社会改革的一部分，不仅涉及技术问题，而且涉及政治、经济、文化、意识形态等方面的问题，充满着不同观点、不同利益群体之间的竞争与角力。① 在这个场域中，鉴于国家、社会、学校、家长及教师等博弈方所持的不同立场与利益诉求，对课程观实践转化的价值诉求也不尽相同。在世界各国综合国力竞争日益加剧的背景下，国家需要的是能够促进经济社会发展的人才，而传统教育模式导致了学生创新意识与实践能力的不足，不利于提升国家的核心竞争力。因此，课程观的实践转化是国家意志的体现，是对培养创新型人才的企盼。从学校角度来看，课程观实践转化能否提高学校的升学率、提升社会对学校的认信度，进而提升学校声誉与竞争力，这是学校所考虑的问题。但问题是，课程观实践转化是一个在实践中不断改进和完善的过程，在社会绩效文化、相关教育评价标准未发生实质性改变的语境下，是否会影响到学校的升学率、社会舆论、家长学生对学校办学质量的质疑？有研究指出，中国教育系统趋向于应试导向。学校管理者关注学校的排行，教育者强调学生考试结果的重要性，家长对他们的子女具有高期望。②

多少年来，"学而优则仕""唯有读书高"的社会文化心理对人们思想的钳制是严重的，当然，家长受之影响更大。家长所考量的问题与学校相似，就是课程观实践转化是否会降低学生的基础知识储备

---

① 崔允漷：《基础教育课程改革的意义、进展及问题》，《全球教育展望》2006 年第 1 期。

② Kai, J. The origin and consequences of excess competition in education. *Chinese Education and Society*, 2012, (45) 2: 8 – 20.

量。在考试制度并未得到根本变革的背景下，课程观实践转化是否会导致其子女升学成绩的下滑，进而错失了享受优质教育资源并导致新的教育不公？在课程改革的语境下，课程观的转变为课程创生与学生发展提供了意义基础，学生的课业负担较之以前有所减轻，赋予了学生更多自由生活的时间和空间。而当下近乎常态的一个现象是，家长却将"减负"后的时间全部托付给社会的培训机构，很多学生在课业后甚至双休日都要参加各种名目的培训与补习，强化训练一些所谓的"特长"，企盼今后能够升入重点学校。表现在教师身上，课程观实践转化必将导致与以前不同的教学模式，这对他们的教育理念、专业素养是一个严峻的挑战。进一步说，如果课程观实践转化导致升学率的下滑，是否会牵涉其专业地位、职称晋升以及得到学校、社会认可等问题？由此，我们不难看出，虽然各博弈方之间的力量不均衡，但作为系统中的利益博弈者，他们都会从各自的立场、价值与利益出发，考量课程观实践转化的可能后果，从而共同构成了整体性的影响源。

3. 行政力的过度干预

课程观实践转化应是外源性的行政手段与内生性的个体力量的和合，任何外源性的政治或行政指令必须通过个体的肯认才能真正发挥效力。然而，在现实中，课程观的实践转化往往宰制于行政指令的要求，而不是倚重教师个人的意愿与诉求。诉诸行政手段的制度形态课程观，通常会把课程观的实践转化视为一个逻辑结论的归纳与演绎的固化程式，认为通过一套既定程式的展开就能通达预定目标，这是自明而无须确证的，从而呈现出明显的外推性、强制性与接受性的逻辑与品质。同时，这也造成了教育行政部门及学校行政与教师群体的互斥与对立，进而弱化了课程观实践转化的可能性与有效性。

当然，课程观实践转化需要行政手段的规约与导向，这就关涉行政力的"度"的问题。如果行政干预力度过大，就会漠视教师的专业自主，贬损其主体人格而使之成为傀儡；如果介入力量过小，教师又会受到教学惯习、传统、习俗及民间教育学等方面的制约，阻遏了课程思维空间的拓展，从而不利于教师的专业成长。因此，实践转化的逻辑前提是，行政力的介入必须要符合教育本性，是导向而非强制、是激励而非控压，脱离教育本性的行政力是对教育的践踏。但现实是，一方面，普适性的行政力量的特点是令行禁止。强制要求教师将制度化课程观予以实践转化，其效率甚高、作用显著，体现了单向度的行政特性。另一方面，课程观属于意识范畴，其生成、发展与完善是教师在教育生活中进行价值选择、反思批判与超越创新，进而不断累积教育经验，最终形成具有主体性意义的个体课程哲学的结果，是教师的精神生命在教育生活中的彰显。因此，"不能强制改革主体——教师秉持这一种教育理念而不秉持另一种教育理念；不能强制教师采取这种教学法而不采取另一种教学法；不能强制教师用别人规定的思想观点去教育影响学生……"①。进言之，全部寄托行政手段来促使课程观的实践转化，改变的仅仅是教师的表浅化行为，而不是其内心的价值取向及课程理解的思维方式。

4. 学校文化的僵化

学校文化归属于社会文化，它是学校成员为因应外在环境的变化及统合学校的内部运作，而形成的一套形塑组织成员的思想与信念的价值体系，并显在或潜隐地导范组织成员的目标设定与行为方式。在这里，学校文化不仅包括学校中的思想、态度、习惯、信仰及生活方式，还受到社会文化环境的广泛影响。当下，社会的绩效文化、功利文化等弥渗于学校文化，遮蔽了学校文化的旨趣与功能，导致课程观实践转化处于难为与无为之境。

具体说来，首先，学校文化目标的功利性。受我国传统教育文化的影响，家长与教师普遍认为教育价值就在于升学与就业，除此之外而无其他。正如罗素所说，教育受到损害，因为家长们期望他们的儿女能赚钱。② 应试教育这种社会文化心理已根植于人们的内心世界，左右着其价值选择与行为表现，从而窄化了他们对教育认识的视域。应该说，课程改革赋予了教师一定的课程决定权，在课程计划、课程实施及教学策略方面具有体行其课程观的条件和依据。但是，在教育

---

① 王策三：《台湾教改与"我们的课改"》，《教育学报》2010年第3期。
② ［法］罗素：《罗素道德哲学》，李国山等译，九州出版社2008年版，第69页。

的工具价值大行其道、升学率指标的压力下，一些所谓的重点学校更是以升学率作为教育质量的生命线。为了提高升学率，教师只能将课程愿景束之高阁，甚至抛弃学科教材而诉诸"题海战术"，学生的全部学习任务就是不断地做习题，然后教师纠错分析，重复着刺激—反应—强化的行为主义教育逻辑。其次，学校文化内容的封闭性。学校文化的封闭性使得学校如同一个与世隔绝的世界，"只关注书本知识，不闻不问社会现实；只关注学生的学习成绩，不闻不问学生的身心发展；只关注教育中的智育方面，不闻不问德育与体育；只关注统一划定的标准与要求，不闻不问人的个性与健康"①。这样，学校文化的封闭性导致教师沿袭"教师、教科书、课堂"的"三中心"的传统教学模式，消极重复着程式化、固定化的教学逻辑而不思求变、求新，结果造成了教师课程思维空间的褊狭，甚至对表征时代精神的课程观采取了抵制的态度与行为。有研究也发现，学校政策是影响教师认知的重要因素。教师不仅要执行学校政策，还需要去重视学生的学业成绩。比如，如果学校希望学生获得学业高分，教师将耗费更多时间去监督学生的学业成绩，并引导他们使用恰当的学习方法。②

（三）课程观在实践转化中异化的后果

课程观在实践转化过程中的异化，致使教师遮蔽了本真教育的价值与意蕴，阻遏了人在教育生活中生命活力的展现与生活意义的丰盈，进而在教育实践活动中陷入虚无主义、绝对主义、工具理性主义的泥沼。

1. 虚无主义

虚无主义主要表现为一种对事物不做具体分析，就一概怀疑或无原则地否定一切的僵化刻板的思想形态、思维方式及行为方式。同

---

① 王鉴：《从"应试教育校园文化"到"素质教育文化校园"——论当前学校文化的特点与转型》，《教育理论与实践》2010 年第 3 期。

② Yau, H. K. , Cheng, L. F. Principles and teachers' perceptions of school policy as a key element of school – based management in Hong Kong primary school. e – *Journal of Organizational Learning and Leadership*, 2011, 9（1）：109 – 120.

时，虚无主义不能将事物的发展放置于社会历史语境中进行考察，缺乏以一种哲学的眼光检审事物发展的连续性与非连续性的关系。"求真"精神的失落，导致教师对一切事物持一概怀疑的态度，不能用其理性来辨识教育的本真价值并矢志追求，致使其教育信仰的"空场"。具体而言，首先，对教育教学目的之价值认识不清、理解不透、把握不准，对教学工作持敷衍搪塞、得过且过的态度。其次，将教学质量问题归咎于外在因素，推卸责任，缺乏反思自己的课程观与教学实践的意识与能力，阻抑了专业能力的提升。再次，在教学过程中将学生视为接受知识的"容器"，漠视学生自由精神的提升，认为教学就是提高学生应试水平的过程。最后，将教学目的当作一种常规工作来完成，而教学过程则成为"工学模式"下机械固化的程式，人文关怀消失殆尽。这样，虚无主义导致教师信仰的缺损，"缺损了教育信仰，教育知识和教育行为就会脱节；缺损了教育信仰，就不能克服教书育人面临的各种困难；缺乏了教育信仰，不少的教师就不把学校作为自己安身立命的所在"①；缺乏了教育信仰，教师就沦为教书匠而遗忘了教育是一种化育人的神圣事业。因此，如果教师缺乏建基于教育信仰之上的课程信念，就失却了面临困境时的价值判断与选择的基础，课程生活也就晦暗无光而失去了唤醒个体生命的力量。这样，课程对人的生命价值和生存意义的终极关怀也就难以在课程实践中得以彰显。

2. 绝对主义

绝对主义主要表现为，教师个体秉持二元化的思维方式及逻辑，将某一种特定的课程价值取向视为恒久不变、唯一正确的定在，从而形成僵化的心智构念，以解释、框定所有的课程现象与问题并进行课程实践。事实上，教师推崇信某种课程价值取向并没有错，这样可以促使他们形成个性化的课程观。但问题是，课程活动是一个整体关联、动态持续的实践场域，教育对象是具有精神自由的人，他们会随着课程实践的展开与演化而不断与课程情境互动交融，并创生新的课

① 石中英：《教育信仰与教育生活》，《清华大学教育研究》2000 年第 2 期。

程现象，改变着课程实施的情状。人是在教育生活中不断生成完善的，课程也是如此。"一个人的生活视域如果一旦被凝固化、绝对化，不能从原有的视域中跳出来，转换自己考察生活的立场和方法"①，思维空间也将走向封闭。因此，以固化的视域考察丰富的课程领域，就可能化约课程生活原本的丰富蕴涵，从而将其课程理解定格在"绝对"与"恒定"，否定了人的生成性与课程的丰富性发展。绝对主义课程观异化了课程观作为一个系统性、关联性的形态。具体来说，绝对主义生发了静态性、封闭性及二元性的思维方式。首先，静态性。将课程视为静态的实体，不因社会及历史条件的迁变而变化，同样，作为课程实施主体的教师，也沿袭了一套可以因应所有课程实践的普适性教学策略。其次，封闭性。在课程实践中，缺乏对自己的实践行为进行自我反思与批判的意识与能力，在无意识中循蹈既有的、固化的教学模式，缺乏与教师群体的对话、沟通与交流，囿于自己狭小的空间。最后，二元性。对待课程问题总是以二元对立的思维方式进行审视，缺失包容的心态，任何东西除却了善恶、美丑、真伪等两极之外，就不存在"中间地带"。因此，缺乏全面、具体而深入考察问题与现象的思境，导致看待问题的片面化与绝对化。

3. 工具理性主义

工具理性主义只关注达成目的之手段的功用、诉求工具的效率及对人与自然的操控能力，而不关注目的是否具有合理性与合法性，这一功能定位势必排挤甚至压倒价值理性、终极意义和人文精神。工具理性主义割裂了教育的目的性价值与工具性价值的纽带，片面强调"有用即真知"的实用性知识，而轻视"使人成之为人"的人文意识、人文精神的培植。单向度的教育塑造了"单面人"，亦即韦伯所说的"专家没有灵魂，纵欲者没有心肝"那种人。

工具理性主义操纵与控制下的教育生活有以下特点：首先，教师在教学过程中重功利性、实用性知识的选择与传承，将教学视为承扬物质文明的工具，而人文性知识则因改造世界的乏力被拒斥，忽视了

---

① 鲁洁：《道德教育的根本作为：引导生活的建构》，《教育研究》2010 年第 6 期。

人文精神的化育功能。其次，将教学过程当作一个标准产品的生产流程，作为"原材料"的学生从输入到产出这一过程均在教师的严密控制与监视之下。教师作为拥有知识的权威个体，具有对知识的最终解释权和决定权，而学生的学习任务就是将知识进行"储蓄"以待日后"提现"。这样，学生被彻底地物化和原子化了。再次，教学过程过于强调学生理性能力的发展，而学生的情感、意志、态度、价值观、人格等非理性因素的形塑则"退场"。最后，在教学过程中教师往往忽视学生个体的生理特征与心理结构的独特性和差异性，漠视学生的自由精神与主体性人格。受"整体思维"惯习的影响，教师又以统一的学习目标、划一的学习内容及进度、齐一的学习评价对待学生，而学生的主体性和创造性也逐渐失落。这样，教育功能由"化人"蜕变为"物化"，严重阻碍了课程的发展及完满教育生活的形成。

三　机制创新：课程观实践转化的必由之路

教师课程观是其课程理念、价值取向和思维方式的体现。课程观由观念形态转向实践形态，必然需要科学合理、恰适有效的机制作支撑，它是课程观向实践转化的逻辑保障与现实要求。因此，构建课程观实践转化的内生、外化、保障的协同机制，对教师专业发展、学生成长、课程发展具有不可替代的作用。

（一）内生机制：体认教育终极价值是课程观实践转化的逻辑基点

能否实现课程观的实践转化，关键在于教师对教育终极价值的体认。可以说，没有对教育终极价值的认识，教师就不能自觉地把它作为实现课程观实践转化的内在依据与行动指向。因此，教师首先应解决思想认识问题，自觉地转变思维方式、重建教育价值观、重塑教育信仰，形成合理的价值结构，形塑具有独特的个体自由精神。

1. 转变思维方式

思维方式"是人们思维活动中用以理解、把握和评价客观对象的基本依据和模式"①。课程观能否实现实践转化，关键在于教师思维方式的转变，而思维方式的转变，必然要将课程的思想、理念、目标触及教师的思维方式及方法论层面。可以说，课程观实践转化过程中的文化与思想的冲突，实质上就是思维方式的冲突。因此，要解决教师思维方式的冲突问题，应处理好以下关系：

其一，从经验思维向理性思维转变。课程作为学校教育的重要途径，是学生学习生活的依托，而教师作为专业化的教育者，承担着教化学生和改良社会的职责，必然要考量学生成长需求和社会发展要求。因此，课程活动也就体现了理性化特征。过去，教师更多地把课程活动作为自身教学经验的推演和实践，以过去的教学经验直觉作为自明性的课程思维定在，具有明显的封闭性。因为在长期的教育生活中，教师面向的是年纪相仿的学生、使用的是大致相同的教科书、面对的是基本相似的教学情境，只需按照以往教学经验所确证的教学程式实施教学。教学经验的积累则形成了稳定的教学传统与惯习，并内化为教师的无意识心理结构，制约着教师的课程观与实践行为。但是，教育作为人化的实践活动，教育对象是具有无限发展可能性的生命个体，学生的人性处在不断的生成、发展与完善之中。因此，教师要以理性思维反思自己所持的课程观，根据学生的生命发展需求不断完善课程观，并内化到个体意识当中。也只有形塑理性思维，才能在课程活动中辨识复杂的课程问题和课程现象，抽象概括后形成具有教育性意义的问题，从而深化对课程的理解；才能把教育生活作为学生人性不断丰富完善的过程，从而尊重学生的主体性人格与创造性精神。

其二，二元性思维向整体和合性思维转变。二元性思维又称线性思维，总是把作为整体性存在的人、社会、事物各自割裂为两极，形成非此即彼的关系，结果是两极之中总有一方优于或主导对方而处于主宰地位。长期以来，人们在二元性思维方式的钳制下，对教育的工

① 高清海：《找回失去的"哲学自我"——哲学创新的生命本性》，北京师范大学出版社2004年版，第127页。

具价值为主还是人文价值为主、教学过程中是教师中心还是学生中心等认识问题偏执一隅，把它们之间的关系视为非此即彼的对立关系，结果是各要素之间的整体关系被人为地肢解为各自孤立存在的"块状体"，导致了思维方式的僵化与封闭。因此，转变二元思维、倡导多元和合性思维是因应社会发展、学生成长的内在要求，是教育生活焕发生机的必然选择。首先，整体和合性思维强调课程是一个生态系统，系统内的各因子是整体关联、互融共生的。如若仅从某一立场、角度来考察课程，就不能把握课程的本真意蕴。因此，这种思维方式要求教师把课程放在整体的社会生态和教育生态的关系背景下，放在历史与现实共同构筑的教育生态下检审课程的目标、逻辑与结构。其次，教师要把课程生态系统中教师、知识、学生及环境的各因子视为一个整体，考察它们之间互为关联、动态持续的关系。这种从整体视野上审析课程系统的各因子及它们之间的关系，并将"块状"统合为"整体"的思维方式，提升了教师把握课程本真的意识与能力。

其三，结果性思维向过程性思维转变。结果性思维可谓是传统教育的痼疾，它只关注教学结果而漠视教学过程的生成性、不确定性与情境性。秉持结果性思维的教师，不仅将教学过程看作达成预定教学目标的工具，也往往只关注学生知识、技能的掌握情况及"呈现学生解决问题的结果，教学过程就是展现学生学习结果并对结果进行评价的过程，没有把学生思维过程的展现作为教学的重要内容，也很少想到这一过程对学生的发展具有多方面的价值"①。事实上，教学过程不单是一种活动进程，而且是师生围绕特定的活动主题，在具体的教学情境中"通过互动式交往进行的建构性实践活动的结构，是教育要素之间交互作用的变化和发展过程。在这一过程中，师生在信息沟通、情感交融、思想交流的基础上，达成学生知识与技能、情感态度与价值观由量变到质变的飞跃"②。因此，作为一种过程存在的教学活动，

---

① 李政涛：《论当代中国基础教育改革的思维方式》，《基础教育》2009 年第 10 期。
② 郭元祥：《论教育的过程属性和过程价值——生成性思维视域中的教育过程观》，《教育研究》2005 年第 9 期。

相应地要求教师形塑过程性思维。教师应将教学过程视为学生人性发展完善的过程，而不是评价学生对确定性知识的占有量多寡。由于教学主体的灵动性与教学情境的复杂多变性，教学过程中必然生发出具有教育学意义与价值的"插曲式"事件，也正是因为这种不可预知性赋予了过程的创造性魅力。因此，只有教师形塑过程性思维，才能认识到并创设条件来发展学生的主体性人格，挖掘其生命潜能并通达自我实现之目标。反之，教学将成为阻遏学生人性发展的藩篱而使其困惑于人生之意义。

2. 重建教育价值观

教育价值观是人们依据自身的价值理性，对教育活动进行价值辨识、判断与选择的倾向与观念。也就是说，是人们对教育功能满足自己需求的功用性的认识。教育的产生与发展来自于人的发展需要，教育之于人的需要的满足不仅使其"成人"，还体现了教育的价值。从某种意义上说，处于不同历史文化与社会条件下的人们，对教育价值的需求与定位是不同的。比如，从关注工具理性的"学会生存"到推崇人文理性的"学会关心"的教育价值取向的嬗变，使教育价值认识中极端的工具意识因为时代进步和社会发展而改变。教育是人化的活动。然而，在今日的学校教育中，强调效率、技术与控制的工具理性依然宰制着教育生活，而教育生活中的主体却沦为工具理性的附庸。因此，重建教育价值观必须以人和教育中的人的生命基质为基础，这也是人与社会发展的必然诉求。

首先，教师要转变知识观。"当代知识观主要包括三个方面：内在、开放、动态的知识本质观；多维、互补的知识价值观；积极内化、主动生成、合作建构的知识获得观"。教师"应认真处理好知识目标、课程结构、教学方式和教学评价等方面的问题"。① 也就是说，要认识到知识转型对于教育的价值，解构知识的确定性和真理性形态，关注知识的生成性、境域性和个体性等对于学生发展的多方面价值，从而培养学生的创新意识和实践能力。

---

① 潘洪建：《当代知识观及其对基础教育改革的启示》，《教育研究》2004 年第 6 期。

其次，教师要秉持教化学生与改良社会的教育价值观，充分认识统合个体成长和社会发展的教育价值。一方面，课程活动要尊重学生的主体性人格，培养"生命自觉"的个体，"'生命自觉'是人的精神世界能量可达到的一种高级水平。它不仅使人在外部世界沟通、实践中具有主动性，而且对自我的发展具有主动性"，"又能自觉意识到作为一个社会的人，还应承担社会责任、积极改变现状和寻找理想发展空间"。① 另一方面，教师要将民主、平等和正义的社会核心价值观内化为教育价值取向，培养符合社会需要的、具有主体性人格的人，进而改良社会，这是时代对人的素质的要求与期待。同时，要以"多元主义"视域包容非主流文化下形成的教育价值取向，在"一元"与"多元"教育价值的和合视域下，尊重、包容有着不同文化、家庭背景与独特个性的学生，树立符合学生健康成长和社会发展要求的教育价值观。

3. 重塑教育信仰

教育信仰是人们对教育活动在个体和社会发展过程中的价值及其实现方式的极度信服和尊重，并以之为教育行为的根本准则。② 教育活动对于人和社会发展的价值是教育活动展开与演化的逻辑前提，也是教育活动力图追求和实现的目标。在教育生活中，知识是教育展开的载体，是改造自然与社会、个体精神生命赖以提升的重要手段，因而它是工具价值与目的价值的和合体。然而，现实的教育生活却仍然将知识作为目的，片面地强调知识的工具价值而弱化其对于个体生命自由解放的目的价值，遮蔽了知识本身蕴含的人文价值，导致学生个体的生存意义也在知识的碎片中荡然无存。这种教育信仰异化了教育的本真，阻遏了学生发展的道路，因而重塑教育信仰迫在眉睫。

首先，教师应将教化个体和改良社会的教育价值根植于自己内在的良心和教育信仰中，深切感受自己所从事的是神圣而富有尊严的事业，并将其作为自己终身追求的志业，从而"树立起价值的确定性和

---

① 李政涛：《试论当代中国基础教育改革的前提预设》，《基础教育》2008 年第 11 期。
② 石中英：《教育信仰与教育生活》，《清华大学教育研究》2000 年第 2 期。

道义上合理性的信仰，并能从中产生恒久的精神动力"①。

其次，教师要针对当前的新形势新要求，培育和践行社会主义核心价值观，落实《中共中央办公厅关于培育和践行社会主义核心价值观的意见》，切实把立德树人作为教育的根本任务。这就要求教师不仅要认识到教育活动不仅仅是通过传授知识来影响或改变学生的生存方式，进而使其获得改造自然与社会的知能，还要从影响学生存在方式的多种教育行动中甄选出完善学生人性的积极形式，以实现学生的生命价值和存在意义。

最后，要对已有的教育信仰进行建设性的批判。教育信仰是随着社会基础的改变而不断变化的，以往被遵奉为"真理"的教育信仰也会在岁月流变中因"老化"而被修正或抛弃。因此，教师要有勇气和激情以历史性、发展性的眼光检审、批判已有的教育信仰，根据当下人和社会的发展要求形塑符合时代精神的教育信仰。正如美国哲学家蒂西利所说，以前都是用信仰来证明勇气，其实现在需要用勇气来证明信仰。正是对已有的教育信仰的批判与重建，教师才能在教育活动中不断发展、完善自身专业结构，促使学生向生成发展、自由解放的方向迈进，才能把教育生活当作自身的存在方式和生活形态。

（二）外化机制：观照教育实践生活是课程观实践转化的逻辑归宿

诉求课程观的实践转化成为教师的主体自觉行动，必然要求其将课程观真正融入课程实践，并在实践中不断检证课程观之价值结构的合理性。也只有通过课程实践，课程观才能得以不断地修正、改进与完善，以更好地指导课程实践。而课程观的实践观照，是一个从课程价值理念向课程设计、从课程价值体认向课程实施、从课程价值评价向自觉课程行动的合理转化历程。

1. 从课程价值理念向课程设计的合理转化

课程价值理念是教师课程观中的核心部分，它是对课程本质及功能的价值预设，导引着教师的课程设计形态。课程价值理念不是自明

---

① 鲁洁：《道德教育的根本作为：引导生活的建构》，《教育研究》2010 年第 6 期。

的，而是教师通过课程实践与理论学习所形成。课程改革的推展，为教师的课程理论学习提供了一条便捷的途径，诸如建构主义、生活世界、多元智能等理论与理念，有助于教师理性地认识与反思常态的课程与教学生活，从而形成课程价值理念并转化为现实课程设计。然而，在当下的课程活动中，部分教师往往极端化、片面化地理解这些课程理念，通过简单嫁接或机械重组将其嵌入课程实践中，不关注课程设计的合理性，却以某个教学片断来解说其如何符合某个或某些课程理念，而课程设计却成了理念的推演，鲜活的课程实践异化为理念的"跑马场"。课程价值理念的异化自然也导致了课程设计的偏失。

事实上，教师的课程价值理念是优化课程设计、促使课程活动更好地发挥育人功能的手段，而不是目的。从这个意义上说，要实现课程价值理念向优化课程设计的合理转化，首先，教师只有廓清课程价值理念的特点及功能，才能向优化课程设计的现实转化。否则，课程价值理念非但不能实现转化，还会成为通达优化课程设计目标的羁绊。其次，教师的课程价值理念要立足于现实，切合当前基础教育的实际。切合实际并不是不思进取、囿于现状，而是要求教师在现实中以理性的认识能力反思与批判课程活动的存在问题，从而不断更新、完善教师的课程价值理念，并优化现实的课程设计。最后，课程价值理念向优化课程设计的转化过程并不是线性的，而是一个双向构建的动态发展过程。一方面，课程价值理念的转化促成了课程设计的优化；另一方面，课程设计的优化又不断地提出新的发展要求，从而调适、提升、臻善课程价值理念。

2. 从课程价值体认向课程实施的合理转化

课程价值体认是教师对课程本质及功能的辨识、判断与认信的倾向和特点，并以之指导课程实践的价值结构。教师作为生命主体具有主体自觉，主体自觉是对作为能动主体之本质的自觉认识，也就是说，主体的自主性、独特性与创造性是主要构成。从这种意义上说，不同教师对课程价值体认会呈现出不同特点，从而在理解课程知识与人生信仰这一重要课程命题时存有差别，并体现到课程实施中。部分教师在批判传统教育推崇人生信仰的教化功能之时，往往矫枉过正而顶礼膜拜知识，仅把课程实施视为学生基础知识的掌握与评价过程，从而弱化或漠视了个体人生信仰的形塑，使学生异化为单向度的"知识人"。当然，这里的人生信仰并非传统教育中旧政治、旧伦理的教化所指，而是指向个体自由解放精神的形塑。

于是，从课程价值体认向课程实施的转化，合理性是逻辑前提。首先，能否有效指导课程实施是课程价值认识合理与否的判据。也只有向课程实施转化，教师体认的课程价值才具有现实意义。而从课程价值体认向课程实施转化，教师必须首先厘清自己体认的课程价值和功能，从而贴近教育生活来实施课程。其次，教师的课程价值体认与其个体需求是分不开的。"只要需求未得到满足，一种与目标相连的力便存在，并引导着朝向目标的活动。"① 因此，随着课程实施中出现的现象和问题，教师应不断地检审其课程价值体认的偏差，这样原有的课程价值体认可能会逐渐改变甚至被否定，进而在促进学生成长与课程发展的基础之上，调适、改变与完善其价值结构，实现向课程实施的合理转化。最后，教师应处理好价值体认的"一元"与"多元"的关系，如若片面地、绝对地认同某一课程价值而否定其他，就会陷入绝对主义的泥沼。同时，也不能执"怎么都行"的虚无主义立场，这样也会遮蔽课程实施的目标及其展开的逻辑基础。因此，"一元"与"多元"的互融共生是教师的课程价值认同理应遵从的原则，也只有这样，教师体认的课程价值才能向课程实施合理转化，从而发挥整体性课程价值。

3. 从课程价值评价向自觉课程行动的合理转化

课程价值评价是教师对课程本质、功能及作用的价值判定而形成的一套评价体系，它影响着教师的课程价值选择与课程行为。教师个体的课程价值评价并不全然等同于其课程行为，也就是说，教师虽然会按照自己的价值尺度来评判课程价值，但不一定会遵从它来实践课程，"正如一个人的任何实际生活可能偏离普遍有效的规范，它也可

---

① Marrow, A. J. *The practical theorist: The life and work of Kurt Lewin*. New York: Teachers College Press, 1977: 246.

能随意大幅度地偏离他的个体使命"①，从而显现出"知行不一"的情势。当下，有的教师对课程价值中的人文精神维度评价甚高，体现了教师课程意识的觉醒和对人文关怀必要性的认识。但是，在教学过程中，教师却往往因提高公共性知识的传递效率而不遗余力地追求所谓的"有效教学"，却将知识蕴含丰盈的人文精神边缘化，由此产生了课程价值评价向自觉课程行动转化的悖谬。

自觉课程行动是课程价值评价的诉求，是教师能否根据自己的课程价值评价来达成课程目标的保障。其一，教师应澄清自己的课程价值评价的性质，因为不是所有的选择都是有价值的。事实上，有的课程价值是先进的，有的则是落后的，这就需要教师运用自己的价值理性，立足于社会核心价值观以及人的自由解放的高度上来进行价值选择和评价。只有教师澄清并坚定自己的课程价值评价，才能成为其自觉课程行动的动能；反之，将出现"知行脱节"的现象。其二，教师的课程价值评价应观照课程实践、立足于课程实践并回到课程实践中去，任何脱离课程实践而凭借主观臆想的课程价值评价，是不着边际的乌托邦幻想。在这里，课程价值评价要渗透于课程决定中，包括课程目标的确定、课程内容的选择及设计、教学方法的应用或教学策略的选择、教学评价的实施、教学效果的审视与反思，这些与教学行为有着实质性的关联，是推动教师在教学过程中决定育人目标、引导教师自觉选择并运用各种教学策略或教学形态通达课程目标的推动力。

（三）保障机制：构筑学校文化生态是课程观实践转化的逻辑条件

课程观的实践转化不仅是教师个体体认教育终极价值、倚重个体自觉、自主课程行动的过程，更是在学校文化润泽、环境熏染中的自然化育过程。学校文化生态的结构是以价值体系为核心，而制度文化、教师文化、课程文化等是其构成因子。在系统中，它们交融共生、动态持续的逻辑与机理，是保障课程观实践转化的逻辑条件。

---

① ［德］舍勒：《舍勒选集》，刘小枫等译，上海三联书店 1999 年版，第 745 页。

1. 制度文化

从组织文化的角度来看，制度文化是一组假设、价值与信仰，它是组织成员所共享的系统，并导范组织成员的觉知、信念与行为。制度文化的存在不是自明的，而是"人们把长期以来获得的关于教学活动的基本规律，以人为的方式强制规定下来，以便保证所有的教学活动都能以正常的方式展开，实现教学的最基本的功能"①。可见，制度是文化生态系统作用下的产物，而建立的制度不同，人们对课程目标、内容、组织和评价的诉求和选择也相异。长期以来，由于考试评价和人才甄选制度的问题，社会及家长以升学率高低作为衡量学校办学质量与教师专业水准的价值尺度。学校制度则更多的是以"绩效至上"的工业管理模式来对待、评价鲜活的教学活动，控制、标准、效率成了最高法则，因此教师成为制度的附庸而失语，教学活动也就成为知识传授、确保升学的工业化流程。因此，课程改革力求推行一种新的评价制度来扭转这一不利的教育局面。但是在现实中，新的评价制度却与传统的评价制度并行，存在着虚化改革之虞。这样，教师秉持的作为观念文化形态的课程观，仅是为了应付上级的教学督察而在课程活动中所做的点缀，以标示自己课程理念的先进性与时代性，课程观也只停留在"文"却未能"化"的境地。于是，如何通过建立制度文化以保障教师课程观的实践转化，是我们需要着重探讨的问题。

其一，确立核心价值观。制度文化的核心是价值，核心价值观是教师形塑教育信仰的基础，缺失了教育信仰，教师会仅仅把教育当作维持生计的手段，而失却对教育真谛的认识与体悟。帕特森（Patterson）提出了学校文化教育信仰形塑的四个发展阶段：发展一套信仰系统、确定该信仰系统的蕴涵、把该信仰系统付诸实践、定期检审信仰系统的表述与内涵以确保文化的保存与更新。② 也就是说，通过核

---

① 郭华：《新课改与"穿新鞋走老路"》，《课程·教材·教法》2010 年第 1 期。

② Patterson，W. Grounding school culture to enable real change. *Education Digest*，2000，65（9）：4–8.

心价值观的导向，将其内化为教师的教育信仰，并在教学实践的过程中不断反思、检验其价值与功能，最终形成教师主体自觉的教育行动。正是教育信仰的形塑，坚定了教师的课程观并实现真正意义上的实践转化。

其二，推崇制度的人文化。人文化的制度是课程观向实践转化的前提。制度在实现规训功能的同时，应该诉诸价值导向、信念强化、情感深化来发展教师课程观，并将其外化为教师的自觉课程行动。人文化制度推崇教育核心价值观的引领、教师课程观的形塑及学校组织的共同愿景确立。制定人文化制度的关键在于形成人性化的评价机制，"把外部性评价变为内在性评价，把甄选性评价变为发展性评价。通过对话交流式的评价，创建合作发展的文化氛围"①。只有这样，教师才能将课程观的实践转化当作自我的内在追求，并在实践中不断发展与完善课程观。

其三，保障教师的课程权利。教师的课程权能是教师专业权利的核心构成，是一种制度性的权利。首先，教师在根据学校规定的课程计划、教学任务要求来开展课程活动的同时，应具有体行其课程观的权能，并将之渗透于教学过程中。其次，在不违背课程标准的前提下确定课程内容及教学进程，并以自我的课程理解不断充实、完善课程知识。最后，能够根据不同的教学情境及教学对象的特点，不断调适、改变及完善其教学策略或教学方式。

2. 教师文化

教师文化体现了教师的价值取向、知能结构、治学态度与行为方式，反映了其教育理念、思维方式、专业水准及道德情操，并集中表现在具体的课程活动中。教师文化影响着课程活动，决定着教师专业发展的内涵。这样看来，教师文化与教师专业发展有着内在的关联。一方面，教师专业发展是教师文化存在及发展的实践场域；另一方面，教师专业发展又以建构专业性的教师文化为旨归。目前，教师文化的建构存在着误区，人们往往把教师文化作为可触、可视与可及的

---

① 韩萌：《大学多元文化育人功能的思考》，《教育研究》2010 年第 8 期。

"物化"的文化形态，也因此把提升教师的教育知能及专业知识作为教师文化的全部，而忽略了教师的文化人格、文化品位与文化特色的生成。在发展教师文化上，主要倚重教师培训。应该说，通过教师培训来发展教师文化并没有错，但问题是，这种教师培训往往是采用自上而下的，培训者"说"而教师"听"的单向性、短期化的传统师训模式。同时，即便教师在培训中获得了理论知识，而将理论知识向实践转化则是一种新旧文化的强烈冲突及再适应的过程。有调查显示，76.8%的教师认为"内容僵化、缺乏针对性、实用性不强"是教师培训存在的主要问题之一。① 这样，在缺乏自身认可的基础上进行理论知识学习，必定成效不彰。唯物辩证法认为，推动事物变化发展的有内因和外因，内因起决定性作用。因此，建构教师文化应从教师主体自觉的角度切入，这对促成课程观实践转化具有深远的意义。

其一，强调文化自觉。教师的文化反思是其文化自觉的关键，只有不断进行文化反思，教师才能增进对文化逻辑的"自知之明"。在这里，文化反思主要是指教师在教育文化场域中对自身的思想与行为的检审与反省，进行"再生产"自我的思维活动。反思的目的在于解放固有的思维，而思维的超越在于更好地理解。理解包含两个维度，首先是对教育本真的理解。教师应在促成人的自由解放的高度上理解教育的价值与功能，而不是将教育仅仅当作传承知识的工具。只有这样，才能在教学过程中捕捉具有教育性价值的教育现象，并理解其中蕴含的意义。其次，对人的本质的理解。主体性是人的本质规定性。学生作为具有整全生命的个体，在教学过程中，必然会产生对自然、社会、他人及自我的看法与观点，这是学生产生问题意识的基础，也是其自主性、独特性与创造性的体现。因此，教师要激发、引导、鼓励学生尝试自行提出问题、分析问题、解决问题并检验假设，提升学生的创造性意识与能力。只有这样，才能形成互动式交往的教学过程，使师生在民主、平等、协商的氛围中展开"对话"—"理解"

---

① 周正、温恒福：《教师参与课程发展：调查与反思》，《课程·教材·教法》2009 年第 7 期。

的生成性教学。

其二，促成转识成智。转识成智"主要是指人在认识和实践过程中所达成的主体与客体、主观与客观、个人与他人、个人与环境之间的'交互性'和'转化性'，尤其是指主体将客观的、外在的、他人的、情境的知识转化为个体自身的理性智慧、价值智慧和实践智慧的过程"①。知识是智慧生成的载体。然而，有调查表明，师范生和在职教师在课程知识（包括一般性课程知识和学科课程知识）上的"表现均不理想"。② 教师作为能动主体，理应具备将自己丰富的教育知能、专业知识通过教育实践活动转化为智慧能力、智慧精神及智慧人格的能力与诉求。首先，教师要以理性的认识能力检审知识体系，这不仅包括学生学习的基础知识，还有自身的教育知识与专业知识结构，"把国家、地方和校本课程预设的知识通过教师个体的内化和重构转化为教学知识，同时把这种知识与教师对学生了解、理解和构建的学生融合起来"③，进而充分挖掘其中具有教育性价值的科学精神与人文意蕴，在教学实践中促进学生与自身的智慧生成，这是一个"教学相长"的过程。其次，以整体观照、动态持续的视野检视教学实践中的问题，不断进行理性反思并追问问题根源所在，从而形塑超越思维。正是其理性智慧、价值智慧和实践智慧的展现并形成完整的智慧结构，才使教师不断得以完善课程观，最终实现实践转化。

3. 课程文化

课程文化是在学校文化的核心价值观与共同信仰的导范下，基于教化个人与改良社会的课程理想而形成的一种文化质态与实践范式。学校禀赋的培养人、发展人及改良社会的功能是通过课程活动实现的，课程是表征学校功能的载体，而教学是通达育人目标的手段。可以说，课程文化是学校文化的核心，是学校赖以生存与发展的基点，更是教学活动得以顺利、有序、有效展开的保障。没有对课程文化的

---

① 靖国平：《知识与智慧：教育价值的演化》，《教育理论与实践》2010 年第 1 期。

② 周正、温恒福：《教师参与课程发展：调查与反思》，《课程·教材·教法》2009 年第 7 期。

③ 朱旭东：《论教师专业发展的理论模型建构》，《教育研究》2014 年第 6 期。

认识与清思，就不能找准学校文化生态系统的根基，从而弱化学校文化生态系统整体性功能的发挥。当然，这不是贬损系统中其他因子的价值和功能，事实上，它们是以课程文化为生长点而不断创生意义的。从这个意义上说，系统内的各因子是整体关联、动态生成的关系，从整体上发挥着教化个人与改良社会的功能。

然而，"我国旧有课程文化实质上是一种控制文化，主要表现为传递性的教学文化、同质化的应试文化、学科本位的课程文化，其核心则是应试文化"①。而这种社会文化心理的积淀，必然产生一股无形的张力，束缚了教师的思想观念及思维方式，思维的钝化、固化及惰化，导致教师课程观囿于传统的课程文化而不能自拔。因此，促进教师课程观的实践转化，重建课程文化是当务之急。

其一，实现课程文化再生。诉求课程文化再生，首先要转变教师的思维方式，亦即从实体性思维向文化本体性思维转化。实体性思维是一种"物化"的思维方式，试图从人自身之外寻找实体性存在并赋予人的规定性，导致人的丰富人性被化约与固化，而人与世界也彼此对立。同时，课程知识也被视为具有先在的决定性意义，教学过程也成了教师向学生灌输知识的过程。文化性思维则重视人的存在价值与意义，认为并不存在任何外在于人自身的本质规定性，而是人在创造文化的过程中实现了存在意义与生命价值。这样，人与世界形成了共契关系。在文化本体性思维观照下的知识，课程不再是作为一种"事实"存在的符号表征，而是与学生的生命成长共生成的；教学过程被视为师生互动式交往的实践过程，是学生与知识"相遇"的场域，从而赋予知识以意义关怀。其次，促进课程的创生与发展。三级课程管理体制的推展，赋予了教师更大的课程选择、规划、开发及实施的权利。在教学过程中，教师应根据实际的教学情境进行教学决定，来不断修正、完善课程内容，以更好地发挥课程的育人功能。同时，学校要根据自身的办学理念、历史传统及地域环境的特点，邀请课程专家、教师、学生、社区人员等共同参与校本课程开发，建构富有学校

---

① 张华：《普通高中课程改革的问题、理念与目标》，《全球教育展望》2003 年版。

个性、特色及生命力的校本课程。因此，只有实现课程文化再生，课程才能由静态的"实体"转向动态的"文本"，最大化地发挥课程的育人功能，教师也才能充分发挥其主体性，在课程文化场域中不断更新与发展其课程观。

其二，形成多元文化共契。文化的多元发展赋予了课程新的内涵，多元文化融入课程乃是当今课程发展的趋势。诉求多元文化在课程中的和谐共存并发挥育人功能，需要构筑多元文化课程开发与教学模式。首先，课程要以社会发展对学生跨文化生存能力的要求，整合多元文化知识与普适性知识、科学知识与人文知识，建立更为完整的课程文化知识体系。其次，课程要从一元文化形态主宰扩展为多元文化共生的形态，选择、整理与凝练他域文化的积极合理因素融入课程，而包含多元文化精髓的课程，才能解释复杂、丰富的教育内涵。同时，异质文化之间的碰撞与交融也必然促成课程文化的创生。最后，能否正确对待主流价值观引导下课程的多元文化共存问题，教学实践是判断尺度。教师在教学过程中应以自己的价值理性审视多元文化知识的价值内涵，并以包容、移情的心态对待，以充分挖掘多元文化知识蕴含的教育性价值来培养人、发展人。这不仅增进了学生对多样性文化质态的理解与认同，也拓展了教师自身的文化视野。

第五章 发展性课程观：课程观转型的逻辑路向

课程观向实践转化中出现的异化现象，受改革方案、社会文化、学校制度、教师观念等方面的影响，尤其是改革方案中的制度形态课程观。因为它对学校课程发展、教师专业发展乃至课程改革深化，起到了价值引领和实践促进的作用。以上我们已探讨了课程观实践转化的内生、外化、保障的协同机制，提出了转化过程中应注意的问题和解决路径。但这还不够，需要对课程观的存在问题、发展路向、实践机制进行重点探讨。新课程改革倡导"以人为本"的课程观，是从哲学上对传统课程观的扬弃，重新确立以"育人"为旨归的教育原点，而新旧课程观的更迭，也就意味着库恩的范式理论所言的范式转型。但是，改革并没有明确课程观的内涵，只是隐含在其倡导的课程思想、理念、理论当中，很容易造成教师的诸多误读。不仅如此，课程观的理论功用也有待实践的进一步检验，而当下又明显缺乏行之有效的课程观实践机制。课程观的理论内涵不明、实践观照不足，让教师在新旧课程观的冲突境域下无所适从。

新课程改革已历经十多年，但是过去的一些课程问题依然如旧，并没有得到根本上的解决，体现了课程观转型的难为与无力。因此，要想课程观真正有效地落实到课程实践，我们需要进一步追问的是，当下课程观转型的症结何在？我们到底诉求建构何种课程观，它的核心价值旨趣是什么？诉求构建的课程观相比传统课程观，它的先进性、必要性、可行性体现在何处？如何建构这种课程观的实践机制？等等。显然，只有对这些问题进行深入剖析并解答，我们才能深刻理解与把握时代对课程的价值诉求，同时以时代精神观照课程实践，以更好地促进课程创生与人的发展。

一　课程观转型的时代境域

新课程改革倡导的课程观指明了人的成长与课程发展的方向，体现了时代的核心价值观，是时代精神的表征。但是，这一课程观又是在宏观层面上提出的，其丰富深刻的思想及理念需要教育研究者、课程专家与教师等进行科学、恰适与具体的解读与发展。尤其是课程论领域的研究者，更有责任与义务在深刻体悟课程观意涵的基础上，将之细化并渗透到课程系统中以指导课程实践，让教师能够更好地把握课程观的蕴意，从而转化为课程行为。但时至今日，令人遗憾的是，课程活动中的师生关系、教学范式、课程行为等并未发生实质性的变化，造成了教师课程观与其课程实践"各说各话"的局面。因此，重申"课程观转型"之命题，并非无谓地"炒冷饭"，而是对课程活动中至今尚存的一些基本问题的检审与反思，是面对当下诸多亟待解决的课程问题所做的命题假设，更是课程创生与发展的逻辑诉求。

（一）　二元对立思维方式的悖谬

课程观转型的难为与无力，主要在于人们思维方式的简单化、片面化、线性化，而这也是二元对立思维的表征。二元对立思维在教育领域有着广泛而深刻的历史影响，至今仍主导着人们的课程思维。无论教育研究者还是教育管理者、教师，普遍坚持主体与客体相分离、事实与价值相分离、个体与群体相分离、现象与本质相分离、历史与逻辑相分离、共相与殊相相分离等，没完没了地在两极之间进行着恶性循环性的选择与批判。[①] 二元对立思维致命缺点在于将认识对象人为地切分为非此即彼、彼此对立的两极来审视，把事物丰富的意蕴化约为仅有的两极而无其他，这不仅遮蔽事物的本然质态，还窄化自己

---

① 郝德永：《不可"定义"的教育——论本质主义教育思维方式的终结》，《教育研究》2009 年第 9 期。

考察事物的视域。虽然新课程改革倡导的课程观蕴含着一系列全新的课程思想与理念，并提出了与过去不同的课程目标、课程内容、教学方式及评价方式，但这些都没有触及教育研究者与教师的思维方式及方法论层面。

从教育研究者角度来说，自新课程改革推行以来，研究者从人的发展、知识教学、师生关系等角度检审了新旧课程观的不同意涵，通过比较、分析、概括，总结了课程观转型的价值与意义，进一步丰富了课程观理论。同时，我们也要看到，论者们更多的是从自己的主观价值偏好进行问题预设，更多的是以分析式思维对待课程问题而缺乏整体性的视野。少数学者在文章、著作或演讲中"矫枉过正式"地不负责任地对传统教育简单否定，并对基于后现代思想（包括课程观、建构主义等）的西方发达国家教育改革顶礼膜拜。[1] 同时，"现在越来越多的专家开始对新课改进行反思，且观点众多，各执己见，不少观点和新课改有较大冲突，在这种状况下应如何贯彻新课改……教师在听了专家的讲学后也是'一头雾水'"，况且"专家之间甚至相互对立，这让身处第一线的教师十分为难，面对专家学者不绝于耳的'解惑'，教师心中的'惑'更多了，他们无奈道：'新课改，我们到底该怎么办？'"[2] 这不仅造成了教师不能正确地认识课程改革的意义，而且阻遏了课程观的转型。应该说，课程作为一个整体系统存在，系统内的教师、学生、知识等因子是相互依存不可分割的。然而，人们往往以化约式的方法论来认识课程问题，比如教师与学生的关系、教与学的关系、知识的公共性与个体性关系，等等。局限于各自论题假设的不同而偏执一隅，并将两者简单对立，从中选择一种确证为本质存在。这些二元论问题容易把作为关系存在的各因子生硬地割裂开来，导致预设问题的主观化、理解问题的片面化及解决问题的程式化。从课程观转型的角度来看，思维方式的固化导致论者只在对

---

① 吴永军：《正确认识新课程改革的理论基础及其价值取向》，《教育科学研究》2010年第8期。

② 李小伟：《一线教师与课程改革：新课改　你让我无所适从》，《中国教育报》2005年8月17日。

立两极中择其一来作为解决问题的方法论依据，这不仅遮蔽研究者的视野，而且不利于课程观的转型。

从教师角度来看，教师作为课程设计和课程实施的重要者，他们的思维方式直接影响着其课程观和课程实践。然而，二元对立思维遮蔽了教师的理性本真，导致其不能恰适地把握课程观的实质内涵。比如，重视知识的人文价值就否决知识的工具价值、追求学生的个体生命自由就反对知识教学等。更为糟糕的是，教师的课程观往往与其课程实践不一致，由于其课程观更多的是赋形于制度形态课程观，事实上后者很难真正触及教师的思维方式，同时，传统课程观的张力尚存，导致其表面上认同而实践上却沿袭旧有的一套课程模式。二元对立思维阻遏了教师的课程思维空间的拓展，导致不能用和合性的思维观照课程活动，进而有效地解决课程实践中的问题。

（二）现代性与后现代性的话语论争

现代性与后现代性都是源自西方的话语。现代性是在启蒙运动下形成的一种自由、民主、理性、科学的精神旨趣。同时，全球化的进程也使现代性成为一种世界现象。它以理性为核心、以科学为手段，对人类的生产力发展与自由解放意义深远。然而，工具理性的极度膨胀也导致人类的生存危机，人的生命价值与自由精神遭到贬抑，反而成为一种压抑人的异化力量。后现代主义正是基于这种语境应运而生的。后现代主义立足于人与世界关系的异化，试图从社会、文化、人的生存等方面批判工具理性，解构主体乃至从根本上解构现代性。20世纪80年代以来，课程领域就面临现代性与后现代性抉择的两难困境。而课程改革的推展更为其提供了生境，围绕着课程改革的理论基础是现代性抑或后现代性的话语论争也渐次白热化，并集中体现在现代性课程观与后现代课程观的论域。

现代性课程观与后现代课程观有着异质的价值取向、逻辑立场。一般来说，现代性课程观更多地强调课程的工具价值，认为知识具有确定性、客观性与真理性的逻辑与品质，课程活动应以承传科学文化知识为旨归，培养学生的科学素养与生存能力。课程活动则是以具有理性主义品格的"泰勒原理"为根据来展开。这一范式重视课程预设目标的达成，而课程内容则围绕课程目标进行选择，教学过程关注的是学生对既定课程内容的理解与掌握，最后以达成目标的效度来评价教学质量。这一范式持论者认为，我国属于后发性国家，现还处于社会主义初级发展阶段，较之西方国家的现代化进程足足迟了几百年，实际上并未经历启蒙精神引领下西方科学的生成、发展及成熟阶段，也未能酝酿自由、民主、理性、科学等理性精神，因此亟待加强学生的基础知识与基本技能教育，培养其科学素养并作为弘扬人文精神的基础，从而发展社会生产力，促进社会发展。

后现代课程观持论者则诟病现代性课程观对科学理性的极度崇拜，把工具性价值作为课程的本真存在。学习知识的目的在于征服自然与改造社会，而漠视个体的自由精神、独特个性、理想追求、完满人性的本真生命价值。因此，这一范式持论者推崇课程的人文价值，强调通过知识学习以张扬个体的生命意义，认为课程是"文本"而非"实体"，进而质疑并解构了法定性知识的合法性及合理性。也就是说，课程不再是作为具有法定知识的既定"跑道"，而是学习对象在"跑道"的行进过程中不断创生知识的过程。这样看来，建构性、多元性、开放性与生成性是后现代课程观的核心要素，课程不是有待发现的"实体"，而是参与者在与教学情境对话、协商与理解的持续交互中建构生成的，这一过程也是个体的主体性人格的形塑过程。

课程观是一个存在着内部冲突和张力的多层面的结构，这就决定了立足于某一层次或立场进行批判都会失之偏颇。事实上，我国新课程改革倡导的课程观的理论基础是现代性与后代性的统合，这在《基础教育课程改革纲要（试行）》中有深刻体现。具体而言，在培养目标层面上，立足于我国文化与社会现实，将现代性作为其理论根基。例如，"加强课程内容与学生生活以及现代社会和科技发展的联系"、"精选终身学习必备的基础知识和技能"等。而在课程实践的方法论层面，则更多的是汲取了后现代的思想，例如，注重"传授知识与培养能力的关系"，"培养学生的独立性和自主性"，"引导学生质疑、调查、探究，在实践中学习"，"尊重学生的人格，关注个体差异"，

"使每个学生都能得到充分的发展"等。①

应该说，后现代并不是对现代性的终结，而是对现代性的反思与质疑，是对绝对主义、同质主义、基础主义等本质主义思维方式的批判。因此，我们在对待课程价值取向问题上，应以和合式思维来观照现代性与后现代性，"统整民族特色和世界趋向，既立足现实，又面向未来与世界。我们应该针对现代性与后现代各自独特的价值和适用范围，取其精华，为我所用，千万不能简单地以一种取向代替或否定另一种取向"②。

（三）传统课程与新课程分庭抗礼的困境

实践是检验课程观转型效度的价值尺度，换言之，课程观转型应能有效地解决课程与教学的一系列基本问题。然而，就目前课程观转型的现实来说，似乎置于停滞态势。"曾经的理念、目标似已被'浮云遮望眼'，昔日的'豪言壮语'已成'过眼云烟'。除了一些生硬移植的'话语'偶尔被一个'改革'的教师于课堂中提起外，整个中小学课堂似乎又复归到 10 年前。一次喧嚣、几番鼓噪后，中小学课堂教学似乎又回到了从前。"③ 可以说，当前课程与教学的困境就是课程观转型的难为情势的真实写照。

从某种意义上说，要实现课程观的根本转型，研究者是"向导"，教师是"舵手"，实践是"航道"。这就决定了促使课程观转型是研究者的职责所在，而研发技术方略必然由研究者与教师共同担当，诚然，研究者作为专职人员，理应起到引导作用。但现实是，研究者"重理论而轻实践"的痼疾导致技术方略支持的严重无力，"专家们讲起理论来头头是道，而对我们最想了解的操作中的问题却不置可

---

① 教育部：《基础教育课程改革纲要（试行）》，http：//www. moe. gov. cn/publicfiles/business/htmlfiles/moe/moe_ 714/201001/xxgk_ 78356. html，2001 - 12 - 25.

② 吴永军：《正确认识新课程改革的理论基础及其价值取向》，《教育科学研究》2010年第 8 期。

③ 蔡宝来：《我国教学论研究范式转型的时代境域与逻辑路向》，《教育研究》2010 年第 8 期。

否，既说不上来，又不愿深入讲，这样的专家讲学对我们实在意义不大"①。可以说，研究者更多的是把精力放在如何建构应然的课程观上，忙于对传统课程观或者不同持论者观点的批判上，却很少有人从课程观转型的路向来廓清其转型主题，提出问题解决路径并提供技术方略支持。另外，社会的急剧变化与课程活动的复杂性，使专家"在无法预测的变动环境中，专家之间彼此的相左导致无法有所作为，甚至矛盾的行动"②。这样，"专家系统失灵了"。

退一步说，即便专家所讲的理论有价值，但用来指导实践则需要更多的专业支撑。有研究显示："教师现在普遍觉得缺少这种支撑，非常希望这种专业支撑能进入学校"；"认为缺少专业支持是影响新课程实施的不利条件之一"，并认为"专业支持的来源主要是教研员和各层次的专家"。但是"仅有5％的教师经常得到专家的指导，而近20％的教师只能得到教研员的指导"。③ 缺乏课程观的技术层面的方法论支持，是教师的课程实践出现偏差的主要原因。比如，在教学过程中，教师将"自主学习"变成为"自由学习"、"合作学习"变成为"小组讨论"、"探究式学习"变成为"自发式学习"，等等。这样，产生"形似而神不似"的形式化问题也就不足为奇了。

事实上，课程观转型是一个系统工程，它不仅牵制于文化历史与社会条件，还受到研究者或教师对其内涵的理解及实践运作的影响，而技术支持是实践运作的保障。在课程观转型的技术方略层面，我们更多的是倚重国外相关理论与理念的移植及借鉴。当然，这也为我国中小学教师课程观转型提供了方法论参照。但是，"重移植、薄内化、轻适应"也是一直困扰着课程观转型的严肃问题。吕达先生指出，在基础教育课程、教材与教学改革中，既要敢于创新，又要善于创新。

---

① 李小伟：《一线教师与课程改革：新课改 你让我无所适从》，《中国教育报》2005年8月17日。

② Beck, Ulrich. The reinvention of politics: Towards a theory of reflexive modernization. In Ulrich Beck, Anthony Giddens, & Scott Lash. *Reflexive modernization: Politics, tradition and aesthetics in the modern social order*. Cambridge: Polity Press, 1994: 9.

③ 马云鹏：《基础教育课程改革：实施进程、特征分析与推进策略》，《课程·教材·教法》2009年第4期。

一是要以史为鉴，而不能割断历史。二是要洋为中用，只有这样，才能真正吸收或借鉴世界文明的一切优秀成果，既不闭目塞听、盲目排斥，又不生搬硬套，穿靴戴帽。① 据此，我们应该思考的是：课程观转型的核心问题是什么，这些问题生发的机理为何，解决这些问题需要提供哪些技术方略支持。

二 发展性课程观：课程价值取向的必然选择

走出课程观转型的困境，明确课程观转型主题首当其冲，而发展性课程观是其题中之意。发展性课程观含义非常丰富，既可以从时间的维度阐述，也可以从空间的维度阐述。所谓时间的维度，就是要处理好过去、现在和未来的关系。教育从根本上说是培养什么样的人、怎么样培养人的事业。在这里，教师的关键作用是显而易见的。教师必须用发展性课程观来解决好滞后性与前瞻性的矛盾，时间的有限性与知识的无限性的矛盾，处理好传统与现代、继承借鉴与开拓创新的关系，处理好教书与育人的关系。所谓空间的维度，就是要处理好理想课程、官方课程、领悟课程、运作课程、体验课程之间的关系。它们既是上层对下层起制约作用的关系，又是下层对上层可能起反作用的关系。下位课程对上位课程而言，不可能完全等同，有时会超越，有时会衰减，超越不见得都好，衰减也不见得都不好，端视是否符合自身实际。在这个维度上，教师承上启下创造性劳动的关键作用同样是显而易见的。教师对课程改革精神能否真正领悟，或者说领悟得正确与否，实在是课程改革能否避免和克服激烈摇摆、大起大落、过于偏颇的关键，甚至是课程改革成败的关键。教师若能拥有发展性课程观，就无异于掌握了处理好上述层层关系的法宝，课程改革稳步健康地不断深化和升华就有了重要保证。

---

① 吕达：《教育创新与创新教育》，《中国教育学刊》2002 年第 5 期。

（一）逻辑基点：社会文化生态的迁变

"发展"是社会存在的确然形态，也是社会转型的历史逻辑。我国当前正处于社会转型期，社会文化的剧烈变革必然促使生产方式、生活方式及思维方式的转变。这种转变，又对学校教育及课程提出了新的要求与价值期待，这正是发展性课程观得以生成的逻辑基础。

其一，以市场经济改革为核心的经济体制改革，促进了人们的社会文化心态的根本转变。自主与独立、自由与开放、民主与法制等文化精神，解构了传统的道义观、教育观与生活观，并提出了课程发展的新要求。

其二，全球化的进程，促成了不同国家、社会与族群之间的密切联系和深入交往，创造了异域之间文化与价值的交流、沟通及相互学习的机会。多元文化融入课程是世界各国教育改革的重要内容。

其三，21 世纪是知识迅猛发展的时代，昭示着知识社会的到来。在知识社会中，人由物质性生存走向知识性生存，知识性生存成为人们基本的生存方式。加之终身学习理念的倡导，课程应满足人们对于完善知识结构与增强生活能力的基本诉求。

其四，当代的批判理论、后现代主义等哲学思潮，以及社会学、文化学、心理学等学科的发展，对人们的思维方式产生巨大冲击之余也拓展了人们的课程思维空间，进而改变了对人的认识与课程的理解，因此亟须建构新的课程形态。

其五，我国课程改革构建了新的基础教育课程体系，指导思想、培养目标、课程标准、教学方式、评价机制等方面解构了传统教育的不合理的规定性，把"改嫁"了的教育拉回到以促进人的发展的教育原点上来。不仅为课程观转型提供了逻辑基础，也为发展性课程观生成提供了意义基础。

（二）逻辑理据：马克思的人类解放理论

马克思人类解放理论是发展性课程观的价值基础与逻辑理据。人类解放是人类社会的终极价值目标，也是人们的本然权利与永恒追求。每个人的自由而全面发展是人类解放的逻辑前提。马克思指出：

"任何一种解放都是把人的世界和人的关系还给人自己。"① 但是，每个人的自由而全面发展又不是自成的，因为"人的本质不是单个人所固有的抽象物，在其现实性上，它是一切社会关系的总和"②，"全面发展的个人——他们的社会关系作为他们自己的共同关系，也是服从于他们自己的共同控制的——不是自然的产物，而是历史的产物"③。从这个意义上说，人作为一种社会性的存在，是现实而非抽象的，是在社会实践中的发展，这就决定了人的发展不是割裂式的行进，而是"以一种全面的方式，也就是说，作为一个完整的人，占有自己的全面的本质"④。据此，人类解放具有双重意涵，其一是以人的社会实践为基础的个体解放之维，其二是以人的社会关系为基础的社会解放之维。将人类解放的终极归旨定位为社会解放与个体解放，决定于人类社会发展的普遍规律。

发展性课程观以促成学生的自由而全面发展为依归，与人类解放理论的价值共契。因此，以人类解放理论来指导发展性课程观，具有重大的现实意义。一方面，我们可以从人类解放理论倚重的文化价值系统层面来检审课程观转型，亦即将课程观转型视为一个新旧文化价值更迭与扬弃的过程，确立核心价值，以避免不必要的论争；另一方面，人类解放理论的"全面联系、和谐发展"的价值意蕴，为我们反思、解决课程观转型中的问题并构筑合理的课程观提供了理据与方法论。推之到课程领域，"全面联系"主要从静态角度探析人与课程的关系，将其作为一个系统来实现价值增值；"和谐发展"则主要从动态角度来研判该系统中人与课程的发展样态，诊断并解决问题，以促进其可持续发展。可见，人类解放视域观照下的课程生态的聚焦点是"发展"，课程发展的价值在于促进"人自由而全面发展"，而每个人自由而全面发展是社会发展的前定逻辑。具体来说，人由自然人向具有一定历史规定性的社会人转变，人的解放乃至发展是人的社会化过

---

① 《马克思恩格斯全集》（第1卷），人民出版社1956年版，第443页。
② 《马克思恩格斯选集》（第1卷），人民出版社1995年版，第56页。
③ 《马克思恩格斯全集》（第46卷），人民出版社1979年版，第108页。
④ 《马克思恩格斯全集》（第42卷），人民出版社1979年版，第123页。

程。社会并非抽象的超验存在，而是作为一个实体存在。因此，个体的发展既不是超脱于社会，也不是模塑于社会，而是个体的社会化过程，或者说，个体是在与社会交互的基础上催生的。在这里，"社会化"充分体现了个体主体性的作用，同时也表明了人的社会化进程并非一个单向、线性的发展过程，而是个体与社会的矛盾冲突进而调和的过程。当个体素质滞后于现实社会发展水平，个体就必须通过自我学习来充实自身的知识结构，提升生存能力，适应现实社会的要求以规避淘汰之虞；当现实社会不能满足个体发展的需求时，个体也只有通过自身的本质力量来改良社会以实现自己的宏愿，从而促进社会发展。进言之，教育或课程对人的社会化起到无可替代的作用，其引领着个体对真善美之人性的追求；或者说，只有教育才能使"人成之为人"。

当前，人们对课程观转型的价值问题仁智互见，尤其在课程观转型的主题上未能达成共识，并呈现出众说纷呈的态势。当然，不同观点的冲突、理论思维的碰撞，有助于我们从不同角度、层面来认识课程观的价值意蕴。但是，共识的缺失也就不能实现以核心价值为中心的价值理性组合；而缺少核心价值的导范，也就不可避免地导致众多一线教师对课程观的理解偏差与行为失范。需要强调的是，共识不是一统，是共相与殊相的统合体，是一元价值主导下的多元价值共生。因此，确立以马克思人类解放理论为核心的价值体系来构筑发展性课程观，是廓清课程观转型之主题的应有之义。

（三）逻辑路向：社会意识的生产性转变

社会意识是一个历史范畴，随着时代进步而辩证地发展。它是社会存在对社会精神的反映，是对人及社会的所有意识因素与观念形态等精神现象的概括。在这里，我们主要探讨当下人们对知识观与教育观念认识的转变，因为它们是影响课程观发展路向的核心因素。

1. 知识观的转变

知识是课程的核心要素，人们对知识价值的不同认识与理解会产生不同的课程形态。历史地看，知识"总是在历史中应历史的需要而产生，在一定的社会语境中生成，在人与人的关系中发展，随历史的变迁而变化"①，体现出不同知识观形成的深刻历史文化背景。其实，历史上出现的每一种知识观的确立都有着一定的合逻辑性与合目的性，是由当时的社会历史条件所决定的。我国属于后发性国家，长期以来，出于服务、发展经济社会的目的，教育必须体现社会的根本利益。知识因其改造世界的重要作用，工具性与实用性僭越为知识价值的全部。因此，知识也被视为认识客观世界的定在，它具有真理性、普遍性与客观性，是改造世界以增强人的生存能力的"金钥匙"，是不容置疑和批判的。这样，课程被当作知识的承传工具而丧失了自身的文化底蕴与品格，人的存在价值也在于征服世界而无其他。在教学过程中，教师往往把学生视为外在于知识的认识客体，认为学习活动即是一个对外在的客观真理知识的镜式复写过程。于是，知识的记忆与再现成为课程实施的价值追求，从而异化为一种价值无涉的、纯粹的技术性活动。

随着社会的发展，这种本质主义知识观由于漠视人的主体性而广遭诟病，于是，建构主义知识观呼之而出。建构主义力图突破知识的客观性、普遍性与价值中立的藩篱，并主张知识是在课程实践活动中，主体通过与环境的持续交互而不断建构、发展的过程。由于个体的生活经验、履历情境、情感体验与智力结构的差异，他们的认识结果也不尽相同，所以知识具有理解性、生成性、境域性与个体性等特征。建构主义知识观转变了人们对课程的根本认识，把课程活动视为提升人的智识、培养人的能力、丰富人的情感世界与形塑完满的人格的过程，而不是仅把课程活动视为传授知识的手段。

事实上，知识是一种"社会建构"，是人们达成的某种共识而具有公共性特征。但是，公共性知识又随着人们认识能力的提升和社会核心价值观的转变而被不断地证伪或完善。因此，知识是具有公共性的，个体对知识的建构必须建立在公共性知识之上，没有公共性知识的积淀，个体对知识的建构只是主观上的妄断并阻遏了知识的创生。

---

① 鲁洁：《一个值得反思的教育信条：塑造知识人》，《教育研究》2004 年第 6 期。

2. 教育观念的转变

课程观既作为一个相对独立的形态存在，在某种程度上又包容于教育观，在发展指向上受其规约。但是，教育观念又是通过课程观来具体落实的，换言之，教育观念必须通过创造性的课程理念与课程建设来体现。当下，教育观的迁变主要体现在以下几方面：

其一，教育价值观的转变。长期以来我国的教育以"社本主义"哲学为依据，社会则是人们抽象主观预设的与人无涉的超验结构，人只能屈从于社会的旨意与要求。因此，课程改革力图克服教育生活"人不在场"的弊端，确立以学生个体发展与社会发展并行不悖的教育基本任务，发展学生的学习能力、创造能力与生活能力。

其二，学生观的转变。传统教育往往将学生当作客体存在，以"知识容量"的高低作为评价学生有否资格担当学生角色的唯一价值尺度，不重视甚至压制学生的人格、个性的发展。因此，课程改革将学生视为拥有独立人格和独特个性的个体，尊重、发展学生的主体性，为每一位学生提供表现、创造、发展与成功的机会，促进其生动活泼主动地发展。

其三，教育质量观的转变。课程改革变革了以考分作为评价教育质量的唯一方式，强调学生认知过程中的自主性和创造性，发展学生的独立思考、自主探究、辨识批判以及创生知识的能力，实现认知能力与情感态度价值观发展的有效统整，体现了教育活动的未来性、生命性、社会性的特征。

合乎时代精神的教育观及知识观的确立，是对教育本质属性及其实践功能的深刻解读与丰富，进一步明确了人的发展这个教育的根本问题，"真正实现从学会生存、学会关心到学会发展"的历史性跨越，① 为发展性课程观的生成与发展指明了逻辑路向。

---

① 裴娣娜：《对教育观念变革的理性思考》，《教育研究》2001 年第 2 期。

三　发展性课程观的基本内涵

在探讨发展性课程观之前，首先要辨识"发展"的内涵。从作为动词词性意义的"发展"角度来看，它既隐含自主性、动态性、过程性的活动状态，又指向关系事物，反映了人的目标追求与价值期待。在这里，"发展"不仅体现了事物之持续流变的本质属性，还凸显了人的主体自觉的形而上学追求，是人性逐步走向完善的普遍规律。可见，"发展"是课程及作为课程主体的人之本然存在质态，它既是过程，也是目的。具体而言，从课程存在形态的角度来看，课程不再是静态的"实体"，而是动态的"文本"，是社会意识的产物。也就是说，社会的发展不可避免地引发课程存在形态的改变，来培养社会所需要的人，这体现了课程的动态生成性。从人的存在形态角度来看，人是生命的主宰，在生活世界中，主体自觉策励着人们自主地追求应然的生命形态，不断地突破人的现实给定性而赋予新的给定性，在否定与肯定的交织递进的过程中逐步深化自我意识与世界意识。正是这种螺旋式的复演，使人性得以不断充实乃至完满。同时，人的发展又不断地改变、充实社会基础，进而促进了社会发展。但是，人的发展不是自在、自发、自足的，而是建立在知识、能力的提升乃至精神生命美善的基础之上，这一切的实现，不可避免地要诉诸科学合理的教育或课程，这也是课程的价值所在。因此，欲求实现人与社会的可持续发展，必然要求构筑一种符合时代精神的课程观来指导课程活动。我们认为，发展性课程观是通达这一目标的必然选择。发展性课程观是一种以促进个体的全面发展与个性化成长，以及社会的可持续发展为终极旨归的课程思想与信念体系，教化个体与改造社会是其核心要义。这意味着课程不仅可以促进个体的本质力量的提升，包括人的智力、体力和精神的解放，还是变革社会基础的动能。

在这里，全面发展并非个体的"齐头发展"，"全面发展是在发展中走向全面，首先强调的是发展，只有持续的发展，才有了考虑全面的前提，才有了需要去进一步力求全面，或同时去求得"①。可见，全面发展并不是乌托邦式的臆想，而是人在课程生活中通过知识学习，由点到面、由浅入深的渐次完善人性的过程，具有动态持续、生成发展的特征。同时，个体的全面发展还伴随着个性成长的历程。个性成长意味着每一个体有着不同的内在禀赋，有权利决定和支配自己的人生发展方向，实现自己的独特生命价值。而人不是作为莱布尼茨所说"单子式"的存在，而是在社会关系中实现人的自由发展并惠及他人，"每个人的自由发展是一切人自由发展的条件"（马克思语）。人成为高贵而美丽的沉思之客体，绝不是靠把他们当中一切个性的东西都磨砺得千篇一律，而是靠在他人的权利和利益容许的范围内把个性培养起来、发扬光大……随着个性的发展，每个人变得对自己更有价值，因而也能对他人更有价值。②

教化旨在培育人的生命理性，引领人对真善美的追求，是价值理性与工具理性的和合。教育作为培养人、发展人的实践活动，理应使个体获取现实生活中的基本力量，并通过培育其德性来导引之，使得个体不至于彷徨于"物的依赖关系"（马克思语）中，从而明确人生发展的方向。这就要求课程要教给个体适应并改善生活的知识与技能，认识和掌握现实生活规律与事物发展的客观规律，使外在于人的控制、支配人的力量转化为个体发展的动能。从某种意义上说，课程不仅要使个体认识到知识的工具价值，更重要的是，还要挖掘知识蕴涵的丰沛的人文价值，培育个体的价值理性，让个体觉解自己的生命价值和人生意义，从而提升其内在心灵品性，这也是课程的目的性价值与终极性关怀。生活是意义生成之源。因此，课程既要立足于现实生活，用生活逻辑来统合知识逻辑，让个体真切地觉知现实生活的力量，又要以个体的全面发展和个性成长为归旨，通过对现实生活的超越与对未来生活的引领，培植个体自我创造的主体性力量，进而为社会发展做出建树。可见，课程之教化个体的功能蕴含着改造社会的宏

---

① 张楚廷：《课程与教学哲学》，人民教育出版社2003年版，第301页。
② ［英］密尔：《论自由》，译林出版社2010年版，第68页。

愿，因为个体在通过课程创造性的"再生产"自己的世界及自我时，也势必面临新的困境及挑战，这就是"自我异化"。虽然异化是人的发展过程中不可避免的现象，但从探底的意义上说，批判、消解异化也就是改造社会、促进社会发展的核心动能。

四　发展性课程观的实践运作

课程观转型过程中，课程教学领域出现的诸多异化问题亟待澄清，这就需要发展性课程观在认清自身及辨识他者的过程中进行价值体认。因此，形构互动、共生及再造的实践机制，廓清其实践运演机理，是认识、匡正课程观转型中出现的异化问题，实现发展性课程观之根本归旨的有效路径，也是人的发展与课程创生的价值诉求。

（一）互动机制：激发个体的生命自觉

1. 多极主体的互动

教学过程是不同主体之间的互动，互动的实质是对话，而理解是对话的目的。应该说，现在教师对"对话式教学"的意义是认同的，但认同并不等于内化，也就是说，这并未能指导教师的课程目标制定与实践行为。事实上，当下"真正实现了'对话式教学'的课堂却并不多见。不少教师仍然热衷于设计'教师上课'的框框，并没有直面每一个学生的学习需求。虽说'上课'的目标被标榜为引导学生的'学习'，骨子里却根本没有学生。教师所关心的仅仅停留于'教师上课'本身，并没有聚焦学生的实际需求。这是本末倒置"[1]。于是，也就导致了教师将教材视为"雷池"而不敢其实也不想跨越，师生之间的对话也异化为教师预设已定答案的问题来让学生"发现"与"探究"，而生生之间的对话更是蜕变为缺乏主题与教师引导的"放羊式"争论。

课程主体是多极的，既有作为群体主体的课程开发者与学校等，

---

① 钟启泉：《课堂转型：静悄悄的革命》，《上海教育科研》2009 年第 3 期。

也有作为个体主体的教师与学生。实现教学过程中的"多极主体互动",教师将教学过程视为引发学生好奇心、解决问题的对话过程是关键。具体而言,首先,教师与教材的对话,教师要体悟课程开发者的课程设计意图与价值,结合自身理解并创造性发挥,激发学生探究知识的好奇心;其次,教师与学生的对话,尊重学生的主体性是前提,通过"问题"导向的师生间对话,使学生在解决问题的过程中获取知识与提升能力;再次,学生与教材的对话,让学生基于自身经验与知识对话,进而创生个性化知识,例如,美国的 STS(科学—技术—社会)课程就设计了很多的问题用于讨论,提供了学生与教材对话的机会,如让学生列出科学技术直接或间接改善你的生活的十大途径等;最后,学生主体间的对话,教师应创设"主题明确、适时引导"教学情境,让学生围绕主题来探讨,同时彼此交流学习之所思、所惑与所得,并适时引导。这不仅有利于学生掌握合作学习的技能,还有利于形成良好的人际关系。可以说,教学过程是多边互动、动态生成与互惠共生,以及学生的智识、情意与道德精神发展的过程。

2. 客体自我与主体自我的互动

客体自我与主体自我的互动倚重个体主体性的发挥。主体性是人的本质规定性,它是人的发展的核心要义。主体性不仅体现了个体自主性、主动性、创造性,而且指向了关系事物,并通过个体的价值理性来认识、选择行为价值以实现自己的理想。无疑,教学过程是激发学生主体性的重要途径。但是,"由于受儒家文化影响至深,在典型的中国课堂里,教师通常扮演权威者,而学生是听众,期望学生是恭敬的、服从的和努力学习的群体"①。目前"大部分教师对教育价值的选择还停留在'传递知识'上,其中有一些教师虽然已关注到学生技能、技巧,甚至能力和智力的发展,但大多仅为点缀"②。可见,学生的主体性并未得到真正的重视与张扬,被动接受知识的现象仍较为

---

① Shin, J. C. Higher education development in Korea: Western university ideas, Confucian, and economic devopment. *Higher Education*, 2012, 64(1): 59 – 72.

② 叶澜:《课堂教学价值观》,《校长阅刊》2006 年第 8 期。

普遍。事实上，学生作为一个完整生命的存在，具有能动地改变外在世界与主观世界的能力和诉求。在追寻自我发展与完善的意义世界的过程中，由于客体自我的现状不能满足主体自我发展的要求，学生则通过主体性的发挥来改变主体自我的实践，力图成就具有"新质"的自我。

事实上，学生个体作为一个完整生命体，在自我发展的过程中，由于客体自我的现状不能满足主体自我发展的要求，个体则会发挥主体性来改变主体自我的实践，力图成就新自我，而知识是自我发展的根基。因此，一方面，课程设计不仅要选择满足学生现实生活需要的知识，还要选择那些有助于学生超越现实、成就未来自我的知识。例如，科学学科可将科学基础知识与相关科学史知识相整合，让学生"循着科学前辈的足迹，体验与前辈们一样的惊奇、失望、顿悟和欢乐，提高他们对科学的志趣，同时，这些历史也有助于说明科学先驱们在科学探险中的特有的精神境界和心理品质"[1]。学生在获取知识的同时，形塑了探究科学的志趣与精神，并在学习历程中不断地提升自我，这是其主体自我对客体自我的哲学否定及对理想追求的表征。另一方面，课程实施要关注、培育学生的主体性或个性，不以规格划一、拉平补齐的模式来规约学生，甚至剔除与统一规格相左的但可能是学生独特的、具有成功潜质的个性，而个性的消解则导致个体主体性的委顿，阻遏了主体自我的创造性。有学者倡导的"自然分材"课程教学模式可以很好地解决这个问题。"自然分材是让教学内容随学生的学力等实际情况自然分化，而不人为分配，鼓励'知者加速'。知者即掌握了当下教学内容的人……从实际出发公平地对待他们，也就是要把'平等'对待同样的人、'差异'对待不同的人与'优惠'对待弱势的人统一起来。"[2]

3. 学生主体与社会主体的互动

当下，学校教育忽视与社会现实、生活实际相联系的症候还是依

---

① 周川：《科学的教育价值》，江苏教育出版社1993年版，第237页。

② 熊川武、江玲：《论义务教育内涵性均衡发展的三大战略》，《教育研究》2010年第8期。

旧。其一，很多学校囿于学生安全、经费等问题而很少或者根本没有使用社会、社区、家庭的教育资源，并认为学生智识能力、思想观念、道德情感等的养成与发展，都是在学校教育系统内完成的；其二，"应试"的张力尚存，多数学校、教师与家长依然强调学生掌握一堆"死"知识，企盼顺利通过考试，以享有优质教育资源。注重"知"而排斥"行"，造成了学生严重缺乏体行所学知识与技能的能力，严重缺乏创新意识与创造能力，使之成为缺失创新精神与实践能力的"知识人"。

"知识人"的培养逻辑已然不适应人与社会发展的要求，因为社会生活才是人之意义生成的沃基。参与社会生活是学生践行所学知能、消解自身困惑和认识社会的必由之路。首先，教育制度应解决学生安全、经费划拨等问题和参与社会实践的关系，保障学生参与社会活动的权利；其次，课程设计要注重与环保、生态教育等主题相联结，让学生有机会参与"多样的行动进行实践，可以是班级内部的角色扮演，可以是发展报告问题和投诉的能力，也可以是调查附近企业的安全隐患问题"①；最后，在课程实施中，学校要根据"我的中国梦"的思想要求，将社会主义核心价值观细化为贴近学生的具体要求，转化为实实在在的行动。要普遍开展以诚实守信、文明礼貌、遵纪守法、勤劳好学、节约环保、团结友爱等为主题的系列活动；组织学生广泛参加"学雷锋"等志愿服务和社会公益活动……要广泛利用博物馆、美术馆、科技馆等社会资源，充分发挥各类社会实践基地、青少年活动中心（宫、家、站）等校外活动场所的作用，组织学生定期开展参观体验、专题调查、研学旅行、红色旅游等活动。② 学生在现实社会中体行、检验自己的知识与经验，也就意味着在实践基点上进行更高层次、更具深度的反思，从而生成异质性的知识经验，增强

---

① Wallerstein, N. *Problem – posing education: Freire's method for transformation*. Portsmouth, NH: Cook, Heinemann, 1987: 42 – 43.

② 教育部：《教育部关于培育和践行社会主义核心价值观进一步加强中小学德育工作的意见》，http://www.moe.gov.cn/publicfiles/business/htmlfiles/moe/s3325/201404/xxgk_167213.html，2014 – 04 – 01.

了其社会生活能力。

（二）共生机制：构筑和谐的课程生态

1. 公共知识与个人知识的共生

新课程改革强调个人对知识意义的建构性，但现实中的师生往往误读了知识的个体建构的原旨，矫枉过正，认为知识是纯粹意义上的个体理性认识的产物，从而贬损了学科知识的公共性。否认任何超越学生个人知识之上的意义与价值，恰恰漠视了学生个人知识或经验的不成熟性与理性认识的待完善性。

事实上，知识是具有公共性的。所谓知识的公共性，亦即人们对知识达成的"集体共识性"。建构主义的知识观否认知识是确定性、客观性与真理性的存在，但是并没有全然否认知识的公共性。辩证地看，知识"在特定的环境和条件下，它具有相对的稳定性，并具有比较广泛的解释力"，它虽然作为教育实践得以展开的介质，但并非一种霸权式的话语，而是在尊重学生个人知识的前提下，"以公共知识去启发他们反思自身的境遇，把握知识的来龙去脉，拓展个人的精神、思想和知识的空间"[1]。可见，公共知识与个人知识的关系问题亟待解决。首先，基础知识或者说公共性知识是人类探寻世界所凝练的精华，是人类智慧的结晶，教师通过基础知识的传授，充实了学生的知识结构，拓展了其认识世界的视野；其次，在教师的引导下，学生以自身的个体知识经验与生活履历为基础来与新知识进行对话，在对话中建构独特性的个体知识。达克沃斯（Duckworth）认为，教师让学生直接接触他们正在研究的现象，然后要求学生解释他们的理解。这样一来，教师就不再是向学生作解释，而是和学生一起从他们正在形成的概念中寻求意义。[2] 应该说，个体知识与公共知识是相互规定、互为基础、和谐共生的。

---

① 阎光才：《教育过程中知识的公共性与教育实践》，《北京大学教育评论》2005 年第 2 期。

② ［美］帕梅拉·博洛廷·约瑟夫等：《课程文化》，余强译，浙江教育出版社 2008 年版，第 119 页。

2. 科学世界与生活世界的共生

历史上与现实中，基础教育的课程结构以分科课程为主导，课程设计以相应科学的学科知识为基准进行纵向逻辑的组织，这不仅脱离了与现实生活和社会实际的联系，而且切断了不同学科知识的横向联系与不同性质知识的互融，割裂了学生对世界认识的完整性。另外，学科课程以科学世界的逻辑实证思维、脱离学生的个体经验与生活情境，来解释所有类型的知识，而不是以学生的生活世界为基础来认识与理解科学世界，学生最终得到的是缺乏意义性的获得性知识。当下，课程内容的编排与教材的编写虽也关注了学生的认知水平与接受能力，但"还是为了学生能更容易、更好地学习学科知识"，"说到底，学科是直接为学生进入高一级学校的学习设置的"①。

科学世界与生活世界的共生是课程设计所要解决的重要问题。一方面，课程设计应加强综合课程与综合实践活动研究与实验，力图实现各课程领域知识的有机整合，同时，我们要规避以背离不同学科的逻辑为代价来生硬统整的杂糅现象。例如，美国的帕克威（Parkway）课程计划提出的"以学区为课程""无围墙学校"的理念，提倡城市学校充分利用社会资源来开展课程活动；浙江省等地把初中的物理、化学、生物等学科统整为"科学"学科，这不仅减少了资源的耗散，而且减轻了学生的课业负担，优化了学生的知识结构。综合实践活动的主题要鲜明、突出、明确，把教学时间用到几个重要的话题上，使学生在实践中获取深刻体验。比如，可以组织学生探讨我国医疗改革这一社会性问题，因为这是指涉科学、数学、政治、历史等学科的综合性话题，让学生借用这些学科的概念框架来进行探讨，有助于创生知识并认识到知识与生活密切性。另一方面，要真切地关注课程内容与生活世界的关联性，使学生能够在自己的生活经验和个体履历的基础上来理解、体悟知识对个人存在和精神生命的意义。正如卢梭所言，儿童不是通过文字，而是通过经历来学习；不是通过书本，而是通过生活的书本来学习。例如，戴维·奥尔（David Orr）的"地球中

---

① 叶澜：《课堂教学价值观》，《校长阅刊》2006 年第 8 期。

心课程"（Earth centered curriculum）对人性化的科学、审美与道德课程进行了阐释。在他的课程中，学生通过改变校园文化中不稳定的生态环境，来超越单纯的抽象知识。学生们也学会批判性地学习自身文化的生态影响，包括在校园里不负责任地生产垃圾等行为方式的隐形成本（the hidden costs）。①

3. 社会发展与个体发展的共生

长期以来，教育被定位为社会发展的重要工具，因此学校教育的课程必须体现国家、社会的根本利益。这样，课程内容则被框束在有利于学生形成社会所要求的价值规范、思想观念与行为方式的范围内，而学生的思维、情感、意愿等特征被悬置，成为被抽离了个性的抽象性、普遍性和工具性的存在。事实上，社会发展与个体发展是并行不悖的，二者是同一过程的两个方面，只有每一个体自由的、个性化的发展，才能不断改造并超越现实社会，促进社会的良性发展；同样，也只有社会发展，才能够为个体自主性、创造性的发展提供基础与保障。而教育就是整合社会、个人发展的关键。

发展性课程观认为，其一，课程设计应确立恰适的个体发展目标与行为方式，既能体现社会的意志，又能促进个体自我潜能的开掘；其二，课程设计应尊重、满足个体的兴趣、需要与意愿来选择课程内容，为个体主体性的发挥提供支持性条件；其三，课程设计的计划性与变通性之间应存有一定的张力，以最大限度地促进学生个性化的发展。例如，荷兰学者范·布鲁根（Van Bruggen）在分析了未来的课程意涵后认为，课程内容应该为社会发展和自我学习提供条件，培植个体参与社会生活所必备的素质，如日常生活能力、娱乐和体育方面的能力、通过媒介受教育的能力和自我学习的能力。同时，个体应倡扬民主行为，具有主动性，要具备社会生活与国际关系方面的基础知识。② 可见，虽然个体发展是处于一定社会历史条件中，但是个体又

---

① ［美］麦克尼尔：《课程导论》（第六版），谢登斌等译，中国轻工业出版社2007年版，第12页。

② 转引自［伊朗］拉塞克、［罗马尼亚］维迪努《从现代到2000年——教育内容发展的全球展望》，马胜利等译，教育科学出版社1996年版，第167—168页。

是通过自身本质力量的对象化来提升、超越自我，从而又促进了社会发展。

（三）再造机制：实现个体生命的超越

1. 价值理性的再造

随着全球化的进程与社会阶级分层现象的凸显，多元文化共存导致的价值取向冲突成为社会现实，而选择合理的主导价值取向是我们面临的重要问题。反映在课程文化中，多元价值融入课程乃是当今世界课程改革的潮流。当前我们的教育正面临多元文化、多元价值观的挑战，青少年受到社会各种思潮的影响，如果不能用正确的人生观、世界观、价值观加以引导，青少年可能就会迷失方向，误入歧途。[①]于是，我们就面临判断、辨识、抉择主流价值与非主流价值的两难问题，而价值理性是"价值合理化的形式与能力，是价值判断能力和价值选择能力的基础"[②]，是课程主体进行合目的性、合规律性的价值抉择的重要前提。

多元文化课程体现了异质文化之间在课程目标、内容及组织形式方面的差异，是"为学生适应由不同民族背景的人们组成的工作环境做好准备，并为学生参与全球性的市场竞争做好准备"[③]。因此，课程设计一方面应体现适应性与灵活性，迎合不同地域、学校与不同文化背景的学生的需要，引导学生对多元价值取向进行比较、辨识、判断，进而确立共识性的主流价值，增强学生的价值理性；另一方面，加强课程设计的开放性与包容性，使课程能够满足全球多元文化的要求，让学生不仅能运用其价值理性来认同、理解本土文化，保存文化传统，而且具有宽容对待他域文化的胸怀。

2. 可能生活的再造

可能生活是个体力图去实现合目的性和合伦理性的生活，是一种对富含人生价值和生命意义的理想追求。多年来，我国基础教育关注

① 顾明远：《教育领域综合改革的宏观视野》，《教育研究》2014年第6期。
② 石中英：《价值教育的时代使命》，《中国民族教育》2009年第1期。
③ ［美］帕梅拉·博洛廷·约瑟夫等：《课程文化》，余强译，浙江教育出版社2008年版，第190页。

是以传递知识为圭臬，学生以学习功利性的知识作为基本的存在方式。这样，掌握人"何以为生"的生物学意义上之赖以存活的"双基"成为教育的"天职"，而对于人"为何而生"内在的生存意义和生命价值的终极性关怀却"讳莫如深"，它从课程丰富的价值体系中抽取某一要素作为其本质和依据，遮蔽了课程的丰富意义和价值蕴涵。

发展性课程观观照下的课程设计主张：一是学生现实生活和可能生活需要的整合，使儿童通过接触课程逐步成为具有独立人格的人，能够意识到自我的存在，认识和批判社会存在，从而去改造自我和改造社会；二是人类群体的生活经验或生活经历及其发展需要与学生面对的生活世界以及学生的认识价值实现的整合；[①] 三是功利性知识与人文性知识的整合，既认识到功利性知识对人类认识世界和改造自然的价值，也认识到人文性知识对个体自由精神的解放与生命成长的意义。

3. 完满人性的再造

课程的终极关怀是形塑个体真善美的人性。但是，传统课程是以"无知人"的人性假设来定位学生的。令人遗憾的是，在当下的课程活动中，多数教师并未改变这一思维方式，仍然采用刺激—反应—强化—再现的行为主义的操作教条，而旨在促成个体人性完满的课程活动则被化约为技术化的教学程式，剥夺、窒息了学生的学习权利与兴趣，阻遏了学生完满人性的形构。

虽然教育的主要内容是知识，但教育的主要目的不是使人简单、机械地接受现成的知识，而是增长人们发现知识、获取知识、选择知识、处理知识和运用知识的智慧。[②] 发展性课程观并不排斥知识，而且倚重以知识为基础来形塑个体的完满人性。一方面，学生通过知识的掌握开阔了认识世界的视野；另一方面，又经由对知识的创造性诠

---

① 郭元祥：《课程观的转向》，《课程·教材·教法》2001 年第 6 期。
② 巴登尼玛、李松林、刘冲：《人类生命智慧提升过程是教育学学科发展的原点》，《教育研究》2014 年第 6 期。

释来体悟生命意义，进而又返回自身与生活世界中。这一过程的不断复演，是人性走向完满、诉求幸福生活的表征。因此，无论在课程设计还是课程实施等环节，都应该将知识技能的掌握、生命价值的体悟、幸福生活的追寻相统合，以作为实现个体完满人性的根基。

五　形塑发展性课程观的策略选择

发展性课程观的实践运作必须要有恰适合理的条件支持，使之真正落实到实践中去，以体现其原旨、价值与意义。发展性课程观的形塑倚重社会核心价值的确立、学校文化的形成、教师专业能力的提升等因素。可以说，只有让社会、教育行政部门、学校及师生形成合力并形构良好的支持环境，才能实现发展性课程观的根本目标。

（一）确立社会核心价值

若要实现发展性课程观的归旨，就要确立社会核心价值。价值观是文化构成的重要因子，而价值观又有着核心价值与一般价值之别。核心价值是在众多的价值中择选某一个或某几个价值为主导而建立的价值体系，是任何决策与行动的理据与规准。在当下这个价值多元的时代，以社会主义核心价值观导范与统摄多元价值体系尤为重要。《国家中长期教育改革和发展规划纲要》明确指出，"坚持以人为本、推进素质教育是教育改革发展的战略主题，是贯彻党的教育方针的时代要求，核心是解决好培养什么人、怎样培养人的重大问题"，同时，"把社会主义核心价值体系融入国民教育全过程。加强马克思主义中国化最新成果教育，引导学生形成正确的世界观、人生观和价值观"。① 我们认为，现阶段社会核心价值观彰显了促成人的全面发展与个性成长的根本旨趣：其一，尊重学生的生命尊严及满足其合理的利益诉求，帮助他们实现全面发展；其二，创设多元价值共生的环境，

---

① 教育部：《国家中长期教育改革和发展规划纲要》，http://www.gov.cn/jrzg/2010 - 07/29/content_ 1667143. htm，2010 - 07 - 29.

尊重不同学生个体的生理特征与心理特质的差异性与独特性，同时充分挖掘其潜能，使每个学生都有机会展示、发展其独特的个性禀赋，并获得成功体验；其三，保障学生享有均衡的教育资源，以及在教学过程中赋予每个学生平等接受教育的机会；其四，不仅要让学生掌握基础知识与基本技能，而且要发展学生的创造意识与实践能力，以实现其生命价值与人生意义。

需要指出的是，以核心价值为主导并非否定一般价值的合理性存在。全球化进程触及社会文化、政治经济等方面，改变了社会秩序与每一个体的生存方式。改变的过程会产生越来越多的分化，对于不同年龄和职业团体的影响不同，并且，具有不同历史文化传统的国家也因其产生不同的结构变迁。[1] 可见，作为文化场域中的个体，其思想观念、价值取向与思维方式无不受到多元文化价值的渗透，这就要求个体应形塑价值理性，具备跨文化生存的能力，善于和多元文化语境下的不同话语、多元差异个体的沟通与交往，用平等、尊重、欣赏、包容的眼光看待不同国家、地域与民族的文化。也正是在多元文化价值共存的观照下，人们对文化的蕴涵有了全新的解读与理解，进而拓展了自身的文化视野。进一步说，个人的多元认同并不只是归因于个人的意向或众所周知的分类范畴如种族、阶级和性别；个人的多元认同是来自集体的实践活动，抑或是道德政治秩序的社会建构的结果。[2] 由此，个体对多元价值的认同并不只是囿于个体空间，而是在社会文化场域中形成的，这也凸显出确立社会核心价值的必要性和迫切性。确立以社会核心价值为主导的价值体系，构筑"一元主导"下的"多元共生"的价值生态，体现了社会的多元价值诉求，进而为形塑发展性课程观提供价值理据并指明行动路向。

（二）发展教师的哲学思维

发展教师的哲学思维是转变固化思维方式的关键，有助于教师形

---

① Castells, Manuel. *The rise of the network society*. Oxford：Blackwell，1996.

② Schwandt Thomas, A. *Dictionary of qualitative inquiry* （2nd Ed. ）. Cclif：SAGE Publications，2001：122.

塑发展性课程观。哲学思维是一种形而上的反思与批判能力。在这里，我们所说的教师哲学思维主要指其课程批判意识，是教师以个体的理性对课程的旨趣、逻辑、机制以及课堂教学问题进行价值辨识及判断，进而提高对课程与教学活动的反思性实践能力。一方面，教师应辨识自我课程观的特点，善于捕捉课程现象并洞察其背后原因，同时根据教学现实的需要以"课程后设取向"的观点做出课程决定，以丰富课程的价值意涵；另一方面，教师不仅是对课程现象、课程问题的反思，还要摆脱固有思维方式的羁绊，对自身的批判行为本身进行再反思与再批判。正如舍恩（Schön）所指出，"反思过程包括实践者与问题情境的对话，也就是用时间将过去的经验和现在的情境联结起来，定义问题与情境，据此提出解决问题的行动方案"，进而"引导更深层次的思考与行动的产生"。① 奥斯朋（Osborne）研究发现，教师在教学过程中，会根据自身的已有知识与信念采取行动，而这些行动会让其通过审视已有知识，重新思考其价值观、知识及其来源，这一过程让教师在教学上获得了反思。② 可见，教师哲学思维的发展重视实践者的主体地位及个人知识，通过实践、反思、批判与研究来改变自己的课程实践。相反，如果教师缺失哲学思维，不仅会扼杀教育生活的灵动性与丰富性，同时会阻遏自身的专业发展与学生的成长。

生命是真理的实验（甘地语）。从某种意义上说，"实验在担当着我们的各种生命力量的复杂场域中运作，让我们获得了更多关于自身的统整性。通过实验认识到，我们是基于某些关联事物而成长，同时，也会因其他的关联而困顿；我们通过选择能赋予自身生命的关联事物来提升自我的统整性，并阻遏那些无效用的"。事实上，教育生活实质上是一种"生命历险"，"我们未能先知什么东西可以赋予我们生命，什么东西会阻遏生命。但如果我们想要深刻地了解自己的统

---

① Schön, D. *The Reflective Practitioner*, *How professionals think in action*. New York：Basic Book, 1983：149 - 152.

② Osborne, M. D. Teacher as knower and learner：Reflections on situated knowledge in science teaching. *Journal of Research in Science Teaching*, 1998, 35（4）：427 - 439.

整性就必须实验，然后再根据实验结果来做出选择"。① 从这个意义上说，课程主体作为具有鲜活生命的个体，在课程学习中不断激发潜能并完善人性，体现出创造精神与生命价值，同时，课程的创生也为个体的发展提供了更多的选择机会。因此，教师在课程活动中，要以研究者的眼光审视、分析、反思并解决课程问题，使课程研究与课程实践互为检证、相互发展，形成反思批判自我的课程观与课程行为的意识与能力。课程批判意识的增强，让教师得以不断检视自身的课程认识与行动实践，从而更好地理解课程的本质与价值并指导课程实践。具体而言，其一，教师可以通过阅读书刊、网络资讯等路径来提升自身的理论素养，增进哲学思维的能力；其二，教师在教学过程中，可以将自己所思、所想、所为及所感等进行系统叙述，以呈现自己的课程哲学并为专业团体提供参考；其三，推展行动研究，在教学实践中研究课程问题并进行实验，使课程与教学更为适应教学现实，因为"课堂观察为观察者和教师理解教学和学习的复杂性拓展了一个更为广泛的范围"②；其四，教师参与由中小学教师和研究者组成的研究小组，基于各自的专业立场进行平等、协商的对话与交流，协同研究课程与教学问题；其五，重视双圈回馈学习，即教师个体通过学习，质疑并解构原来的教学观点和看法，促成思维方式的深层转换，形成个人的价值观、信念和思考模式。可以说，教师哲学思维发展的同时也是其形塑发展性课程观的过程。

（三）增进教师的专业认同

教师专业认同是教师对自己身为专业人员身份的整体意义的辨识与确认。专业认同蕴含个人认同、个人特质与专业准备三向度，其中，个人认同亦即"我是谁"是核心。也就是说，是教师在课程场域中对自我的价值、意义的认识与确认。但自我专业认同不是自成、自足的，而是在社会场域中，由学习者、师资机构及社会所共同建构

---

① Palmer, Parker J. *The courage to teach: Exploring the inner landscape of a teacher's life.* San Francisco: Jossey – Bass, 1998: 16.

② Zepeda, S. J. *Informal classroom observation on the Go: Feedback, discussion, and reflection.* Larchmont, NY: Eye on Educaton, 2012: 15.

的，体现了形成历程的多元性、复杂性与动态性。雷诺德斯（Reynolds）指出，教师的认同受到文化脚本（cultural scripts）和工作场景（workplace landscape）的影响。[①] 在成为教师的历程中，从专业素养培育到成为正式教师，接受教师角色的赋形、教师的专业知识、专业规划和专业伦理的多方面的教育，这些赋予教师"该如何"的信息都是教师认同的来源。可见，教师是在与社会的交互过程中"发展专业认同"，进而成就整全的自我。整全的自我是教师专业认同的依归，是形塑发展性课程观前定逻辑，更是提升教学有效性的保证；当然，这一切倚重作为整全的人的教师的主体性发挥。

主体性的发挥主要体现为教师的反思性实践，是教师对自己的课程理解和教学经验如何影响其可能行动的认识；是对课程现象与教学问题的批判反思并与外界对话协商，进而不断地调适、修正、完善自我的历程，这个不断"再生产"自我的过程也就是教师意义的生成过程。然而，长期以来，教师的专业角色是由社会赋形的，"'成为一名教师'就是成为他人期望的角色，具备他人所认定的技能；而想成为一名'质优'教师，必须根据既定的规范和文化的'脚本'"[②]。但是，外赋的角色具有固定性、普适性，剥夺了个体建构预期角色之外的其他身份的可能性。需要指出的是，外在的规制角色赋形与内在的专业认同之间具有差异。事实上，认同（identity）和角色（role）存有区别。认同建构的是意义，而角色建构的是功能。虽然，社会制度与社会组织所建构的角色规范通过行动者内化后，角色也可能成为认同的来源或成为认同中的一部分，一般来说，由于认同指涉自我建构与个人化的过程，是追寻意义的过程，认同和角色相比较，认同是宏

---

① Reynolds, Cecilia. Cultural scripts for teachers: Identities and their relation to workplace landscapes. In Michael Kompf, W. Richard Bond, Don Dworet & Terrance Boak. *Changing research and practice: Teachers' professionalism identities and knowledge.* London: Falmer Press, 1996: 69 – 77.

② 周淑卿：《课程发展与教师专业》，高等教育文化事业有限公司2004年版，第141页。

大意义的来源。①

这样看来，教师专业认同是个体形构教师意义的重要所在，而自我专业认同过程亦即形成整全的自我的过程。认同和统整不是一劳永逸的，而是贯穿于个体的终身，认同是诸种生命力的汇流，统整则是将之有机重组以实现价值增值，让我们拥有整全的生命。可以说，整全的自我是对"我是谁"的完整性确认，是形塑发展性课程观进而实施有效教学的关键，因为它能够把学生、知识、自我与环境等要素有机统合为课程生态。事实上，也只有从内在统整自我，才能将有效教学所需的条件进行外在统整，这是内因决定外因的辩证法。反之，非整全的自我总是囿于自我褊狭空间而拒绝与他人进行教学对话，自我认同的僵化也会导致课堂教学的封闭。可见，教师的自我认同和人格特质是教学实践的重要方面。教师专业认同蕴含自我意象、自尊、工作动机、任务觉知、未来愿景等因素，与自我认同都有着紧密关联，个人特质影响教师的自我认同，而自我认同是教师专业认同的核心，个人认同与教师专业认同的建构是共时性与历时性的统合，是缠结在一起的，从某种意义上说，个人认同就是教师专业认同。②

（四）构筑教学共同体

构筑教学共同体是增进教师专业能力的理想形式，是教师形塑发展性课程观的动能。教学共同体是教师在教育活动中，通过彼此间的交互与协商而建构的一种有着共同的价值观、信念与旨趣并导范个体行为的组织群体。贝尔（Bell）与吉尔伯特（Gilbert）认为，教师专业能力涵括专业、个人与社会的发展三个方面。在专业发展方面，推崇在各学习领域的概念、信念与教学活动的创新；在个人发展方面，倚重个人情感与认知感受的自我成长历程；在社会发展方面，重视教

---

① Castells, Manuel. *The Information Age*: *Economy*, *society*, *and culture*, *vol. II. The power of identity*. Oxford: Blackwell, 1997: 7.

② Newman, Charlene. Seeds of professional development in pre - service teachers: A study of their dreams and goals. *International Journal of Educatonal Research*, 2000, 33 (3): 125 -217.

师与工作成员探讨、分享及沟通的互动关系的形构。① 在这里，专业、个人与社会的联结关系，说明了教师专业发展是一个整体架构，个人发展是其核心，因为只有个人主体性的发挥，才能促使个人与专业、社会的对话，进而提高专业能力，体现了交互性、动态性、过程性的特征。进一步说，想要提升教师的专业能力，必然要求建构教学共同体。因为教师在教学共同体中对话、交流与沟通，有利于发挥主体性、整合教育智慧并形成合力，有效地解决课程与教学的实际问题，进而形塑发展性课程观。

具体而言，构筑教学共同体具有以下作用：其一，促成课程创生，教师不仅是课程使用者，也是课程设计者，更是课程创生者，教师通过彼此间的合作来开发、修订课程，以提升学生的学习成效。其二，加强合作教学研究，教师可以与课程专家合作进行教学研究，形成改进课程与教学活动的技术方略，并在专家指导下进行操作实践，形成双方互惠的关系。同时，教学共同体成员之间也可以在平等互助的基础上合作开展行动研究，如课程发展式行动研究、改善课程实践式行动研究、变革情境式行动研究、增进理解式行动研究。反之，局限于个人展开的研究则不利于教师对研究资源及他人建设性意见的吸收。教师在共同体中通过探究、解决课程与教学问题，营造了相互学习、共同成长的氛围，这也是教学研究得以发展的基础。其三，深入专业对话，可以事先确定探讨的命题，通过不同教师的资料收集来交流意见并研讨，达成经验共享的目的。同时，论题的择选可以是引发教师个体困惑的课程问题，也可以是共同体旨在提升专业能力的论题。专业对话为教师提供了理论与实践等层面的经验交流与反思性实践的机会，改变了教师的教学态度与认知情感。其四，促建读书平台。建立读书会，共同体成员可以通过阅读书籍提升专业素养，通过自愿合作、平等交流的方式探讨课程与教学问题，分享教学经验。不仅提升了个体的哲学思维与从事教学研究能力，而且建立了和谐的人

---

① Bell, B., Gilbert, J. Teacher development as personal, professional, and social development. *Teaching and Teacher Education*, 1994, 10 (5): 483 – 497.

际交往关系。其五，形成相互教学视导。共同体成员之间通过合作制订课程计划，在相互的教学观摩后提供回馈信息，共同探讨存在的教学问题并提出改进策略，发展教学智慧。其六，推动辅导式教学。由教学辅导者通过教学评价体系、教学视导等方式对共同体成员进行教学辅导，增进其教学探究的能力。正如考尔德黑德（Calderhead）和盖特（Gate）指出，我们必须重视教师反思的内容与反思产生的情境，关注教师反思的内容是否过于狭隘或偏离主题，以给予恰适的辅导。①

（五）创新教师教育机制

既然教师专业能力的提升不只是教师自我的事，需要教师彼此之间的合作，那么就应该创新教师教育机制给予保障，帮助教师形塑发展性课程观。教师教育计划应以终身学习的理念为指导，构建开放、多元与发展的教育与培训体系，让教师不仅可以掌握、运用课程设计与实施的技能，而且能够理解其背后的原理或理念，使教师成为富有主体性与实践性品格的教育者。然而，长期以来，在追求工具理性的教师专业主义的宰制下，科层体制、系统管理、效率控制成为教师教育的运作逻辑，而失去对教师生命意义的终极关怀。也就是说，它重视的是对课程活动"怎么样"（how）的探讨，而未能延伸到"为什么"（why）的全面考察与深入追问。局限于应"怎么样"的认识，容易导致教师疏于对课程现象与教学问题的哲学追思，其结果是在教学中照本宣科、生搬硬套，因为它并不能真正促进教师思维方式的转变。这种以工具理性为旨趣的教师教育，并未考量"风险社会"（risk society）语境下教师终身学习的必要性与紧迫性，也未能提供有效的实践理论与支持性条件。教师自然也难以形成对课程的丰富性理解，影响了其课程观的形塑。

应该说，从倚重课程行为的规训向培育终身学习信念的转变，是实现教师教育范式转型的时代要求。要建立起基于终身学习理念的专

---

① Calderhead, J., Gate, P. *Conceptualizing reflection in teacher development*. London：Falmer Press, 1993：35 – 39.

业化规准的教师教育机制，改变只重视技术性操作层面的、仅限于职前教育的终结性的教师教育，是亟待解决的问题。知识作为教师专业能力成长的基础，理应是教师教育规划与设计的出发点。但是，在当今风险社会的语境下，知识的急剧增长及专家基于不同立场进行知识生产，导致了知识的非确定性与专家系统的整体失灵。正如贝克（Beck）指出，风险"指的是一种独特的'知识与不知的合成'"，"一方面是在经验知识基础上对风险进行评估；另一方面，则是在风险不确定的情况下决策或行动。""风险只是指明了什么'不应该'做，而不是'应该'做什么"，于是，"一个人如何行动不再是由专家决定的事"。① 因此，专业知识在实践场域的演变特征下产生了专业危机。这些演变特征涵括复杂性、流变性、生成性、特殊性和价值冲突等，已然成为专业实践的中心问题。② 可以说，风险社会产生的非确定性与个人化现象，企盼教师形构终身学习理念，并在其观照下形成反思意识与批判能力，进而对教师自我的教学行为进行反思，以改进、完善自身的知识体系与信念系统并转化为教学行为，提升教学的有效性，进而创生教师个体的意义。反之，如果教师企盼通过职前培育或在职培训所获得的专业知识来解决所有的课程与教学问题，必然会对专业知识效用及自身专业能力产生怀疑与困惑。需要强调的是，教师终身学习信念的树立，非但不是否定教师教育的价值，更是凸显出它对教师终身学习信念的导向与激励的作用。因此，教师教育者一方面"需要认清自我的动机和态度，关注自我信念并审视涉及教师教育的个人实践知识，以提高培训项目的针对性和有效性"③；另一方面，教师教育者不仅要让教师获得基本的专业知识，还必须重视"实践工作者的假设，价值与经验，以及他们对实践行动和可能行动的理

---

① 乌尔里希·贝克：《风险社会再思考》，《马克思主义与现实》2002 年第 4 期。

② Schön, D. *The reflective practitioner*, *How professionals think in action.* New York：Basic Book, 1983：13 - 14.

③ Robinson, M. , McMillan, W. Who teaches the teachers? Identity, discourse and policy in teacher education. *Teaching and Teacher Education*, 2006（22）：327 - 336.

解愿景"①。同时，从社会文化层面来设计教学的政治伦理、正义公平、自由开放等问题，促进教师对自我教学立论基础与与教学实践的合理性、合法性进行反思，进而坚定终身学习信念，不断提升专业能力。

（六）健全教学视导机制

形塑发展性课程观必须重视教学视导，因为教学是课程观的最终落脚点，而教学视导具有检视和匡正课程现象与教学行为的功能。教学视导是一个持续提升教师专业能力的历程。在这个历程中，视导人员诉诸课堂实地观察教师的教学行为，对存在问题进行原因分析与意见反馈。通过和教师的平等对话以及协商交流，协助教师制订专业发展规划，以促进他们确立专业发展目标、采取合理行动手段，切实提高教学有效性与学生学习效能。可见，增强教师专业能力是教学视导的根本归旨。因为教育品质是教师品质的映射，没有优秀的教师也就没有优质的教育。但是，教学视导是一个复杂的系统，不仅关涉视导的方式与技能问题，更重要的是实践机制的探讨与建构，而目前的教学视导却趋向扩散化、模塑化、形式化。也就是说，教学视导的目标泛化，没有以教学为核心展开，却分散到学校的整体工作。目标泛化导致教学视导方案不能与教学发展齐步并进，也使其脱离学校教学实际，并以同一标准来衡量与评判不同地域、不同教师的教学形态。更为糟糕的是，视导人员仅以走过场的形式对待教学视导，隐匿缺点而片面夸大优点，从而陷入了"视而不导"或"督而不导"的窠臼。

事实上，教学视导具有诊断、修正与完善教学的功能，是促进教师专业成长的重要环节。因此，明确教学视导的内在逻辑与实践进路，有助于教师形塑发展性课程观。在这里，我们将教学视导分为临床视导、同事视导、自我诊断视导三向度进行探讨。

---

① Wilson, Arthur, L. , Hayers, Elizabeth, R. On thought and action in adult and continuing education. In Wilson, A. L. , Elizabeth, R. H. *Handbook of adult and continuing education*. San Francisco：Jossey – Bass, 2000：15 – 32.

其一，临床视导（clinical supervision）是美国学者柯根（Cogan）、高汉姆尔（Goldhammer）和安德森（Anderson）等于 20 世纪 50 年代末，把临床诊断的模式引入视导领域而建构的教学视导理论。临床诊断是对教学实践的观察结果进行概括，通过视导人员和教师的对话、交流、沟通来分析教学行为，提出改进策略，以改善教学活动。阿奇森（Acheson）和高尔（Gall）将临床视导的实践运作归结为三流程。首先，召开观察前会议，了解教师对教学的关注点，并转换成可以观察的教学行为；其次，进行课堂观察，选择时间、地点与观察工具并厘清观察思路，根据计划进行观察与记录；最后，召开观察后的反馈会议，提供反馈资料来协助教师对自己的课堂表现做出客观公正的评价。①

其二，同事视导（peer supervision）重视教师之间形成平等合作、尊重信任的关系，充分发挥不同教师的专长，通过观察彼此的教学行为来提供反馈信息，以改进教学、提升专业能力。同事视导是建立学习共同体的一种途径，教师通过对其他教师教学行为的观察、探讨与经验分享，在平等对话中推动视域融合以达成相互理解，有利于教师建立共同的教育愿景。

其三，自我诊断视导（self – clinical supervision）是教师采用系列的反馈策略促进其教学发展的一个历程。目的是让教师认识自己的教学行为，并能够自我引导活动的发展。在自我视导中，由于教师被纳入视导活动中来评价自己的教学行为，因此更能察觉自我教学行为的各种优缺点。②自我诊断视导的实施策略可以归结为：首先，教师可以根据自我需求与课堂教学实地观察报告等资料，自行确立专业成长目标，每个目标都应具有相应的工作计划以及预设的进度表；其次，视导人员与教师通过对话协商来检验目标的合理性和可行性，并共同修正与完善；再次，视导人员参照预设的进度表对教师的目标达成度进

---

① Acheson, K. A. , Gall, M. D. *Techniques in the clinical supervision of eaching*: *Preservice and inservice application.* New York: Longman, 1996: 95 – 98.

② Beach, D. M. , Reinhartz, J. *Supervision*: *Focus on instruction.* New York: Harper & Row, 1989: 15.

行形成性评价，评价内容包括教师提供的教学观察记录、教学录像、学生学习结果评价等资料，然后再提出改进意见；最后，视导人员与教师共同审查达成目标的情状，依据评价结果与专业需求，规划下一轮视导的内容要点。

结束语

　　课程改革不能替代教育改革的所有任务。当然，我们通过课程改革带动教育改革的方方面面，但是严格地讲，课程改革还不能替代教材制度的改革，不能替代教学领域的改革，也不能替代教师的专业化发展。① 这表明，课程改革是一个关涉历史、文化、社会、政治与经济等多层面、多面向的系统工程，决定了课程改革将是一个长期的、不断修正与完善的过程。因此，我们不能希冀通过一场课程改革来解决传统教育遗留的所有问题。但是，课程改革的持续推展，帮助我们对课程的本质属性与实践功能形成了更为全面的认识，也认识到了教师在课程发展中的重要地位，因为"课程改革的成功与否依赖于教师改变，教师是课程改革的核心"②。据此，只有教师形塑与课程改革精神相符应的课程观，积极参与到课程发展中来，课程改革才能持续深入的发展。

　　教师课程观是由教师个体对课程的信念、价值和态度所决定的，信念是其核心质素，而相对稳定的信念则上升为价值。因此，教师对课程理解的不同，也就映射了各自不同的课程观或价值取向，而不同的课程观，又隐含着不同的课程思维方式及课程哲学。从这个意义上说，课程观是包含课程目的、课程内容、教学策略、学习活动和课程评价之课程决定的潜隐理论，它不仅会影响教师在课程实践过程中的思考、判断和决定，也影响着对课程的诠释及自我的教学行为。克拉

---

① 吕达：《目标教学与新课改的关系》，《当代教育科学》2007 年第 17 期。
② 吕达：《深化教改，更新观念是根本——纪念改革开放 30 年》，西南大学教科所报告厅：西南大学教科所，2008 年。

克（Clark）和彼特森（Peterson）也认为，教师信念不仅影响教师"形成目标以及界定教学任务的方式，还左右着教师的行为，更与教师效能的关系紧密，甚至是课程改革能否真正落实到课程实践中的关键"①。可以说，教师在进行课程活动时，对自己的课程与教学行为都有预先设定，而这个预先设定就是课程观。不同的课程观会产生不同的课程实践，决定了课程的存在和表现形式以及教学效果。

教师课程观的生成与发展是教师对课程的意义建构以及自我专业成长的历程。教师课程观的形成是一个社会化建构的过程，具有多元性、非线性和动态性的特征，受到文化、社会、历史和个体等因素的影响，它是在与各种因素的交织中协商转化的结果。从课程理论层面上审视，历史地看，课程理论是一个动态持续的发展历程，深受哲学思潮与社会变迁的影响。从先前的技术取向（课程即产品）到实用取向（课程即实施），再到解放取向（课程即实践）的课程范式转移，课程的意义发生了很大的变化。因为社会的发展对教育不断提出新的要求，也促使人们对课程的属性、价值及实践功能进行重新检审与判定，进而形成了新的课程存在形态。这就表明，课程实践是一种价值引导的教育活动，因为理论形态的课程转化为实践，本身就是一个价值传递和创生的过程。而教师作为课程实施的关键，其课程观也就不可避免地赋形于特定的社会文化价值形态。正如库帕（Cooper）和奥尔逊（Olson）所言，教师角色是在社会中得以培植与建构，受到了历史、社会、心理与文化脉络的影响。② 卡根（Kegan）也强调了自我发展并不是发生于真空中，而是一个伴随着认知的发展与外在不断协商的过程，也是个体自我与外在环境的关系走向复杂化和精细化发

---

① Clark, C. M., Peterson, P. L. Teachers' thought process. In M. C. Wittrock（Eds.）. *Handbook of research on teaching*. New York：Macmillan Publishing Compay，1986：255 – 296.

② Cooper, K., Olson, M. R. The multiple "I" s' of teacher identity. In Michael Kompf, W. Richard Bond, Don Dworet & R. Terrance Boak（Eds.）. *Changing research and practice：Teachings' professionalism identities and knowledge*. London：Falmer Press, 1996：78 – 89.

展的过程。①

从课程实践层面上看，教师的课程观又会受到教师角色、教材特性、学生特质、学校环境、制度形态以及一些特殊事件的影响。其中，教师个体是重要的影响因素。无论是泰勒（Tyler）强调教师应该根据教育目标来选择教育经验、组织教育经验帮助学生学习，或是施瓦布（Schwab）强调教师作为课程要素之一，还是多尔（Doll）重视教师是师生关系中"平等中的首席"，都体现了教师的课程观以及专业能力之于其课程决定的重要性，将直接影响到学生的学习结果。进一步说，教师作为具有主体自觉与价值理性的个体，在教学过程中必须因应各种教学情况以做出恰当的教学决定，其背后潜隐着教师对各种价值取向的判断与选择，这种价值判断与选择，往往是教师有意识或潜意识做出的。这就表明，教师信念系统中存在着"课程后设取向"特征，教师会根据特定的教学情境做出价值判断与取舍，进而形成课程决定。而这一过程也是教师个人价值观的传递过程。尽管这些价值观不是课程的主要目标所在，但对学生成长的影响是潜在且深远的。因此，只有教师把握各种价值取向内涵，弄清自己的课程观特点，才能更好地以"课程后设取向"来引导课程活动。帕尔默（Palmer）也认为，每个教师都有属于自我的教育使命感、教师角色认同、教育信念、教学技能、教学方法等，当然也有不完全属于自己的教学行为和教学环境。教师在教学中会"以自己的本色进行教学"（we teach who we are）。②

教师的课程观形成于学生时代，具有一定的固着性、独特性。新课程改革赋予教师的是课程研究者、课程设计者等角色设定，要求他们将课程研究与教学实践浑融整一，在两者的双向建构中更新和发展课程观。从这个意义上说，教师角色也随着课程范式的转型，从课程

---

① Kegan, R. What "form" transforms? A constructive – developmental approach to transform-ative learning. In J. Mezirow et al. *Learning as transormaiton*. San Francisco: Jossey – Bass, 2000: 35 – 69.

② Palmer, P. J. *The couage to teach: Exploring the inner landscape of a teacher's life*. San Francisco: Jossey – Bass, 1998: 1.

传递者走向专业自主的角色，这就不可避免地对教师的信念系统产生强烈的冲击。但是，传统教育生态让教师工作偏向于技术性任务，接受的是外在标准的规制。教育行政部门、学校的科层制强调对教育的效率与秩序的控制，重视教师的教学技能和课堂管理的技巧，而忽视教师整体专业能力的涵养，导致教师普遍上缺乏发展课程的专业能力，教学方式僵化且缺乏创新，更多的是以个人的教学经验作为教学基础，缺乏以课程的理论思考与课程观的哲学思考来观照课程设计。课程改革成功与否，教师是关键。因为教师的课程观关系到课程改革理念及相应的一套教育策略能否达成预期成效。课程改革不仅是课程内容的更新、教学方式的改变，更重要的是通过新的教育理念的倡导，希冀教师更新观念、转变角色，改变习焉不察的教学惯习。教师作为具有课程意识的主体，如果课程改革的理念与教师的原有课程理解相差太大，不可避免地会招致教师的漠视和抵制，这样，改革成效也必定不彰，因为多数教师仍会持自己的原有观点进行教学，由此造成了课程理念与课程实践之间的"两张皮"现象。事实上，课程改革在启动之初及推进过程中举办了多层次、多面向的教师培训，期望教师能够通过教师培训接受课程改革理念。但是，由于教师培训模式长期受到理性思维的影响，培训机构及教师教育者往往仍旧是注重教师的学术性知识以及教学技能的精熟，却忽略了其课程观的实质性改变。伍德（Wood）认为，教师改变包括两个部分，一是观念的改变，也就是信念、假设和知识的改变；二是行为的改变，包括计划、行动及二者间的反复。① 因此，教师教育者除了让教师掌握教学知识与教学技能外，更重要的是要能够形塑符合时代精神的课程观、高阶的反思批判能力，以及道德与美学的认知。因为只有教师的自我觉醒，认识到专业能力的发展对提升教学效能、促进学生成长的重要性，才会主动积极学习新知识以不断充实自我的专业知能，同时不断检审自己的课程观是否存在偏差，并及时调适或完善。

---

① Woods, D. *Teacher cognition in language teaching：Beliefs, decision - making and class-room practice.* GB：Cambridge University Press. 1996：15.

课程实践是教师形构其课程观的现实基础，因为任何课程理论都不具有普适性价值，教师只有在课程或教学行动中不断地反思，才能觉知自我的教育知识、信念和价值、所在环境的情状，进而考量如何整合这些条件以提升教学效能，促进学生的有效学习。这种反思性教学的展开有助于提升教师的专业能力与教学品质。反思性教学与技术性教学具有本质上的区别。反思性教学倚重教师对自我课程行为的目标、价值观以及外在环境进行质询与反思，如果一个教师从来不曾审视自己的课程假设，那么，其从事的是技术性教学，而不是反思性教学。因此，反思性教学并不是由所有的教学思考组成，"也不只是技术性行为的呈现，而是一个具有认知行动与批判反思的实践过程"①。蔡克纳（Zeichner）也认为，为了进行反思性实践，教师建立和维持一个教学和教育的宽广视野似乎是必要的，而不只是内在地检视自我的实践。教师不仅要关注内在的实践，还要聚焦于外在的社会条件，这样更可能影响其实践行为。② 因此，反思性教学是教师提升自我专业能力并发展课程观的前提，教师只有在教育理论的指引下不断地反思课程观、课程实践及外在环境，充分挖掘课程潜力，才能在课程实践上得以更新和突破，进而赋予课程以新生命。

我国课程改革在一定程度上影响了中小学教师课程观的存在形态。但是，长期积淀的社会文化心理格度、教师原有课程观的固着性与独特性，以及课程改革对课程观的内涵未做系统明确的界定，导致人们在课程观转型的主题上也就缺乏共识性，并呈现出众说纷纭的态势。共识的缺失也就不能实现以核心价值为中心的价值理性组合；而缺少核心价值的导范，也就不可避免地导致众多一线教师对课程观的理解偏差与行为失范。因此，发展性课程观是在批判传统课程中根深蒂固的、至今仍存在于现实课程活动中的观念和行为，以及人与课程之时代发展走向的基础上提出的，是课程观转型的时代主题。发展性

① Greene, M. Curriculum and Consciousness. *Teachers College Record*, 1971, 73（2）: 253-270.

② Zeichner, K. M., Liston, D. P. *Reflctive teaching: An introduction*. New Jersey: Lawrence Erlbaum Associates, 1996: 18-20.

课程观以马克思的人类解放理论为理据，它的核心质素是教化个体与改良社会，而教化的目的在于促进个体的全面发展与个性化成长，进而促成社会发展。构筑发展性课程观的互动、共生及再造的实践机制，廓清其运演的机理，以激发个体的生命自觉、构筑和谐的课程生态、实现个体生命的超越，这是课程价值取向及人的发展的必然选择。

附录1 中小学教师课程观的调查量表

尊敬的老师：

您好！

这是有关您在课程与教学活动中对"教什么、如何教、教给谁、何时教"的看法的调查量表，请在适合您的选项上打"√"。您的回答对本项研究具有特别的指导意义，请每项都填写（请勿每道题都选择同一答案，比如全都选择"3"，这样就是废卷了）。所有资料仅作学术研究之用，请您放心、如实地填写。您的答案没有对错之分，我们只想了解您的想法与观点。谢谢您的合作！

一 请您选择右面的数字，以表示您对下列各题项的意见，并在适当的位置上打"√"

1 = 完全不同意；2 = 基本不同意；3 = 不确定；4 = 基本同意；5 = 完全同意

1	评价学生已掌握的学科知识的水平是重要的	1 2 3 4 5
2	教师应根据学生的兴趣和需要来选择课程内容	1 2 3 4 5
3	在课程实施中，教师应经常观察学生是否有机会去整合其情感、认知和精神的发展	1 2 3 4 5
4	课程内容应该关注诸如污染、人口膨胀、能源短缺、民族歧视和犯罪等社会问题	1 2 3 4 5
5	课程应该增强学生对社会的责任感	1 2 3 4 5

续表

6	除了学业成绩外，课程评价也应强调学生的个人发展，例如自信、动机、兴趣和自我意识	1 2 3 4 5
7	评价应强调学生已达到的学习目标的程度，包括其思维水平和探究知识的技能	1 2 3 4 5
8	学生的兴趣和需要应该是课程组织的中心	1 2 3 4 5
9	课程应该强调学生智力水平的发展	1 2 3 4 5
10	学校课程的最终目标应该是帮助学生达到自我实现	1 2 3 4 5
11	课程的主要目标是学生的个体发展、环境适应及社会互动的统一	1 2 3 4 5
12	课前应列出详细而清晰的学习目标，课程内容的组织应根据学习目标的先后次序来安排	1 2 3 4 5
13	每一门学科内容的组织应该是按照本学科知识的逻辑结构来进行	1 2 3 4 5
14	教师应根据所教学科的学习目标来选择课程内容和教学行为	1 2 3 4 5
15	课程设计（课程目标、内容选择、课程实施、课程评价等）应关注社会期望、学生需求与教材编制之间的平衡	1 2 3 4 5
16	评价应强调学生的公民意识、个人生存能力以及决策、解决社会问题的技能的水平	1 2 3 4 5
17	课程设计应根据学校的实际情况来决定授教什么样的课程知识	1 2 3 4 5
18	学生学习的最好途径是通过分析、调查和评价现存的社会问题	1 2 3 4 5
19	教师应寻找有效的教学方法来达成课程目标，如因特网、多媒体的使用等	1 2 3 4 5
20	课程编制和计划应由课程专家、教师、学生、校长等多方参与来共同决定	1 2 3 4 5
21	学科知识是最重要的学校课程内容	1 2 3 4 5
22	教给学生思考的技能与探究知识的方法，这是最重要的课程内容	1 2 3 4 5
23	课程的主要目标是向学生传递最好的和最重要的学科知识	1 2 3 4 5
24	课程应为学生创造未来发展的机会，以应对学生未来的生活方式的改变	1 2 3 4 5
25	课程应发展学生的理性思维（概念、判断和推理的能力）	1 2 3 4 5
26	课程的首要目标是培养学生批判分析社会问题的能力	1 2 3 4 5
27	课程设计应根据学校的具体情况，以寻找有效的方法来解决本校的实际需要和问题	1 2 3 4 5

28	课程的基本目标是培养学生的实际推理的能力（实际情境中问题决策、解决问题的能力）	1 2 3 4 5
29	课程应该力图为学生提供满意的学习体验	1 2 3 4 5
30	课程知识应对学生的个人追求有意义，学生可以学习其认为有趣的、对将来生活有用的知识经验	1 2 3 4 5
31	课程应该强调社会的需要	1 2 3 4 5
32	评价应关注学生的个人需求和社会要求相统一，并重视学生尊重他人的权利、与他人合作做事的意识和能力	1 2 3 4 5
33	评价应强调学生在生活中遇到实际问题时所表现出的决策技能与解决问题的能力	1 2 3 4 5
34	课程的基本目标是发展学生的认知技能，比如记忆、假设、问题解决、分析和综合	1 2 3 4 5
35	学生最佳的学习活动是在一个充满爱和情感的学习情境中进行	1 2 3 4 5
36	课程应让学生有机会参与可以整合个人目标和集体目标的活动，并让其应用知识和技能来解决个人和社会的问题	1 2 3 4 5

二 基本情况（请您在相关项目上打"√"或填写相关内容）

1. 性别：A. 男　B. 女

2. 教龄：A. 1—5 年　B. 6—10 年　C. 11—15 年　D. 16—20 年
E. 21 年及以上

3. 学校所在地域：A. 城市（包括县城）　B. 乡镇

4. 学校层次：A. 小学　B. 初中　C. 高中

5. 所任职务：A. 校长／副校长　B. 主任／副主任
C. 教研组长　D. 教师　E. 其他人员

6. 目前的学历：A. 硕士　B. 硕士研究生课程班结业　C. 本科
D. 专科　E. 中师（或高中、中专）　F. 初中

7. 您经常参加的教学教研的集体活动是：
A. 学科教学教研组织或学校教研组织
B. 自发组织的有关教学讨论的团体
C. 不常参加

8. 您参加新课程培训的情况：

A. 从未参加过　　　B. 参加过 1—2 次　　　C. 参加过 3 次或以上

9. 您目前所任教的学科是＿＿＿＿＿＿＿＿＿＿＿

10. 您的学校所在地是＿＿＿＿＿省＿＿＿＿＿市

附录2 教师课程观的形成及其影响
因素的访谈大纲

一、您在教学过程中，最重视什么？而较不重视什么？

二、您是以什么样的标准来评价学生的学业成绩的？为什么？

三、您是根据什么样的标准和方法来进行教学计划（教案）、教学进度设计的？为什么？

四、您在制定教学计划（教案）以及在教学过程中，会不会受到个人价值观的影响？为什么？

五、您在进行课程设计的时候，会受到哪些因素的影响？为什么？

六、您是否认为自己对所任教学科的价值观，已经是处在一种稳定不变的状态，还是仍然会改变？如果仍然会改变，它可能会受到哪些因素的影响？

七、您认为不同的教学内容对学生来说是否具有不同的价值？您会不会根据教学内容的不同而在教学中有所侧重？为什么？

八、在教学生涯中，您是否会经常更改教学计划？为什么？

九、根据您多年从教的经验，请您谈谈个人从事教学工作的心路历程。

参考文献

中文类书籍

[1] ［德］卡西尔：《人论》，甘阳译，上海译文出版社 2004 年版。

[2] 《马克思恩格斯全集》（第 19 卷），人民出版社 1974 年版。

[3] 《马克思恩格斯全集》（第 1 卷），人民出版社 1956 年版。

[4] 《马克思恩格斯全集》（第 42 卷），人民出版社 1979 年版。

[5] 《马克思恩格斯全集》（第 46 卷），人民出版社 1979 年版。

[6] 《马克思恩格斯选集》（第 1 卷），人民出版社 1995 年版。

[7] ［德］舍勒：《舍勒选集》，刘小枫等译，上海三联书店 1999 年版。

[8] ［法］罗素：《罗素道德哲学》，李国山等译，九州出版社 2008 年版。

[9] ［古希腊］柏拉图：《理想国》，商务印书馆 2007 年版。

[10] ［加］迈克尔·富兰：《教育变革新意义》，赵中建等译，教育科学出版社 2005 年版。

[11] ［美］爱伦·C. 奥恩斯坦、费兰西斯·P. 汉金斯：《课程：基础、原理和问题》，柯森主译，江苏教育出版社 2002 年版。

[12] ［美］安格勒斯：《哲学辞典》，段德智等译，猫头鹰出版社 1999 年版。

[13] ［美］奥恩斯坦、霍金斯：《课程理论基础》，方德隆译，台湾培生教育 2004 年版。

[14] ［美］布鲁纳：《布鲁纳教育论著选》，邵瑞珍等译，人民教育出版社 1989 年版。

[15] ［美］麦克尼尔：《课程导论》（第六版），谢登斌等译，中国

轻工业出版社 2007 年版。

［16］［美］帕梅拉·博洛廷·约瑟夫等：《课程文化》，余强译，浙江教育出版社 2008 年版。

［17］［美］梯利：《西方哲学史》（下册），葛力译，商务印书馆 1979 年版。

［18］［美］威尔斯、邦迪：《课程开发：实践指南》，徐学福等译，中国轻工业出版社 2007 年版。

［19］［美］沃尔克默、帕萨尼拉和拉斯：《价值澄清法》，欧用生、林瑞钦译，复文图书出版社 1986 年版。

［20］［美］小威廉姆·E. 多尔：《后现代课程观》，王红宇译，教育科学出版社 2000 年版。

［21］［苏］斯特卡金：《现代教学论问题》，教育科学出版社 1982 年版。

［22］［伊朗］S. 拉塞克、［罗马尼亚］G. 维迪努：《从现在到 2000 年教育内容发展的全球展望》，马胜利等译，教育科学出版社 1996 年版。

［23］［英］密尔：《论自由》，顾肃译，译林出版社 2010 年版。

［24］陈秉璋、陈信木：《价值社会学》，桂冠出版社 1990 年版。

［25］程家明：《程家明自选集》，汕头大学出版社 2006 年版。

［26］高清海：《找回失去的"哲学自我"——哲学创新的生命本性》，北京师范大学出版社 2004 年版。

［27］郝德永：《课程与文化：一个后现代的检视》，教育科学出版社 2002 年版。

［28］靳玉乐、黄清：《课程研究方法论》，西南师范大学出版社 1991 年版。

［29］靳玉乐、于泽元：《后现代主义课程理论》，人民教育出版社 2005 年版。

［30］靳玉乐：《现代课程论》，西南师范大学出版社 1995 年版。

［31］靳玉乐：《新课程改革的理念与创新》，人民教育出版社 2003 年版。

［32］李子建、黄显华：《课程：范式、取向和设计》，香港中文大学出版社 1996 年版。

［33］廖哲勋：《课程学》，华中师范大学出版社 1990 年版。

［34］吕达：《独木桥？阳光道？——未来中小学课程面面观》，中信出版社 1991 年版。

［35］吕达：《课程史论》，人民教育出版社 1999 年版。

［36］施良方：《课程理论——课程的基础、原理和问题》，教育科学出版社 1996 年版。

［37］司马云杰：《文化价值论——关于文化建构价值意识的学说》，陕西人民出版社 1998 年版。

［38］索尔蒂斯：《教育与知识的概念》，载瞿葆奎《教育学文集·智育》，人民教育出版社 1993 年版。

［39］王策三：《教学论稿》，人民教育出版社 2005 年版。

［40］王坤庆：《教育哲学：一种哲学价值论视角的研究》，华中师范大学出版社 2006 年版。

［41］叶澜等：《教师角色与教师发展新探》，教育科学出版社 2004 年版。

［42］袁贵仁：《价值学引论》，北京师范大学出版社 1991 年版。

［43］张楚廷：《课程与教学哲学》，人民教育出版社 2003 年版。

［44］张春兴：《张氏心理学辞典》，东华出版社 1989 年版。

［45］钟启泉：《现代课程论》，上海教育出版社 1989 年版。

［46］周川：《科学的教育价值》，江苏教育出版社 1993 年版。

［47］周淑卿：《课程发展与教师专业》，高等教育文化事业有限公司 2004 年版。

中文类期刊

［1］巴登尼玛、李松林、刘冲：《人类生命智慧提升过程是教育学学科发展的原点》，《教育研究》2014 年第 6 期。

［2］蔡宝来：《我国教学论研究范式转型的时代境域与逻辑路向》，《教育研究》2010 年第 8 期。

［3］段作章：《教学理念向教学行为转化的内隐机制》，《教育研究》

2013 年第 8 期。

[4] 崔允漷：《基础教育课程改革的意义、进展及问题》，《全球教育展望》2006 年第 1 期。

[5] 顾明远、张民生：《推进素质教育》，《教育研究》2010 年第 7 期。

[6] 顾明远：《教育领域综合改革的宏观视野》，《教育研究》2014 年第 6 期。

[7] 郭华：《新课改与"穿新鞋走老路"》，《课程·教材·教法》2010 年第 1 期。

[8] 郭元祥：《课程观的转向》，《课程·教材·教法》2001 年第 6 期。

[9] 郭元祥：《论教育的过程属性和过程价值——生成性思维视域中的教育过程观》，《教育研究》2005 年第 9 期。

[10] 韩萌：《大学多元文化育人功能的思考》，《教育研究》2010 年第 8 期。

[11] 郝德永：《不可"定义"的教育——论本质主义教育思维方式的终结》，《教育研究》2009 年第 9 期。

[12] 郝德永：《新课程改革：症结与超越》，《教育研究》2006 年第 5 期。

[13] 黄素兰、张善培：《香港美术科教师的课程价值取向》，《教育研究学报》2002 年第 1 期。

[14] 靳玉乐、罗生全：《中小学教师的课程价值取向及其特点，课程·教材·教法》2007 年第 4 期。

[15] 靳玉乐、杨红：《试论文化传统与课程价值取向》，《西南师范大学学报》1997 年第 6 期。

[16] 靖国平：《知识与智慧：教育价值的演化》，《教育理论与实践》2010 年第 1 期。

[17] 李政涛：《论当代中国基础教育改革的思维方式》，《基础教育》2009 年第 10 期。

[18] 林进材：《教学的科学与艺术》，《国教之友》2002 年第 2 期。

［19］鲁洁：《道德教育的根本作为：引导生活的建构》，《教育研究》2010 年第 6 期。

［20］鲁洁：《一个值得反思的教育信条：塑造知识人》，《教育研究》2004 年第 6 期。

［21］吕达、刘捷：《超越经验：在自我反思中实现专业发展》，《教育学报》2005 年第 4 期。

［22］吕达：《关键在于实施》，《全球教育展望》2003 年第 9 期。

［23］吕达：《教育创新与创新教育》，《中国教育学刊》2002 年第 5 期。

［24］吕达：《解读生本教育的内涵》，《人民教育》2009 年第 15—16 期。

［25］吕达：《目标教学与新课改的关系》，《当代教育科学》2007 年第 17 期。

［26］马云鹏：《基础教育课程改革：实施进程、特征分析与推进策略》，《课程·教材·教法》2009 年第 4 期。

［27］潘洪建：《当代知识观及其对基础教育改革的启示》，《教育研究》2004 年第 6 期。

［28］裴娣娜：《对教育观念变革的理性思考》，《教育研究》2001 年第 2 期。

［29］石中英：《价值教育的时代使命》，《中国民族教育》2009 年第 1 期。

［30］石中英：《教育信仰与教育生活》，《清华大学教育研究》2000 年第 2 期。

［31］石中英：《深化教育改革，成就中国教育梦想》，《教育研究》2013 年第 4 期。

［32］苏强、罗生全：《教师课程哲学观的生成及其实践功能》，《课程·教材·教法》2011 年第 2 期。

［33］苏强：《发展性课程观：课程价值取向的必然选择》，《教育研究》2011 年第 6 期。

［34］苏强：《高等医学院校对非直管医院实施知识管理的研究》，

《教育研究》2013 年第 5 期。

[35] 苏强：《全科医生的"国标省统，县管乡用"模式研究》，《新华文摘》2014 年第 19 期。

[36] 苏强：《迷思与困惑：教师赋权失范的二重性》，《教育研究》2014 年第 11 期。

[37] 陶西平、袁振国：《加强统筹协调促进教育公平》，《教育研究》2010 年第 7 期。

[38] 童莉：《初中数学教师的课程价值取向的调查分析》，《数学教育学报》2008 年第 2 期。

[39] 王策三：《台湾教改与"我们的课改"》，《教育学报》2010 年第 3 期。

[40] 王鉴：《从"应试教育校园文化"到"素质教育文化校园"——论当前学校文化的特点与转型》，《教育理论与实践》2010 年第 3 期。

[41] 乌尔里希·贝克：《风险社会再思考》，《马克思主义与现实》2002 年第 4 期。

[42] 吴本韩、张善培：《师训人员对小学科学课程价值取向的信念》，《教育曙光》2002 年第 45 期。

[43] 吴永军：《正确认识新课程改革的理论基础及其价值取向》，《教育科学研究》2010 年第 8 期。

[44] 夏正江：《中学教师职前培养的课程逻辑》，《教育研究》2014 年第 6 期。

[45] 熊川武、江玲：《论义务教育内涵性均衡发展的三大战略》，《教育研究》2010 年第 8 期。

[46] 阎光才：《教育过程中知识的公共性与教育实践》，《北京大学教育评论》2005 年第 2 期。

[47] 叶澜：《课堂教学价值观》，《校长阅刊》2006 年第 8 期。

[48] 叶澜：《清思　反思　再思——关于"素质教育是什么"的再认识》，《人民教育》2007 年第 2 期。

[49] 叶澜：《课堂教学过程再认识：功夫重在论外》，《课程·教

材·教法》2013 年第 5 期。

[50] 叶澜：《大中小学合作研究中绕不过的真问题——理论与实践多重关系的体验与再认识》，《教育发展研究》2014 年第 20 期。

[51] 喻平：《教师的认识信念系统及其对教学的影响》，《教师教育研究》2007 年第 4 期。

[52] 张华：《普通高中课程改革的问题、理念与目标》，《全球教育展望》2003 年第 8 期。

[53] 钟启泉：《课堂转型：静悄悄的革命》，《上海教育科研》2009 年第 3 期。

[54] 周正、温恒福：《教师参与课程发展：调查与反思》，《课程·教材·教法》2009 年第 7 期。

[55] 朱旭东：《论教师专业发展的理论模型建构》，《教育研究》2014 年第 6 期。

其他类

[1] 李小伟：《一线教师与课程改革：新课改　你让我无所适从》，《中国教育报》2005 年 8 月 17 日。

[2] 吕达：《深化教改，更新观念是根本——纪念改革开放 30 年》，西南大学教科所报告厅：西南大学教科所，2008 年。

[3] 教育部：《国家中长期教育改革和发展规划纲要》，http：//www. gov. cn/jrzg/2010 – 07/29/content_ 1667143. htm，2010 – 07 –29.

[4] 教育部：《教育部关于培育和践行社会主义核心价值观进一步加强中小学德育工作的意见》，http：//www. moe. gov. cn/publicfiles/business/htmlfiles/moe/s3325/201404/xxgk_ 167213. html，2014 – 04 –01.

[5] 教育部：《基础教育课程改革纲要（试行)》，http：//www. moe. gov. cn/publicfiles/business/htmlfiles/moe/moe_ 714/201001/xxgk_ 78356. html，2001 – 12 –25.

外文书籍类

[1] Abercrombie, N. , Hill, S. , Turner, B. *The penguin dictionary or*

sociology. London: Penguin Books, 2000.

[2] Acheson, K. A., Gall, M. D. *Techniques in the clinical supervision of eaching: Preservice and inservice application.* New York: Longman, 1996.

[3] Ackermann. R. J. *Belief and knowledge.* Garden City, New York: Anchor Books Doubleday, 1972.

[4] Apple, M. Education and power. London: RKP, 1982.

[5] Baldwin, J. M. *Dictionary of Philosophy and Psychology.* New York: Macmillam, 1918.

[6] Ball, D. L. What to students know? Facing challenges of distance, context, and desire in trying to hear children. In B. J. Biddle, T. L. Good, I. F. Goodson. *International handbook of teachers and teaching* . Kluwer Academic Publisher, 1997.

[7] Bandura, A. *Social foundations of thought and action: A social cognitive theory.* Englewood Cliffs, NJ: Prentice Hall, 1986.

[8] Beach, D. M., Reinhartz, J. *Supervision: Focus on instruction.* New York: Harper & Row, 1989.

[9] Beck, Ulrich. The reinvention of politics: Towards a theory of reflexive modernization. In Ulrich Beck, Anthony Giddens, Scott Lash. *Reflexive modernization: Politics, tradition and aesthetics in the modern social order.* Cambridge: Polity Press, 1994.

[10] Belenky, M. F., Clinchy, B. M., Goldberger, N. R., tarule, J. M. *Womer' s ways of knowing: The development of self, voice, and mind.* New York: Basic Books, 1986.

[11] Britzman, D. *Practice makes practice: A critical study of learning to teach.* New York: Suny Press, 1991.

[12] Brookfield, S. D. *Becoming a Critically Reflective Teacher.* San Francisco: Jossey – Bass, 1995.

[13] Bruner, J. *The culture of education. Cambridge*, MA: Harvard University Press, 1996.

[14] Calderhead, J. , Gates, P. *Conceptualizing reflection in teacher development*. London: Falmer Press, 1993.

[15] Castells, Manuel. *The Information Age: Economy, society, and culture*, vol. II. The power of identity. Oxford: Blackwell, 1997.

[16] Castells, Manuel. *The rise of the network society*. Oxford: Blackwell, 1996.

[17] Clark, C. M. , Peterson, P. L. Teachers' thought process. In M. C. Wittrock (Eds.) . *Handbook of research on teaching*. New York: Macmillan Publishing Compay, 1986.

[18] Combs, A. W. *Myths in education*. Bsoton: Allyn and Bacon, 1979.

[19] Connelly, F. M. , Clandinin, D. J. *Teachers as curriculum planners*. New York: Teachers College Press, 1988.

[20] Cooper, K. , Olson, M. R. The multiple "I" s' of teacher identity. In Michael Kompf, W. Richard Bond, Don Dworet, R. Terrance Boak (Eds.) . *Changing research and practice: Teachings' professionalism identities and knowledge*. London: Falmer Press, 1996.

[21] Cornbleth, C. Climates of constraint/restraint of teachers and teaching. In W. B. Stanley. *Critical issues in social studies research for the 21st century*. Greenwich, CT: Information Age Publishing, 2001.

[22] Crabtree, B. , Miller, W. *Doing qualitative research*. London: Sage, 1999.

[23] Davis, H. , Andrzejewski, C. Teacher beliefs. In E. M. Anderman, L. H. Anderman. *Psychology of classroom learning: An encyclopedia*. Detroit, MI: MacMillan, 2009.

[24] Day, C. Professional learning through collaborative in – service activity. In J. Smyth. *Educating teachers: Changing the nature of pedagogical knowledge*. London: The Falmer Press, 1987.

[25] Dewey, J. *Democracy in education*. New York: Macmillan, 1916.

[26] Education Review Office (New Zealand) . *In – service training for teacher in New Zealand schools*. Wellington: Education Evaluation Reports, 2000.

[27] Eisner, E. Is "The Art of Teaching" a Metaphor? . In Michael Kompf, W. Richard Bond, Don Dworet, Terrance Boak. *Changing research and practice: Teachers' professionalism identities and knowledge*. London: Falmer Press, 1996.

[28] Eisner, E. *The educational imagination: On the design and evaluation of school programs*. New York: MacMillan, 1985.

[29] Eisner, E. W. Curriculum ideologies. In Jackson, P. W. (Eds.), *Handbook of research on Curriculum*. New York: Macmillan, 1992.

[30] Eisner, E. W., Vallance, E. *Conflicting conceptions of curriculum*. Berkeley, CA: McCuthchan, 1974.

[31] Ernest, P. Social *Constructivism as a Philosophy of Mathematics*. Albany, New York: Suny Press, 1998.

[32] Feiman – Nemser, S. Teacher preparation: Structural and conceptual alternatives. In W. R. Houston. *Handbook of research on teacher education: A project of the association of teacher educators*. New York: Macmillan, 1990.

[33] Frondizi, R. *What is value: An introduction to axiology*. Illinois: Open court publishing company, 1971.

[34] Giddens, A. *Modernity and self – identity: Self and society in the late modern age*. California: Stanford University Press, 1991.

[35] Goodlad, J. I. *What schools are for*. Bloomington: Phi Delta Kappa Educational Foundation, 1994.

[36] Greene, M. Curriculum and consciousness. In Flinders, K. J., Thornton, S. J. (Eds.) . *The curriculum Studies Reader*. New York: Roultedge Flamer, 2004.

[37] Grossman, P. L. *The making of a teacher: Teacher knowledge and*

teacher education. New York: Teachers College Press, 1990.

[38] Hargreaves, A., Macmillan, R. The balkanization of secondary school teaching. In L. S. Siskin, J. W. Little. *The subjects in question.* New York: Teachers College Press, 1995.

[39] Hersh, R. Some proposals for reviving the philosophy of mathematics. In T. Tymoczko (Ed.). *New directions in the philosophy of mathematics.* Hillsdale, NJ: Erlbaum, 1986.

[40] Jewett, A. E., Bain, L. L., & Ennis, C. D. *The curriculum process in physical education.* Dubuque, IA: Wm C. Brown, 1995.

[41] Johnson, K. Changing *teachers' conceptions of teaching and learning.* In calderhead, J. Teachers' professional learning. Lewes: Falmer, 1988.

[42] Joyce, B., Weil, M., Calhoun, E. *Models of teaching* (6th Ed.). Boston: Allyn and Bacon, 2000.

[43] Kegan, R. What "form" transforms? A constructive – developmental approach to transformative learning. In J. Mezirow et al. *Learning as transormaiton.* San Francisco: Jossey – Bass, 2000.

[44] Kennedy, M. M. *Defining an ideal teacher education program* [mimeo]. Washington, DC: National Council for the Accreditation of Teacher Education, 1997.

[45] Kliebard, H. M. The effort to reconstruct the modern American curriculum. In L. E. Beyer, M. W. Apple. *The curriculum: Problems, politics, and possibilities.* Albany: State University of New York Press, 1988.

[46] Kluckhohn, C. Vlaues and value orientation in the theory of action: An exploration in definition and classification. In T. Parsons, E. Shills. *Toward a general theory of action.* Cambridge, Mass: Harvard University Press, 1951.

[47] Kluckhohn, F. R., Strodtbeck, F. L. *Variations in value orientations.* Westport, Conn: Greenwood Press, 1961.

[48] Kneller, G. F. *Introduction to the philosophy of education*. New York: Wiley, 1971.

[49] Lindsey, L. L., Beach, S. *Sociology*. Boston, MA: Allyn and Bacon, 2004.

[50] Lortie, D. *School teacher: A sociological study*. Chicago: University of Chicago Press, 1975.

[51] Louden, W. *Understanding teaching: Continuity and change in teachers' knowledge*. London: Cassell Educaional Ltd, 1991.

[52] Marrow, A. J. *The practical theorist: The life and work of Kurt Lewin*. New York: Teachers College Press, 1977.

[53] Marsh, C. Curriculum Approaches. In Marsh, C., Morris, P. *Curriculum development in East Asia*. London: The Falmer Press, 1991.

[54] McNeil, J. D. *Curriculum: A comprehensive introduction*. Boston: Little, Brown, 1980.

[55] McNeil, J. D. *Curriculum: A comprehensive introduction*. New York: Harper – Collins College, 1996.

[56] Miller, J. P. *The education spectrum: Orientations to curriculum*. New York: Harper Collins, 1983.

[57] National Research Council (U. S.). *National science education standards*. Washington, D. C.: National Academy Press, 1986.

[58] Nisbett, R., Ross, L. *Human inference: Strategies and shortcomings of social judgment*. Englewood Cliffs, HJ: Prentice Hall, 1980.

[59] OECD. *Creating effective teaching and learning environments: Firt results from TALIS*. Paris: OECD Publishing, 2009.

[60] Ornstein, A. C., Hunkins, F. P. *Curriculum: Foundations, principles, and issues*. Boston: Allyn and Bacon, 1998.

[61] Palmer, Parker J. *The courage to teach: Exploring the inner landscape of a teacher's life*. San Francisco: Jossey – Bass, 1998.

[62] Patrikakou, E. N. , Weissberg, R. P. , Redding, S. , Walberg, H. J. *School – family partnerships for childrens success.* New York: Teachers college Press, 2005.

[63] Perterson, A. R. *Teachers' chaning perceptions of self and others throughout the teacher career: Some perspective from an interview study of fifty retired secondary school teachers.* San Francisco: Jossey – Bass, 1979.

[64] Pollard, A. , Tann, S. *Reflective teaching in the primary school: A handbook for the classroom.* London: Cassell, 1993.

[65] Pratt, D. D. Good teaching: one size fits all. In J. Ross – Gordon. *An up – date on teaching theory.* San Francisco: Jossey – Bass Publishers, 2002.

[66] Raths, L. E. , Harmin, M. , Simon, S. B. *Values and teaching.* Columbus, OH: Merrill, 1996.

[67] Reeves, Patricia, M. Psychological development: Becoming a person. In M. Carolyn Clark, Rosemary, S. Caffarella (Eds.) . *An update on adult development theory: New ways of thinking about life course. New directions for adult and continuing education.* San Francisco: Jossey – Bass Publishers, 1999.

[68] Reynolds, Cecilia. Cultural scripts for teachers: Identities and their relation to workplace landscapes. In Michael Kompf, W. Richard Bond, Don Dworet, Terrance Boak. *Changing research and practice: Teachers' professionalism identities and knowledge.* London: Falmer Press, 1996.

[69] Richardson, V. The role of attitudes and beliefs in learning to teach. In J. Sikula, T. J. Buttery, E. Guyton. *Handbook of research on teacher education.* New York: Macmillan, 1996: 102 – 119.

[70] Rokeach, M. *Beliefs, attitude and values* (7th Ed.) . New York: The Free Press, 1980.

[71] Rokeach, M. *Beliefs, attitudes, and values: A theory of organiza-*

tion and change. San Francisco: Jossey – Bass, 1972.

[72] Rokeach, M. *The nature of human values.* New York: Free Press, 1973.

[73] Schön, D. *The reflective practitioner, How professionals think in action.* New York: Basic Book, 1983.

[74] Schubert, W. H. *Curriculum: Perspective, paradigm, and possible.* New York: Macmillan, 1986.

[75] Schwandt Thomas, A. *Dictionary of qualitative inquiry* (2nd Ed.). Cclif: SAGE Publications, 2001.

[76] Sergiovanni, T. J. *The principalship: A reflective practice perspective.* Boston: Allyn & Bacon, 1991.

[77] Sigel, I. E. A conceptual analysis of beliefs. In I. E. Sigel. *Parental belief systems: The psychological consequences for children.* Hillsdale, NJ: Erlbaum, 1985.

[78] Sigel, I. E. *Parental belief system: The psychological consequences for children.* Hillsdale, NJ: Erlbaum, 1985.

[79] Smith, D. L., Lovat, T. J. *Curriculum, action on reflection.* Australia: Social Science Press, 1991.

[80] Stenhouse, L. *An introduction to curriculum research and development.* London: Heineman, 1975.

[81] Strauss, A., Corbin, J. *Basics of qualitative research: Grounded theory procedures and techniques.* Newbury Park, CA: Sage, 1990.

[82] Tabachnick, K. M., Liston, D. P. *Reflevtive teaching: An introduction.* New Jersey: Lawrence Erlbaum Associates, 1996.

[83] Tanner, D., Tanner, L. N. *Curriculum development: Theory into practic.* Columbus: Prentice Hall, 1995.

[84] Templin, T. J., Schempp, P. G. *Socialization into physical education: Learning to teach.* Dubuque: Brown and Benchmark, 1989.

[85] Tinning, R., Kirk, D., Evans, J. *Learning to teach physical education.* Sydney: Prentice Hall, 1993.

［86］ Walker, D. F. , Soltis, J. F. *Curriculum and aims.* New York: Teachers College Press, 1997.

［87］ Wallerstein, N. Problem – posing education: Freire' method for transformation. Portsmouth, NH: Cook, Heinemann, 1987.

［88］ Wilson, Arthur, L. , Hayers, Elizabeth, R. On thought and action in adult and continuing education. In Wilson, A. L. , Elizabeth, R. H. *Handbook of adult and continuing education.* San Francisco: Jossey – Bass, 2000.

［89］ Woods, D. *Teacher cognition in language teaching: Beliefs, decision – making and classroom practice.* GB: Cambridge University Press, 1996.

［90］ Woolfolk – Hoy, A. , Murphy, P. K. Teaching educational psychology to the implicit mind. In B. Torff, R. Stenberg (Eds.) . *Understanding and teaching the intuitive mind.* Mahwah, NY: Erlbaum, 2001.

［91］ Young, M. F. D. *The curriculum for the future: From the new sociology of education to a critical learning.* London: The Falmer Press, 1998.

［92］ Zaltman, G. Knowledge disavowal in organizations. In R. H. Kilmann, K. W. Thomas, D. P. Slevin, R. Nath, S. L. Jerell. *Producing useful knowledge for organizations.* New York: Praeger, 1983.

［93］ Zeichner, K. M. , Liston, D. P. *Reflctive teaching: An introduction.* New Jersey: Lawrence Erlbaum Associates, 1996.

［94］ Zepeda, S. J. *Informal classroom observation on the Go: Feedback, discussion, and reflection.* Larchmont. New York: Eye on Educaton, 2012.

外文期刊类

［1］ Abelson, R. Differences between belief systems and knowledge systems. *Cognitive Science*, 1979, 3 (4): 355 – 366.

[2] Adler, F. The value conception in sociology. *The American Journal of Sociology*, 1956 (62): 272 – 279.

[3] Apple, M. Power, meaning and identity: Critical sociology of education in US. *British Journal of Sociology of Education*, 1996, 17 (2): 125 – 144.

[4] Babin, P. A curriculum orientation profile. Education Canada, 1979 (19): 38 – 43.

[5] Battista, M. T. Teacher beliefs and the reform movement in mathematics education. *Phi Delta Kappan*, 1994, 75 (6): 462 – 470.

[6] Beherts, D. Value orientations of physical education pre – service and inservice teachers. *Journal of Teaching in Physical Education*, 2001, 20 (2): 144 – 154.

[7] Beherts, D., Vergauwen, L. Value orientations of elementary and secondary physical education teachers in Flanders. *Research Quarterly for Exercise and Sport*, 2004, 77 (2): 156 – 164.

[8] Bell, B., Gilbert, J. Teacher development as personal, professional, and social development. *Teaching and Teacher Education*, 1994, 10 (5): 483 – 497.

[9] Beswick, K. Teachers' beliefs about school mathematics and mathematicians' mathematics and their relationship to practice. *Educational Studies in Mathematics*, 2011, 79 (1): 127 – 147.

[10] Blasé, J. J. A qualitative analysis of sources of teacher stress: Consequences for performances. *American Education Research Journal*, 1986, 23 (1): 13 – 40.

[11] Bodycott, P., Walker, A., Lee, C. K. J. More than heroes and villains: Pre – service teacher beliefs about principals. *Educational Research*, 2001, 43 (1): 15 – 31.

[12] Borg, M. Teachers' beliefs. *ELT Journal*, 2001, 55 (2): 186 – 187.

[13] Borko, H., Elliott, R., Uchiyama, K. Professional develop-

ment: A key to Kentucky's educational reform effort. *Teaching and Teacher Education*, 2002, 18 (8): 969 –987.

[14] Bossé, M. J. The NCTM Standards in light of the New Math movement: A warning. *Journal of Mathematical Behavior*, 1995, 14 (2): 171 –201.

[15] Brog, S. Key concepts in ELT: Teachers' beliefs. *ELT Journal*, 2001, 55 (2): 186 –188.

[16] Brousseau, B. A. , Book, C. , Byers, J. L. Teacher beliefs and the cultures of teaching. *Journal of Teacher Education*, 1988, 39 (6): 33 –39.

[17] Brown, C. A. , Cooney, T. J. Research on teacher education: A philosophical orientation. *Journal of Research and Development in Education*, 1982, 15 (4): 13 –18.

[18] Brown, R. Perceptions of teaching – learning style: The mediating process in student evaluation of instruction. *CEDR Quarterly*, 1979, 12 (4): 16 –18.

[19] Brownlee, J. , Boulton – Lewis, G. , Purdie, N. Core beliefs about knowing and peripheral beliefs about learning: Developing a wholistic conceptualization of epistemological beliefs. *Australian Journal of Educational & Developmental Psychology*, 2002 (2): 1 –16.

[20] Burns, R. W. , Brooks, G. D. Processes, Problem solving and curriculum reform. *Educational Technology*, 1970 (5): 10 –13.

[21] Caldehead, J. , Robson, M. Images of teaching: Student teachers' early conceptions of classroom practice. *Teaching and Teacher Education*, 1991, 7 (1): 1 –8.

[22] Chen, A. , Ennis, C. D. , Loftus, S. Refining the value orientation inventory. *Research quarterly for exercise and sport*, 1997, 68 (4): 352 –356.

[23] Cheung, D. , Ng, P. H. Science teachers' beliefs about curriculum design. *Research in Science Education*, 2000, 30 (4): 357 –

375.

[24] Cheung, D, Wong, H. W. Measuring teacher beliefs about alternative curriculum design. *The Curriculum Journal*, 2002, 13 (2): 225 – 248.

[25] Cheung, D. Measuring teachers' meta – orientations to curriculum: Application of hierarchical confirmatory factor analysis. *Journal of Experimental Education*, 2000, 68 (2): 149 – 165.

[26] Cheung, D. , Hattie, J. , Bucat, R. , Douglas, G. Measuring the degree of implementation of school based assessment schemes for practical science. *Research in Science Education*, 1996, 26 (4): 375 – 389.

[27] Curtner – Smith, M. D. The more things change the more they stay the same: Factors influencing teachers' interpretations and delivery of national curriculum physical education. *Sport, Education & Society*, 1999, 4 (1): 75 – 98.

[28] Curtner – Smith, M. D. , Meek, G. A. Teachers' value orientations and their compatibility with the National Curriculum for Physical Education. *European Physical Education Review*, 2000, 6 (1): 27 – 45.

[29] Dart, B. C. , Boulton – Levis, G. M. , Brownlee, J. M. , McCrindle, A. R. Change in knowledge of learning and teaching through journal writing. *Research Papers in Education*, 1998, 13 (3): 291 – 318.

[30] Doolittle, S. A. , Dodds, P. , Placek, J. H. Persistence of beliefs about teaching during formal training of preservice teachers. *Journal of Teaching in Physical Education*, 1993, 12 (4): 355 – 365.

[31] Elen, J. , Lowyck, J. Metacognitive instructional knowledge: Cognitive mediation and instructional design. *Journal of Structural Learning and Intelligent Systems*, 1990, 13 (3): 145 – 169.

[32] Ennis, C. D. , Mueller, L. K. , Hooper, L. M. The influence of teacher value orientations on curriculum planning within the parameters of a theoretical framework. *Research Quarterly for Exercise and Sport*, 1990, 61 (4): 360 – 368.

[33] Ennis, C. D. , Ross, J. , Chen, A. The role value orientations in curricular decision making: A rationale for teachers' goals and expectations. *Research Quarterly for Exercise and Sport*, 1992, 63 (1): 38 – 47.

[34] Ennis, C. D. , Chen, A. Teachers value orientations in urban and rural school settings. *Research Quarterly for Exercise and Sport*, 1995, 66 (1): 41 – 50.

[35] Ennis, C. D. , Chen, A. Teachers value orientations in urban and rural school settings. *Research Quarterly for Exercise and Sport*, 1995, 66 (1): 41 – 50.

[36] Ennis, C. D. The influence of value orientations in curriculum decision making. *Quest*, 1992, 44 (3): 317 – 329.

[37] Ennis, C. D. , Chen, A. Domain specifications and content representativeness of the revised Value Orientation Inventory. *Research Quarterly for Exercise and Sport*, 1993, 64 (1): 436 – 446.

[38] Ennis, C. D. , Hooper, L. M. Development of an instrument for assessing educational value orientations. *Journal of Curriculum Studies*, 1998, 20 (3): 277 – 280.

[39] Ennis, C. D. , Zhu, W. Value orientations: A description of teachers' goals for student learning. *Research Quarterly for Exercise and Sport*, 1991, 62 (1): 33 – 40.

[40] Ennis, C. D. , Cothran, D. J. , Loftus, S. J. The influence of teachers educational beliefs on their knowledge organization. *Journal of Research and Development in Education*, 1997, 30 (2): 73 – 86.

[41] Ennis, C. D. , Mueller, L. K. , Hooper, L. M. The influence of teacher value orientations on curriculum planning within the parame-

ters of a theoretical framework. *Research Quarterly for Exercise and Sport*, 1990, 61 (4): 360 – 368.

[42] Ennis, C. D., Ross, J., Chen, A. Educational value orientations as a theoretical framework for experienced urban teachers' curricular decision making. *Jouranl of Research and Development in Education*, 1992, 25 (3): 156 – 164.

[43] Fang, Z. A review of research on teacher beliefs and practices. *Educational Research*, 1996, 38 (1): 47 – 65.

[44] Florio, R. S., Lensmire, T. Transforming future teachers' ideas about writing instruction. *Journal of Curriculum Studies*, 1990, 22 (3): 277 – 289.

[45] Gerges, G. Factors influencing perservice teachers' variation in use of instructional methods: Why is teacher efficacy not a significant contributor. *Teacher Education Quarterly*, 2002, 4 (4): 71 – 87.

[46] Hancock, E. S., Gallard, A. J. Preservice science teachers' beliefs about teaching and learning: The influence of K – 12 field experiences. *Journal of Science Teacher Education*, 2004, 15 (4): 281 – 291.

[47] Haney, J., Czerniak, C. M., Lumpe, A. T., Czerniak, C. M. Constructivist beliefs about the science classroom learning environment: Perspectives from teachers, administrators, parents, community members, and students. *School Science and Mathematics*, 2003, 103 (8): 366 – 377.

[48] Hansen, P. & Mulholland, J. Caring and Elementary Teaching: The concerns of male beginning teachers. *Journal of Teacher Education*, 2005, 56 (2): 119 – 131.

[49] Hashweh, M. Z. Effects of science teachers' epistemological beliefs in teaching. *Journal of Research in Science Teaching*, 1996, 33 (1): 47 – 63.

[50] Hicks, L. E. Some properties of ipsative, normative, and forced – choice normative measures. *Psychological Bulletin*, 1970, 74 (3):

167 – 184.

[51] Hines, C. V. , Cruickshank, D. R. , Kennedy, J. J. Teacher clarity and its relationship to student achievement and satisfaction. *American Educational Research Journal*, 1985, 22 (1): 87 – 99.

[52] Hoffman, J. V. The de – democratization of schools and literacy in America. *The Reading Teacher*, 2000, 53 (8): 616 – 623.

[53] Hogben, D. The behavioural objectives approach: Some problems and some dangers. *Journal of Curriculum Studies*, 1972, 4 (1): 42 – 50.

[54] Hollingsworth, S. Making field – based programs work: A three – level approach to reading education. *Journal of Teacher Education*, 1988, 39 (4): 28 – 36.

[55] Jewett, A. E. , Ennis, C. D. Ecological integration as a value orientation for curricular decision making. *Journal of Curriculum and Supervision*, 1990, 5 (2): 120 – 131.

[56] Joram, E. , Gabriele, A. Preservice teacher's prior beliefs: Transforming obstacles into opportunities. *Teaching and Teacher Education*, 1998, 14 (2): 175 – 191.

[57] Judson, E. How teachers integrate technology and their beliefs about learning: Is there a connection. *Journal of Teachnology and Teacher Education*, 2006, 14 (3): 581 – 597.

[58] Kagan, D. M. Implications of research on teacher belief. *Educational Psychologist*, 1992, 27 (1): 65 – 90.

[59] Karimvand, P. N. The nexus between Iranian EFL teacher' self – efficacy, teaching experience and gender. *Canadian Center of Science and Education*, 2011, 4 (3): 171 – 183.

[60] Kai, J. The origin and consequences of excess competition in education. *Chinese Education and Society*, 2012, (45) 2: 8 – 20.

[61] Kelly, P. What is teacher learning? A socio – cultural perspective. *Oxford Review of Education*, 2006, 32 (4): 505 – 519.

[62] Khonamri, F. , Salimi, M. The interplay between EFL high school teachers' beliefs and their instructional practices regarding reading strategies. *Research on Youth and Language*, 2010, 4 (1): 96 – 107.

[63] Klein, M. F. Alternative curriculum conceptions and designs. *Theory into Practice*, 1986, 25 (1): 31 – 35.

[64] Kremer, L. , Lifmann, M. Locus of control and its reflection in teachers' professional attributions. *College Student Journal*, 1982, 16 (3): 209 – 215.

[65] Mansour, N. Science teachers' beliefs and practice: Issues, implications and research agenda. *International Journal of Environmental and Science Education*, 2009, 4 (1): 25 – 48.

[66] Mansour, N. The experiences and personal religious beliefs of Egyptian science teachers as a framework for understanding the shaping and reshaping of their beliefs and practices about Science – Technology and society (STS) . *International Journal of Science Educaiton*, 2009, 30 (12): 1605 – 1634.

[67] Marria, T. T. The influence of teacher education on teachers' beliefs about purposes of education, roles, and practice. *Journal of Teacher Education*, 1998, 49 (1): 66 – 78.

[68] Martin, V. P. Educational value orientations and physical education goals. *Research quarterly for exercise and sport*, 1993, 64, (Suppl.): A – 89.

[69] McCaughtry, N. , Kulinna, P. H. , Cothran, D. , Martin, J. , Faust, R. Teachers mentoring teachers: A view over time. Journal of Teaching in Physical Education. *Journal of Teaching in Physical Education*, 1985, 24 (4): 326 – 343.

[70] Meek, G. , Cutner – Smith, M. D. Preservice teachers' value orientations and their compatibility with the national curriculum for physical education. *The Physical Educator*, 2004 (18): 88 – 101.

[71] Mellado, V. The classroom practice of preservice teachers and their conceptions of teaching and learning *science*. *Science Education*, 1998, 82 (2): 197 – 214.

[72] Nespor, J. The orle of beliefs in the practice of teaching. *Journal of Curriculum Studies*, 1987, 19 (4): 317 – 328.

[73] Newman, Charlene. Seeds of professional development in pre – service teachers: A study of their dreams and goals. *International Journal of Educatonal Research*, 2000, 33 (3): 125 – 217.

[74] O' Neill, G. P. Teaching effectiveness: A review of the review. *Canadian Journal of Education*, 1988, 13 (1): 162 – 185.

[75] Olson, J. K. Teacher influence in the classroom. *Instructional Science*, 1981 (10): 259 – 275.

[76] Osborne, M. D. Teacher as knower and learner: Reflections on situated knowledge in science teaching. *Journal of Researchin Science Teaching*, 1998, 35 (4): 427 – 439.

[77] Pailliotet, A. W. I never saw that before: A deeper view of video analysis in teacher education. *Teacher Educatior*, 1995, 31 (2): 138 – 156.

[78] Pajares, M. F. Teachers' beliefs and educational research: Cleaning up a messy construct. *Review of Educational Research*, 1992, 62 (3): 307 – 332.

[79] Paris, S. G. , Lipson, M. , Wixson, K. Becoming a strategic reader. *Contemporary Educational Psychology*, 1983, 8 (3): 293 – 316.

[80] Patterson, W. Grounding school culture to enable real change. *Education Digest*, 2000, 65 (9): 4 – 8.

[81] Peterson, P. L. Teachers' and students' cognitional knowledge for classroom teaching and learning. *Educational Researcher*, 1988, 17 (5): 5 – 14.

[82] Porter, A. C. , Freeman, D. J. Professional orientations: An es-

sential domain for teacher testing. *Journal of Negro Education*, 1986, 55 (3): 284 –292.

[83] Powell, R. The influence of prior experience on pedagogical constructs of traditional and nontraditional preservice teachers. *Teaching and Teacher Education*, 1992, 8 (3): 225 –238.

[84] Prawat, R. S. Teachers' beliefs about teaching and learning: A constructivist perspective. *American Journal of Education*, 1992, 100 (3): 354 –395.

[85] Reitzug, U. C. Diversity, power, and influence: Multiple perspectives on the ethics of school leadership. *Journal of School Leadership*, 1994, 4 (2): 197 –222.

[86] Robinson, M. , McMillan, W. Who teaches the teachers? Identity, discourse and policy in teacher education. Teaching and *Teacher Education*, 2006 (22): 327 –336.

[87] Schiro, M. Educators' perceptions of the changes in their curriculum belief system over time. *Journal of Curriculum and Supervision*, 1992, 7 (3): 250 –286.

[88] Schommer, M. A. Comparisons of beliefs about the nature of knowledge and learning among postsecondary students. *Research in Higher Education*, 1993, 34 (3): 355 –370.

[89] Schwab, J. J. The practical 3: Translation into curriculum. *School Review*, 1973, 81 (4): 501 –522.

[90] Shavelson, R. J. , Stern, P. Research on teachers' pedagogical thoughts, judgments, decisions, and behavior. *Review of Education Research*, 1981, 51 (4): 455 –498.

[91] Shin, J. C. Higher education development in Korea: Western university ideas, Confucian, and economic devopment. *Higher Education*, 2012, 64 (1): 59 –72.

[92] Shulman, L. S. Knowledge and teaching: Foundation of the new reform. *Harvard Educational Review*, 1987, 57 (1): 1 –22.

[93] Shulman, L. Those who understand: Knowledge growth in teaching. *Education Researcher*, 1986, 15 (2): 4 – 14.

[94] Simmons, P. E. , et al. Beginning teachers: Beliefs and classroom actions. *Journal of Research in Science Teaching*, 1999, 36 (8): 930 – 954.

[95] Smuylam, L. Choosing to teach: Reflections on gender and social change. *Teachers College Record*, 2004, 106 (3): 513 – 543.

[96] Smylie, M. The enhancement function of staff development: Organizational and psychological antecedents to individual teacher change. *American Educational Research Journal*, 1988, 25 (1): 1 – 30.

[97] Song, K. O. The impacts of district policy and school context on teacher professional development. *Asia Pacific Education Review*, 2008, 9 (4): 436 – 447.

[98] Su, S. H. , Chan, H. G. A study of teachers' beliefs and behaviors regarding 1st – grade math teaching under the reformed curriculum. *Bulletin of Taiwan Normal University*, 2005, 50 (1): 27 – 51.

[99] Tatto, M. T. The influence of teacher education on teachers' beliefs about purposes of education, roles, and practice. *Journal of Teacher Education*, 1998, 49 (1): 66 – 77.

[100] Tobin, K. , McRobbie, C. J. Cultural myths as constraints to the enacted science curriculum. *Science Education*, 1996, 80 (2): 223 – 241.

[101] Tolukucar, Z. , Demirsoy, N. H. Tension between old and new: Mathematics teachers' beliefs and practices. *H. U. Journal of Education*, 2010 (39): 321 – 332.

[102] Tsangaridou, N. , O' sullivan, M. The role of reflection in shaping physical education teachers' educational values and practices. *Journal of Teaching in Physical Education*, 1997, 17 (1): 2 – 23.

[103] Uzuntiryaki, Boz, Kirbulut, Bektas, O. Do pre – service chemis-

try teachers reflect their beliefs about constructivism in their teaching practices. Journal *of Research in Science Teaching*, 2010 (40): 403 – 424.

[104] Vallance, E. A second look at conflicting conceptions of curriculum. *Theory into Practice*, 1986, 25 (1): 24 – 30.

[105] Waugh, R., Punch, K. Teacher receptivity to system – wide change in the implementation state. *Review of Educational Research*, 1987, 57 (3): 237 – 254.

[106] Weinstein, C. Teacher education students' preconceptions of teaching. *Journal of Teacher Education*, 1989, 40 (2): 53 – 61.

[107] Westerman, D. A. Expert and novice teacher decision making. *Journal of Teacher Education*, 1991, 42 (4): 292 – 305.

[108] Wubbels, T. Taking account of student teachers' preconceptions. *Teaching and Teacher Education*, 1992, 8 (2): 137 – 150.

[109] Yau, H. K., Cheng, L. F. Principles and teachers' perceptions of school policy as a key element of school – based management in Hong Kong primary school. *e – Journal of Organizational Learning and Leadership*, 2011, 9 (1): 109 – 120.

[110] Zeichner, K. M., Tabacknick, B. R. Are the effects of university teacher education "washed out" by school experience. *Journal of Teacher Education*, 1981, 32 (3): 7 – 11.

会议论文

[1] Cunningham, R., Johnson, J., Carlson, S. *Curriculum orientations of home economic teachers*. In American Vocational Association. American Vocational Association Convention. St. Louis, MO: American Vocational Association, 1992.

[2] Duffy, G. G., Metheny, W. *The development of an instrument to measure teacher beliefs about reading*. In Michigan State University. The Annual Meeting of the National Reading Conference. Michigan: Michigan State University, 1978. (ERIC Document Reproduction

Service, No. ED163433)

[3] JenniferA. *Teachers' beliefs about successful teaching and learning in English and Mathematics*. In Australian Association for Research in Education. The Annual Meeting of the Australian Association for Research in Education. Sydney: Australian Association for Research in Education, 2000. (ERIC Document Reproduction Service, No. ED453077)

[4] Lee, J. C. K., Adamson, B., Luk, J. C. M. *Curriculum orientation and perceptions of English language instruction in pre - service teachers*. In the university of Hong Kong. Proceeding of ITEC' 95 International Teacher Education Conference. Hong Kong: The university of Hong Kong, 1995.

[5] Maxion, S. P. *The influence of teachers' beliefs on literacy development for at - risk first grade students*. In American Association of Colleges for Teacher Education. The annual meeting of the American Association of Colleges for Teacher Education. Chicago, IL: American Association of Colleges for Teacher Education, 1996. (ERIC Document Reproduction Service, No. ED 392780)

[6] Patton, K. *An inquiry about the value orientations of physical education preservice teachers and their faculty*. In American Association of Physical Education. The meeting of the American Association of Physical Education. Cincinnati, OH: American Association of Physical Education, 2001.

[7] Mayer, R. *Recent research on teacher beliefs and its use in the improvement of instruction*. In American Education Research Association. The Annual Meeting of the American Education Research Association. Washington, DC: American Education Research Association, 1985. (ERIC Document Reproduction Service, No. ED 259457)

[8] Muskin, C. *Constraint of teaching methods and opportunity to learn in high school history classes*. In American Educational Research Associa-

tion. The annual meeting the American Research Association. Washington, DC: American Educational Research Association, 1990. (ERIC Document Reproduction Service, No. ED322038)

学位论文

[1] Carlson, S. *Secondary home economics teacher change toward a critical consciousness orientation*. Nebraska: University of Nebraska – Lincoln, 1991.

[2] Chang, H. Y. *A study of education beliefs and teaching behaviors of teachers in cram school for the elementary and junior high school education*. Taipei Tsaiwan Normal University, 2010.

[3] Huang, S. Y. *Teachers' beliefs about learning and teaching English: A study based on supplementary English schools in Taiwan*. Taichung: Providence University, 2008.

[4] Mark, A. C. *Curriculum orientations of alternative education teachers*. Kansas: University of Kansas, 2007.

[5] Matthews, B. A. *The effects of curriculum instruction orientation on teacher beliefs and practices regarding student science project development*. Louisville: Louisville University, 1989.

[6] Mohamed, N. *An exploratory study of the interplay between teachers' beliefs instructional practices and professional development*. Auckland: The University of Auckland, 2006.

[7] Reighart, P. R. *A questionnaire to assess preservice teacher beliefs about teaching*. Chicago: Chicago State university, 1985.

其他类

[1] Bauch, P. A. *Predicting elementary classroom teaching from teachers' educational believes*. Washington, DC: American Educational Research Association, 1982. (ERIC Document Reproduction Service, No. ED226437)

[2] Calderhead, J. *Research into teachers, and student teachers, cognitions: Exploring the nature of classroom practice*. Washington, D. C. :

American Educational Research Association, 1983. (ERIC Document Reproduction Service, No. ED229366)

[3] Holt – Reneynold, D. *The dialogues of teacher education: Entering and influencing preservice teachers' internal conversations.* East Lansing, MI: National Center for Research on Teacher Learning, 1991. (ERIC Document Reproduction Service, NO. ED337459)

[4] Nespor, J. *The role of beliefs in the practice teaching: Final report of the teacher beliefs study.* Austin: Texas University. (ERIC Document Reproduction Service, No. ED 270446)

[5] Nolan, A. , Carmen, A. *Improving classroom communications through accurate perceptions.* 1978. (ERIC Document Reproduction Service, No. ED167538)

[6] O'loughlin, M. *The influence of teachers' belief about knowledge, teaching, and learning on their pedagogy: A constructivist reconceptualization and research agenda for teacher education.* Philadelphia, PA: the annual symposium of the Jean Piaget society. (ERIC Document Reproduction Service, NO. ED339679)

[7] Ryan, K. *The induction of new teachers.* Bloomington: Phi Delta Kappa Education Foundation, 1986. (ERIC Document Reproductions Service, No. ED268117)

[8] Tabachnick, B. R. , Zeichner, K. M. *The development of teacher perspectives: Final report.* University of Wisconsin – Madison, 1985. (ERIC Document Reproduction Service, No. ED266099)

[9] Cervantez, G. Effect of parent and teacher expectations on academic achievement of immigrant Mexcan youth. http: //www. sjsu. edu/socialwork/docs/298_ Assignment_ 4_ Example_ Cervantezx_ Griselda. pdf, 2014 – 11 – 06.

[10] Goelz, L. Teacher beliefs and practice: Consistency or inconsistency in the high school social studies classroom. http: //users. wfu. edu/goellj4/Research% 20Draft% 20Final. pdf, 2014 – 10 – 25.

[11] Harrop, M. F. Improving curriculum: practices and problems that exist in local school settings. http: //wwwlib. global. uni. com/dissertations/preview_ all/9920607, 2005 – 08 – 06.

[12] Ryu, S. Curriculum orientations and professional teaching practices reported by Korean secondary school home economics teachers and teacher educators. http: // wwwlib. global. uni. com/dissertations/preview_ all/9900906, 2005 – 08 – 06.

后　记

　　世界的课程与教学的理论和实践正在经历着一场重大变革，其聚焦于课程发展范式及教学实践的面向。教师作为专业化的教育者，他们对课程的根本看法和观点将直接影响到课程与教学形态并决定了教学品质。因此，课程观是教师专业素养的重要构成，是决定课程发展乃至改革成败的关键因素之一。

　　教师个体的课程观结构中存在着后设取向或者说综合性取向的特点，各种取向共同组成了信念系统，但是其中并非所有的信念都具有同等重要性，在层次上有核心信念与边缘信念之分，并因信念强度的差异而分立于核心或边缘地位。需要指出的是，它们彼此之间的地位会随着教师对课程理解的深化而变化，亦即原有的核心信念可能转变为边缘信念，边缘信念也有可能上升为核心信念。从这个意义上说，信念系统中的各种取向没有所谓的好坏之分，因为不同的取向都具有彼此的适用场域及问题解决面向，它们有机统合为整体进而实现价值增值。长期以来，很多人秉持新课程取向与传统课程取向二元对立的观点，使得课程改革一度呈现混乱状态。鉴于教师课程取向的综合性特点，我们只有明确当前新课程的核心取向，并以之为主导来整合新课程与传统课程的其他取向，形成主流价值主导下多元价值共生的价值生态。同时，通过改变教师的核心取向并整合其他取向，形成与主流价值相对应的信念系统，并落实到具体课程与教学实践中，进而提升新课程效能。

　　尽管近年来国家不断加大西部、农村等欠发达地区的教育投入，但是不同区域之间、城乡之间的教师课程观差异明显。西部和农村地区的教师都最重视学科知识的传承，这从侧面反映出在教育资源配置、城乡教育一体化、优质教育资源辐射、教师教育体系调整等方面亟待进一步加强。首先，政府部门应出台相关政策继续缩小区域及城乡之间的差距，加大对欠发达地区的教育投入，特别是教师培训方面的投入；鼓励发达地区对欠发达地区对口援助，提升这些地区教师的专业水平和课程发展能力，实现不同区域及城乡课程改革协同均衡发展。其次，继续对现有的教师教育体系的结构进行战略调整，包括层次结构、类型结构、学科专业结构、区域结构等方面，构建终身学习理念指导下具有专业化规准的教师教育机制。要根据教师专业发展的不同阶段的实际需要进行顶层设计，加强培训项目的制度化和连续性，规划弹性多元的修习方式；构建完整的网络课程资源中心，包括班级管理、课程设计、专业知识等相关资源，为教师专业能力的增强提供全程与全方位服务。最后，教育行政部门应切实推进教师赋权制度建设，重视教师在行政和课程活动方面的自主性。要密切关注学校对教师专业自主权的重视程度，定期考核与评价实施绩效，就学校权力运作问题广泛征求学校教师的意见，不断调整和完善权力结构；要出台相应政策鼓励及引导教师参与课程发展，如建立教学团队、课程发展委员会等团队，发展他们的课程专业能力，同时依托相关评价机制，确保教师提升自我效能。

　　课程观与教师的课程决定、教学实践之间存在显著正相关，是提高教学有效性的关键。然而，传统课程观在教师个体的学生时代中已深入内心，在多数境域下，教师不愿改变既有的信念、态度和价值观，不愿放弃在以往专业实践中已被肯定认可的知能和信念，囿于重复性、技术性和习惯性的思维与行为方式。在这种随大溜的境遇下，教师很难确立主体地位。因为相比学校及其外部更大场域，教师场域的自主性低弱，教师仍是行政指令的受动者和执行者，导致缺乏主动参与改革的意愿、动力和能力。要深入推进新课程改革，要求在全面统合战略的观照下，构建课程改革的协商化、双向化、系统化、同步化的协同机制，以寻求最优化的课程政策，促进教师智慧与课程实施互动，变革课程结构与教学方式，着力课程改革与教师发展并进，促进教师课程观真正转型乃至实现课程改革突围。

在本书正式出版之际，由衷感谢我的博士生导师靳玉乐教授、吕达先生对我的辛勤培养与悉心指导。由衷感谢中国正泰集团党委书记林可夫先生一直以来的帮助和支持。感谢温州医科大学各位领导的关心和支持。感谢爱人许建华和儿子苏凌豪与我相濡以沫，共渡难关。

向本项目研究基地温州市第八高级中学吴长青校长、温州市新田园小学李芙蓉校长，为本项目顺利开展所提供的便利与支持表示感谢。

向中国社会科学出版社的编校人员的辛勤付出，表示诚挚的谢意。

最后，向所有关心和帮助过我的专家、同仁和亲友表示衷心的感谢。向本书中所引用和参考的各类文献的编著者表示诚挚的感谢，他们的资料、观点给予我很大的指引和启迪。

苏　强

2016 年 12 月